# 로스쿨

심판례·판례 중심 강의안

# 국세기본법

# 로스쿨

심판례·판례 중심 강의안

# 국세기본법

박훈 편

한국학술정보(주)

2009년부터 본격적인 로스쿨이 개원한다. 로스쿨 예비인가 과정에서 각 대학마다 로스쿨에 맞는 강좌개설을 위한 강의계획서 준비로 분주하였다. 로스쿨 개원을 앞두고서는 주요 과목의 경우 로스쿨 관련 교재개발이 활발히 진행 중이다. 그러한 분주함이 성과를 거둘 것인가는 2009년부터 실제 강의과정에서 결정 날 것이다.

미국식 모델의 로스쿨을 도입한 우리나라의 경우 세법분야 등 전문분야가 상당히 각광을 받을 것이라는 생각도 있지만, 초기 변호사시험 합격자 숫자가 향후 인가유지 및 인가받는 학생 수에 영향을 미칠 것이기 때문에 세법분야 등 전문분야는 시험에 있어서는 상대적으로 불이익을 받을 수 있어 세법 등 전문분야 강좌개설이 쉽지 않을 것이라는 예상도 있다.

편저자는 서울시립대학교 세무학과와 세무전문대학원에서 수년간 세법을 가르쳐 왔고 로스쿨 예비인가 단계에서는 같은 학교 내 로스쿨로 적을 옮겨 서울시립대학교가 조세법특성화 로스쿨을 준비하는 일을 일부 담당하였다. 대학원 차원에서 변호사, 세무사, 공인회계사, 세무공무원, 풀타임학생 등 다양한 학생을 대상으로 조세법을 가르쳐 왔지만 로스쿨에서는 과연 어떻게 가르쳐야 할지 매우 고민되는 일이다.

그동안 세법개론을 가르치기도 하고, 국세기본법이나 각 개별세목을 가르친 경우도 있었다. 최근에는 2008년 10월에 서울지방변호사회 조세연수원(원장 소순무 변호사님)에서 변호사를 상대로 한 "국세기본법" 강의를 3시간씩 4회 모두 12시간의 강의를 한 바 있다. 이 강의를 위한 강의안을 준비하면서 그동안 대학에서 강의해 왔던 것에 법 일반은 잘 알지만 세법을 잘 모르는 변호사를 의식하여 대법원이나 헌법재판소의 판례, 조세심판원의 심판례를 추가하여 완전하지는 않지만 대강의 국세기본법 강의를 위한 강의안을 만들어 보았다. 국세청, 기획재정부, 행정안전부, 국회, 대법원, 법제처 등의 자료가 요긴하게 사용되었다. 이에 대해서는 최대한 출처를 표시하려 하였다.

이 책은 국세기본법에 대한 최소한의 내용을 법조문에 따라 판례, 심판례와 함께 소개한 것이다. 이 책은 관련 강의와 함께 활용되어야 그 효과가 극대화될 것이다. 한편, 국세기본법 부분을 강의하시는 분들의 강의안 작성 및 수업진행에 이 책이 도움이 되기를 희망해 본다. 로스쿨의 강의는 조문별로 내용을 전달하는 데만 그치는 것이 아니라 해당 내용을 여러 각도에서 입체적이고 생동감 있게 진행하여야 하겠지만 여기에서는 이를 위한 최소한의 자료를 담아본 것이다. 부록으로 현행 국세기본법 법령과 편저자가 로스쿨에서 조세법 교육의 범위에 대해 고민해 본서로 학회지에 게재한 것을 첨부하였다.

이 책은 계속해서 발전해 나갈 것이다. 급변하는 교육환경에서 중간 중간의 강의 및 교육성과를 다른 분들과 공유해 보겠다는 생각에서 다소 무모하지만 책자의 형태로 엮어보았다. 이 책을 통해 만나는 분들에게 하나님의 가호가 있기를 기도한다.

2008. 10.
박 훈 씀

# |목 차|

# 제1장 조세법 일반론

○ 국세기본법 기본구조: 제9장(제1∼8장, 제7장의2), 제1∼86조
- 총칙
- 국세부과와 세법적용
- 납세의무(납세의무의 성립과 확정 등)
- 국세와 일반채권과의 관계
- 과세(관할관청 등)
- 국세환급금과 국세환급가산금
- 심사와 심판
- 납세자의 권리
- 보칙

## [1] 조세의 의의

○ 조세에 대한 개념정의는 법령에는 없음

○ 조세에 대한 헌법상 표현

- 제38조 모든 국민은 법률이 정하는 바에 의하여 "납세"의 의무를 진다.
- 제59조 "조세"의 종목과 세율은 법률로 정한다.


○ 조세와 부담금의 구분

- 부담금인지 조세인지에 따라 규율의 정도와 내용이 달라질 수 있음
- 사실상 조세와 동일한 경제적 효과를 목표로 하면서도 부담금의 형태로 징수하는 경우의 문제
- 부담금에 대한 헌법적 근거 두는 방안: 헌법 제38조, 제59조와 같은 지위 부여여부(원윤희, 박훈, "국민부담에 대한 헌법적 고찰", 제헌60주년 기념학술대회 발표자료집, 대한민국국회, 2008. 7. 21., pp.37~58)


**[판례] TV 수신료가 실질적 조세인지 여부: 헌재 2008. 02. 28. 2006헌바70**

(청구인의 주장) 수신료는 수상기를 보유한 특정집단에 부과되는 특별부담금이 아니라, 아무런 반대급부 없이 국민으로부터 강제적, 의무적으로 징수되고 있어 실질적으로 조세라고 보아야 할 것이므로 수신료의 징수근거와 징수권자·납부의무자·납부방법 등 제반 사항은 헌법 제59조에서 정한 조세법률주의에 따라 법률의 형식으로 규정되어야 할 것이다. 그런데 방송법 제64조는 한국방송공사라는 일개 공법인으로 하여금 수신료를 부과·징수할 수 있게 하고, 수신료의 납부에 관한 제반 사항에 관한 규정을 법률에 일의적으로 규정하지 아니한 채 대통령령에 위임하고 있으며, "텔레비전방송을 수신하기 위하여 수상기를 소지하는 자"라는 막연한 요건만으로 수신료를 부과하도록 하고 있으므로, 헌법 제59조의 조세법률주의에 위반된다.

(법원의 위헌법률제청신청 기각이유) 수신료는 공영방송사업이라는 특정한 공익사업의 소요경비를 충당하기 위하여 수상기를 소지한 특정집단에 대하여 부과되는 특별부담금에 해당하므로 방송법 제64조에서 한국방송공사에게 수신료를 납부하도록 규정하였다고 하더라도 헌법 제59조의 조세법률주의에 위반된다고 할 수 없다.

(한국방송공사의 의견) 수신료는 특별부담금이지 실질적인 조세라고 할 수 없으므로 방송법 제64조가 한국방송공사에게 수신료를 납부하도록 규정하였다고 하더라

도 헌법 제59조의 조세법률주의에 위반된다고 할 수 없다.

(헌법재판소의 결정) 수신료는 공영방송사업이라는 특정한 공익사업의 소요경비를 충당하기 위한 것으로서(방송법 제56조) 일반 재정수입을 목적으로 하는 조세와 다르다. 또 텔레비전방송을 수신하기 위하여 수상기를 소지한 자에게만 부과되어 공영방송의 시청가능성이 있는 이해관계인에게만 부과된다는 점에서도 일반 국민·주민을 대상으로 하는 조세와 차이가 있다. 그리고 '한국방송공사의 텔레비전방송을 수신하는 자'가 아니라 '텔레비전방송을 수신하기 위하여 수상기를 소지하는 자'가 부과대상이므로 실제 방송시청 여부와 관계없이 부과된다는 점, 그 금액이 공사의 텔레비전방송의 수신 정도와 관계없이 정액으로 정해져 있는 점 등을 감안할 때 이를 공사의 서비스에 대한 대가나 수익자부담금으로 보기도 어렵다. 따라서 수신료는 공영방송사업이라는 특정한 공익사업의 경비조달에 충당하기 위하여 수상기를 소지한 특정집단에 대하여 부과되는 특별부담금에 해당한다고 할 것이다(헌재 1999. 5. 27. 98헌바70, 판례집 11 - 1, 633, 640 - 641 참조).

○ 조세의 종류

| 1. 국세 | 2. 지방세 | | | |
| --- | --- | --- | --- | --- |
| | 2-1. 광역자치단체의 세목 | | 2-2. 기초자치단체의 세목 | |
| | 2-1-1. 특별/광역시세 | 2-1-2. 도세 | 2-2-1. 시·군세 | 2-2-2. 구세 |
| ① 소득세<br>② 법인세<br>③ 상속세<br>④ 증여세<br>⑤ 부가가치세<br>⑥ 개별소비세<br>⑦ 주세<br>⑧ 인지세<br>⑨ 증권거래세<br>⑩ 교육세<br>⑪ 교통·에너지·환경세<br>⑫ 농어촌특별세<br>⑬ 종합부동산세<br>⑭ 관세<br>(임시수입부가세) | ① 취득세<br>② 등록세<br>③ 레저세<br>④ 주민세<br>⑤ 자동차세<br>⑥ 주행세<br>⑦ 농업소득세<br>⑧ 담배소비세<br>⑨ 도축세<br>⑩ 도시계획세<br>⑪ 공동시설세<br>⑫ 지역개발세<br>⑬ 지방교육세 | ① 취득세<br>② 등록세<br>③ 면허세<br>④ 레저세<br>⑤ 공동시설세<br>⑥ 지역개발세<br>⑦ 지방교육세 | ① 주민세<br>② 재산세<br>③ 자동차세<br>④ 주행세<br>⑤ 농업소득세<br>⑥ 담배소비세<br>⑦ 도축세<br>⑧ 도시계획세<br>⑨ 사업소세 | ① 면허세<br>② 재산세*<br>③ 사업소세 |

\* 재산세의 경우 서울특별시의 경우에는 특별시와 자치구의 공동과세

[세법개정안 1] 2008년 9월 기획재정부 세제개편안: 교통·에너지·환경세, 교육세, 농어촌특별세 목적세 정비(2010년부터 시행)
출처: http://www.mosf.go.kr/news/news_10_1.php?action＝view&page＝1&t_code＝772&no＝85482&&category＝ [2008. 9. 30. 방문]
① 교통·에너지·환경세를 개별소비세에 통합: 교통에너지환경세법을 폐지, 휘발유·경유를 개별소비세 과세대상에 포함
② 교육세를 본세에 흡수통합: 개별소비세·교통세·주세분의 경우 본세 흡수통합. 금융보험업자분의 경우 교육세는 폐지하되, 금융보험업자 수수료 수익에 대한 VAT 과세로 전환.

③ 농어촌특별세를 본세에 흡수통합: 법인세·소득세·관세 감면분의 경우 본세 감면율 하향 조정. 개별소비세·증권거래세분의 경우 본세 흡수통합. 종부세분(20%)의 경우 본세 흡수통합 대상에서 제외. 지방세분의 경우 본세(지방세) 흡수통합 유도.

[세법개정안 2] 2008년 9월 행정안전부 지방세제개편안 — 지방세목 간소화 방안 (2010년 시행목표)

출처: http://mopas.korea.kr/mopas/jsp/mopas1_branch.jsp?_action = news_view&_property = p_sec_7&_id = 155315379 [2008. 9. 30. 방문]

| 현 행: 16개 세목 | | 개 선: 9개 세목 |
| --- | --- | --- |
| 구 분 | 현 행 | 통·폐합(안) |
| 중복과세 통·폐합 | ① 취득세 ② 등록세 | ① 취득세 |
| | ① 취득세 ② 등록세 ③ 재산세 ④ 도시계획세 | ② 재산세 |
| 유사세목 통합 | ❷ 등록세 중 취득무관 및 정액분 ⑤ 면허세 | ③ 등록면허세 |
| | ⑥ 공동시설세 ⑦ 지역개발세 | ④ 지역자원시설세 |
| | ⑧ 자동차세 ⑨ 주행세 | ⑤ 자동차세 ※ 주행세는 자동차세의 하위세원으로 통합 |
| 목적세 정비 | ⑩ 지방교육세 | ※ 본세에 통합 |
| 현행유지 | ⑪ 주민세 ⑫ 사업소세 ⑬ 담배소비세 ⑭ 레저세 | ⑥ 주민세 ⑦ 사업소세 ⑧ 담배소비세 ⑨ 레저세 |
| 폐지 | ⑮ 도축세 ⑯ 농업소득세 | ※ 폐 지 |

※ 지방소득·소비세 도입 시 7개 세목으로 간소화(2단계 간소화 계획)
▪ 주민세, 사업소세 → 지방소득세 / ▪ 담배소비세, 레저세 → 지방소비세

○ 국세와 지방세의 구분

[법령] 국세와지방세의조정등에관한법률[일부개정 2007. 12. 31. 법률 제8829호]
제1조 (목적) 이 법은 국세와 지방세의 조정 및 국세의 지방양여에 관하여 필요한 사항을 규정함을 목적으로 한다. <개정 1971. 12. 28., 1990. 12. 31.>

제2조 (국세) 국가는 소득세·법인세·상속세·증여세·종합부동산세·재평가세·부가가치세·개별소비세·주세·인지세·증권거래세·관세·임시수입부가세·교육세·교통·에너지·환경세 및 농어촌특별세를 과세한다. <개정 1981. 12. 5., 1989. 12. 30., 1990. 12. 31., 1993. 12. 31., 1994. 3. 24., 1998. 12. 28., 2000. 12. 29., 2005. 1. 5., 2006. 12. 30., 2007. 7. 19., 2007. 12. 31.>[전문개정 1976. 12. 22.]

제3조 (지방세) 지방자치단체는 보통세인 취득세·등록세·면허세·주민세·재산세·자동차세·주행세·농업소득세·담배소비세·도축세 및 레저세와 목적세인 도시계획세·공동시설세·사업소세·지역개발세 및 지방교육세를 과세한다. <개정 1984. 12. 24., 1988. 12. 26., 1989. 6. 16., 1991. 12. 14., 1993. 12. 31., 1999. 12. 28., 2000. 12. 29., 2001. 12. 29., 2005. 1. 5.> [전문개정 1976. 12. 22.]

제4조 (중복과세의 금지) 국가와 지방자치단체는 이 법에 규정한 것을 제외하고는 과세물건이 중복되는 여하한 명목의 세법도 제정하지 못한다. <개정 1971. 12. 28.>

제5조 (국세의 지방양여) ① 삭제 <2004. 1. 16.>
② 삭제 <2004. 12. 30.> [본조신설 1990. 12. 31.]


**[판례] 종합부동산세가 국세여야 하는지에 대한 논의 - 강남구 등과 국회 간의 권한쟁의: 2006. 5. 25. 2005헌라4 전원재판부**

(청구인들[서울특별시 강남구 외 21인]의 주장) (1) 부동산보유세는 지방자치단체가 제공하는 공공 서비스의 대가적 성격인 응익성, 소요재원을 주민들이 능력에 따라 부담하는 응능성, 과세대상의 보편성 및 세원과 세수의 안정성 등으로 인해 지방세로서의 이상적인 조건을 갖춘 세목이며, 대부분의 국가는 이를 지방세로 하고 있다. 그러므로 피청구인이 이 사건 법률을 제정하여 지방세로서의 본질을 가지고 있는 부동산보유세를 국세화하는 것은 조세의 기본논리에 어긋날 뿐만 아니라, 청구인의 자치재정권에 대한 정면침해이다. (2) 이 사건 법률의 종합부동산세 총액을 예산에 매년 계상하여 자치단체에 전액 교부하도록 한 지방교부세법 제4조제3항은 단지 선언적 효력을 가진 것에 불과하며, 동조 제4항의 규정은 배분기준을 시행령으로

정하도록 하고 있으나, 이로 인해 중앙정부의 자의성이 개입되어 지방정부의 중앙정부 종속화가 초래될 것이다. 뿐만 아니라 이 사건 법률의 시행으로 인해 청구인 등 지방자치단체의 세원이 줄어들어 재정운용상의 어려움이 발생할 것이며, 가령 청구인 강남구청의 경우 종합부동산세의 시행으로 약 1,000억 원의 세수감소가 예측된다. (3) 따라서 피청구인은 이 사건 법률의 제정으로 청구인의 자치재정권을 침해하였으며, 지방정부의 중앙정부 종속화와 청구인들 지방자치단체의 재정운용상의 어려움 등을 초래하여 지방자치제도 자체의 침해위험성을 야기하였다.

(피청구인[국회]의 답변) (1) 부동산보유세는 응익성·응능성과는 거리가 먼 과세장치로서 지방세로서의 본질을 가지고 있는 것이 아니며, 상당수의 선진국들은 부동산보유세를 국세로 하고 있거나 국세로 전환하려 한다. 우리나라의 경우 과거 부동산보유세를 지방세로 규정한 이유는, 우리나라 지방자치단체의 자치재정이 취약하다는 것을 감안하여 가능한 많은 세입자원을 지방자치단체에게 배분하기 위한 입법적 고려에 불과한 것이었다. (2) 피청구인은 헌법 제122조와 제123조 등에 의한 지방자치단체의 균형발전을 위한 노력의무를 수행하기 위해 이 사건 법률을 제정한 것이며, 지방교부세법을 개정하여 국세로 전환된 세수를 전액 지역균형발전의 재원으로 사용하도록 한 것이다. (3) 따라서 이 사건 법률의 제정을 통해 청구인의 자치재정권이 침해된 사실은 존재하지 아니하며, 나아가 지방자치제도가 침해될 위험성도 전혀 발견되지 아니한다.

(헌법재판소의 입장 - 심판청구 각하) 이 사건 법률은 2005. 1. 5. 관보에 게재되었으며 부칙 제1조에 따라 같은 날 시행되었다. 그러므로 이 사건의 경우에 2005. 1. 5. 청구인들은 자신들의 권한침해 내지 권한침해의 가능성을 충분히 예상했다고 보아야 할 것이다. 이와 달리 이 사건 법률의 시행 이후 도래하는 최초의 납기가 이 사건 법률에 따라 재산세 내지 종합부동산세의 납세의무를 부담하게 되는 개인의 기본권침해 여부를 인식하는 시점이 될 수 있음은 별론으로 하고, 청구인들의 자치재정권에 대한 권한침해 여부를 인식하는 시점으로 볼 수는 없다. 그러므로 이 사건 법률이 공포·시행되어 청구인들이 자신들의 권한침해 여부를 알았음이 분명한 2005. 1. 5.이 헌법재판소법 제63조제1항이 정한 '그 사유가 있음을 안 날'에 해당되어, 청구기간은 이때부터 60일 이내인 2005. 3. 5.까지로 보아야 할 것인데, 그 기간이 경과한 2005. 7. 1. 접수된 이 사건 심판청구는 청구기간을 준수하지 아니한 것이다.

## [2] 조세법의 의의

○ 조세에 관한 법
- 조세법이라는 법률은 없음. 세법에 대한 개념정의는 존재.
- "'세법'이라 함은 국세의 종목과 세율을 정하고 있는 법률과 「국세징수법」·「조세특례제한법」·「국제조세조정에관한법률」·「조세범처벌법」 및 「조세범처벌절차법」을 말한다"(국세기본법 제2조제2호)
- 국세기본법은 (조)세법인가? 위 국세기본법 문언에 따르면 제외, 조세에 관한 법의 범주에는 포함.
- 지방세법, 관세법 등도 조세법.
- 조세특례규정: 세법 이외의 법률에서 조세특례규정을 두는 경우도 있다. 조세특례제한법 제2조제1항에서 세법 외의 법률에서 직접 조세감면조치를 하는 규정을 둘 수 없도록 되어 있기 때문에 각종 사업법, 지원법, 육성법 등에서 조세특례제한법이나 개별 세법이 정하는 바에 따라 조세지원을 받을 수 있도록 하는 규정을 두는 경우가 있다. 「사회기반시설에대한민간투자법」 제57조의 "국가 또는 지방자치단체는 민간투자를 촉진하기 위하여 조세특례제한법 또는 지방세법이 정하는 바에 의하여 조세를 감면할 수 있다."는 규정이 그 예이다. 감면대상 조세의 종목을 규정한 경우, 감면대상 조세 및 감면방법까지 정한 경우 등도 있으나, 이에 대해서는 입법상 문제로 지적되고 있다(법제처 재정기획관실, "법령입안심사기준", 2007. 12., pp.255 - 257 참조).

○ 조세법에 대한 헌법재판소 결정
- 최초 위헌판단: 헌재 1989. 7. 21., 89헌마38. 증여의제에 관한 구상속세법 제32조제1항에 대한 한정합헌결정. "상속세법 제32조의2제1항(1981. 12. 31.. 법률 제3474호 개정)은, 조세회피의 목적이 없이 실질소유자와 명의자를 다르게

등기 등을 한 경우에는 적용되지 아니하는 것으로 해석하는 한, 헌법에 위반되지 아니한다."
- 최초 단순위헌결정: 헌재 1990. 9. 3., 89헌가95. 국세 우선의 범위에 관한 구국세기본법 제35조제1항제3호 중 "으로부터 1년"에 관한 부분의 위헌결정.
- 최초 헌법불합치결정: 헌재 1994. 7. 29., 92헌바49 등. 미실현이득(未實現利得)에 대한 과세가 헌법상의 조세개념에 저촉되는지 여부 등 토지초과이득세법 제10조 등에 대한 것.
- 최초 한정위헌결정: 헌재 1994. 6. 30., 93헌바9. 상속세 과세가액산입에 대한 구상속세법 제7조제1항에 대한 한정위헌결정. "구상속세법(1990. 12. 31. 법 제4283호로 개정되기 전의 법) 제7조의2제1항 중 "용도가 객관적으로 명백하지 아니한 것 중 대통령령으로 정하는 경우"를 추정규정으로 보지 아니하고 간주규정으로 해석하는 것은 헌법에 위반된다."

○ 조세법의 체계
- 기획재정부가 담당하고 있는 국세의 경우에는 원칙적으로 세목 개별법체계[1]와 총칙(기본)[2]·징수·처벌·감면규정 개별법체계를 갖추고 있음.
- 행정안전부가 담당하고 있는 지방세의 경우에는 지방세 세목이나 총칙·징수·처벌·감면[3]규정을 지방세법이라는 통합법체계로 운영하고 있음. 행정안전부에서는 「지방세기본법」, 「지방세법」, 「지방세특례제한법」으로 분법화하는 안을 2008년 9월 발표함.
- 지방세의 경우에는 지방자치의 발달로 중앙정부 및 국회의 입장뿐만 아니라 각 지방자치단체의회에 의해 제정되는 조례와의 관계도 고려하여야 한다는 점

---

1) 예외적으로 상속세와 증여세는 「상속세 및 증여세법」이라는 하나의 법률에 두 개의 세목이 들어 있다. 관세의 경우에는 관세에 관한 기본법, 징수법, 처벌법을 「관세법」에 따로 규정하고 있다.
2) 구제에 관한 규정은 국세기본법에 함께 규정되어 있다.
3) 지방세 감면은 지방세법뿐만 아니라 조세특례제한법, 조례에서도 규정되어 있다.

에서 중앙정부와 국회의 입법을 우선하는 국세와 차이를 보임.

**[판례] 명의신탁재산의 증여추정에 대한 체계정당성 위반 문제: 헌재 2004. 11. 25. 2002헌바66**

체계정당성의 원리는 동일 규범 내에서 또는 상이한 규범 간에 그 규범의 구조나 내용 또는 규범의 근거가 되는 원칙 면에서 상호 배치되거나 모순되어서는 안 된다는 하나의 헌법적 요청이며, 국가공권력에 대한 통제와 이를 통한 국민의 자유와 권리의 보장을 이념으로 하는 법치주의원리로부터 도출되는데, 이러한 체계정당성 위반은 비례의 원칙이나 평등의 원칙 등 일정한 헌법의 규정이나 원칙을 위반하여야만 비로소 위헌이 되며, 체계정당성의 위반을 정당화할 합리적인 사유의 존재에 대하여는 입법 재량이 인정된다. / 심판대상조항들이 조세범위확장조항을 통하여 증여세가 아닌 다른 조세를 회피하려는 목적이 인정되는 경우에, 회피하려는 조세와는 세목과 세율이 전혀 다른, 증여세를 부과하도록 증여추정을 하게 되는데, 이 경우의 증여세가 비록 과징금의 성격을 갖는다고 하더라도, 이는 체계정당성의 원칙에 위배되는 외관을 가질 수 있으나, 증여세가 아닌 다른 조세를 회피하려는 목적이 명의신탁에 인정되는 경우에도 명의신탁을 증여로 추정하여 증여세를 부과하도록 한 입법의 선택에는 합리적인 이유가 존재하고 여기에 입법재량의 한계를 현저히 일탈한 잘못이 있다고 볼 수 없으므로 체계부정합으로 인한 위헌의 문제는 발생하지 않는다.

○ 조세법의 법원(法源)
- 헌법
- 법률
- 명령: 시행령(대통령령), 시행규칙(기획재정부령, 행정안전부령)

[설명] 시행령을 통한 개정

양도소득세 1세대 1주택자 고가주택 기준이 실거래가 6억 원에서 9억 원으로 완화되는 방안이 2008년 10월 초부터 시행이 가능(비교: 양도소득세율 인하는 2008년 말 소득세법 통과 후 2009년 1월부터 시행될 것으로 예정): 1세대 1주택 고가주택 기준은 소득세법 제89조제1항제3호에 직접적으로 규정하고 있지 않음. "대통령령이 정하는 1세대1주택(가액이 대통령령이 정하는 기준을 초과하는 고가주택을 제외한다)……" 소득세법시행령 제156조제1항에 "법 제89조제1항제3호에서 '가액이 대통령령이 정하는 기준을 초과하는 고가주택'이라 함은 주택 및 이에 부수되는 토지의 양도 당시의 실지거래가액의 합계액(1주택의 일부를 양도하는 경우에는 실지거래가액 합계액에 양도하는 부분의 면적이 전체주택면적에서 차지하는 비율을 나누어 계산한 금액을 말한다)이 6억 원을 초과하는 것을 말한다."고 규정. 소득세법시행령 개정안이 9월 29일 차관회의, 30일 국무회의를 거쳐 10월 초 공포.

- 행정규칙(×): 기본통칙(국세의 경우), 운영세칙(지방세의 경우), 예규 등
- 조약: 양자 간 조세조약. 이중과세방지 및 조세회피방지. 국내법에 의한 조약의 효력 배제의 가능성?
- 조례: 지방세법과 조례의 관계
- 세법해석 사전답변(제도)(×)

  [해설] 세법해석 사전답변제도 시행(2008. 10. 1.)
  국세청장이 세법해석의 적용에 대해 명확히 답변한 경우 답변을 신뢰한 납세자의 이익을 침해하지 않도록 스스로를 구속함으로써 신의성실의 원칙에 따른 보호를 확실히 받을 수 있도록 국세청내부 사무처리규정(훈령) 제정·시행(2008. 10. 1.부터 시행). 먼저 국세청 내부규정(훈령)으로 시행(2008. 10. 1.)한 후 그 시행성과를 보아가며 입법화 방안을 검토하기로 기획재정부와 협의. 출처: http://www.nts.go.kr/news/news_03_01.asp?minfoKey=MINF8420080211204826& top_code=&sub_code=&sleft_code=&type=V# [2008. 9. 30. 방문]

- 관습법(×): 대법원 1980. 7. 22. 선고 80누38 판결. "위 녹각사륙탕 등이 물품세의 과세대상이 아님에도 원고가 그것들이 자양강장품으로서 물품세의 과세대상임을 인정하고 물품세를 납부하여 왔다고 하더라도 조세법률주의의 대원칙상 법률의 근거 없이 관행에 따른 납세의무를 부담시킬 수는 없다."

# [3] 조세법률관계

○ 과세권자와 납세자의 관계
- 권력복종관계: 자력집행력 인정하게 됨
- 채권채무관계: 일반민사채권과의 유사성 강조하게 됨


○ 세법의 독자성
- 행정법과의 관계: 과세관청의 처분에 초점
- 민법과의 관계: 과세대상에 초점. 조세채권과 일반채권의 유사성.
- 고유개념과 차용개념

**[판례] 사실상의 소유자의 세법 차용개념 여부: 대법원 1996. 4. 18. 선고 93누 1022 전원합의체 판결**

　　일반적으로 사실상의 소유자라 함은 공부상의 소유자 또는 법률상의 소유자와 대비되는 개념으로 사법(사법)분야에 있어서도 가령 부동산, 자동차 등을 대금전액을 지급하고 매수하여 사용수익권을 취득하였으나 소유권이전등기, 등록 등을 경료하지 못한 경우, 중기 등을 지입한 경우, 무허가건축물을 양수하여 사용·수익 중인 경우, 부동산이전등기에관한특별조치법 등에서 사실상의 소유자라는 용어가 쓰이고 있으나, 이는 대체로 대외적으로는 사법상 요구되는 물권변동의 형식을 제대로 갖추지 못하였으나 소유자에 준하는 권리·의무를 인정할 특별한 필요가 있는 경우에 사용되고 있는 데 불과하다. 따라서 위 사실상의 소유자의 개념은 세법에서만 사용되는 고유개념은 아니라고 할 것이나 사법상 위 개념이 정립된 바도 없으므로 세법의 영역에 있어서 그 의미는 세법의 특성 및 당해 조항의 규정목적과 취지에 따라 그에 적합하게 해석되어야 할 것이다.

　　← 체비지예정지에 대하여 토지구획정리사업의 시행자가 지방세법 제234조의9제1항에 정한 "토지를 사실상으로 소유하고 있는 자"에 해당하는지 여부(소극)에 대한 반대의견 중 표현이기는 하나, 세법상 고유개념에 대해 논하였다는 점에서 인용함. 세법 독자적인 목적론적 해석을 의미하는 것이라 볼 수도 있음.

[해설] 민법상 증여(계약)와 세법상 증여의 비교

민법 제554조: 증여는 당사자 일방이 무상으로 재산을 상대방에 수여하는 의사를 표시하고 상대방이 이를 승낙함으로써 그 효력이 생긴다.

상속세 및 증여세법 제2조제3항: 이 법에서 "증여"라 함은 그 행위 또는 거래의 명칭·형식·목적 등에 불구하고 경제적 가치를 계산할 수 있는 유형·무형의 재산을 타인에게 직접 또는 간접적인 방법에 의하여 무상으로 이전(현저히 저렴한 대가로 이전하는 경우를 포함한다)하는 것 또는 기여에 의하여 타인의 재산가치를 증가시키는 것을 말한다. (2003. 12. 30. 신설)

○ 일반민사채권과 조세채권의 유사성 여부
- 조세채권의 우위성 및 자력집행력 인정
- 조세채권의 법정채권의 특성: 계약에 의하지 않고 세법에 의해 발생
- 채권의 발생과 소멸 Vs. 납세의무의 성립, 확정 및 소멸

# [4] 조세법률주의

○ 조세법률주의의 의의
- 법률에 의하지 않고서는 조세를 부과·징수할 수 없다
- 헌법 제38조(모든 국민은 법률이 정하는 바에 의하여 납세의 의무를 진다), 제59조 조세의 종목과 세율은 법률로 정한다)
○ 조세법률주의라는 개념에 대한 다툼
- "조세법률주의란 과세요건법정주의, 과세요건명확주의, 합법성 원칙, 절차적 보장원칙 등의 내용으로 이루어진다"는 정식에 대한 비판: 이창희, 세법강의(제7판), 박영사, 2008, p.21. 법률에 적힌 과세요건이 불분명하다는 이유로 법률을 위헌 선언하는 것이 맞는가?

- 조세법률주의와 죄형법정주의를 대비하려는 입장: 조세법정주의라는 용어를 사용하자는 견해도 있음

○ 헌법재판소에서 사용하는 조세법률주의의 내용
- 과세요건법정주의: 과세요건을 모두 법률에 정해두어야 한다.
- 과세요건명확주의: 세금을 정하는 법률의 내용은 명확해야 된다.

**[판례] 조세법률주의에 대한 헌재의 입장: 헌재 1989. 07. 21. 89헌마38**

우리 헌법은 제38조에서 "모든 국민은 법률이 정하는 바에 의하여 납세의 의무를 진다"라고 규정하였고, 제59조에 "조세의 종목과 세율은 법률로 정한다."라고 규정하였다. 이러한 헌법규정에 근거를 둔 조세법률주의는 조세평등주의와 함께 조세법의 기본원칙으로서, 법률의 근거 없이 국가는 조세를 부과·징수할 수 없고, 국민은 조세의 납부를 요구받지 않는다는 원칙이다. 이러한 조세법률주의는 이른바 과세요건 법정주의와 과세요건 명확주의를 그 핵심적 내용으로 삼고 있는바, 먼저 조세는 국민의 재산권 보장을 침해하는 것이 되기 때문에 납세의무를 성립시키는 납세의무자·과세물건·과세표준·과세기간·세율 등의 과세요건과 조세의 부과·징수절차를 모두 국민의 대표기관인 국회가 제정한 법률로 규정하여야 한다는 것이 과세요건 법정주의이고, 또한 과세요건을 법률로 규정하였다고 하더라도 그 규정내용이 지나치게 추상적이고 불명확하면 과세관청의 자의적인 해석과 집행을 초래할 염려가 있으므로 그 규정 내용이 명확하고, 일의적(一義的)이어야 한다는 것이 과세요건 명확주의라고 할 수 있다. 그렇다면 위 헌법규정들에 근거한 조세법률주의의 이념은 과세요건을 법률로 규정하여 국민의 재산권을 보장하고, 과세요건을 명확하게 규정하여 국민생활의 법적 안정성과 예측 가능성을 보장하겠다는 것이라고 이해된다.

이러한 조세법률주의의 관점에서 볼 때, 이 사건 심판의 대상인 위 법률조항은 (1) 과세물건을 규정함에 있어서, "권리의 이전이나 그 행사에 등기·등록·명의개서 등을 요하는 재산"이라고 하여 '등'이라는 추상적 개념을 사용하고 있고, (2) 과세요건을 규정함에 있어서 "실질소유자와 명의자가 다른 경우"라고 하여 행위 또는 거래의 결과만을 중시하고, 그 원인이 되는 행위 또는 거래의 유형에 관하여 아무런 규정을 두지 아니하였으며, (3) 증여의제의 범위를 규정함에 있어서, "그 명의자로

등기 등을 한 날에 실질소유자가 그 명의자에게 증여한 것으로 본다"라고 하여 대상 재산의 전체가액을 증여한 것으로 본다는 것인지, 아니면 신탁의 이익 기타 특정 가액만을 증여한 것으로 본다는 것인지가 불명확하여, 조세법률주의에 위배될 소지가 있다.

그러나 조세법률주의는 과세요건의 법정주의 또는 명확주의를 그 핵심적 내용으로 삼는다고 하지만, 조세법의 특수성 또는 입법 기술상의 제약성 때문에 일정한 한계가 있다고 하지 않을 수 없다. 즉 조세법의 주된 규율대상은 경제적 현상인데, 이러한 경제적 현상은 천차만별(千差萬別)하고 그 생성·변화가 극심하기 때문에, 아무리 조세법률주의의 원칙을 고수한다고 하더라도 법률로 조세에 관한 사항을 빠짐없이 망라하여 완결적(完結的)으로 규정하기는 어렵다.

그러나 조세법률주의의 한계와 관련하여 이 사건 심판의 대상인 위 법률조항을 자세히 살펴보면, 과세요건의 법정주의나 명확주의에 정면으로 배치되는 것은 아니고, 합헌적 해석을 통하여 규정의 미비점을 보완할 수 있다고 보인다. (1) 먼저 위 법률조항이 과세물건을 규정함에 있어서 추상적 개념을 사용하고 있는 것은, 종래의 대법원 또는 하급심의 판례나, 재무부 또는 국세청의 운영례에서 볼 수 있는 바와 같이, 위 법률조항의 적용대상이 되는 재산은 부동산, 입목, 자동차, 선박, 중기, 무체재산권, 주권, 사채권(社債權) 등과 같이 권리의 이전이나 행사에 있어서 등기·등록·명의개서 등이 효력발생요건 내지 대항요건으로서 법률상 요구되는 경우라고 한정하든지 또는 등기·등록·명의개서 등에 의하여 민사소송법상 강제집행을 할 수 있는 재산으로 한정하여 해석할 수 있을 것이다. (2) 또한 위 법률조항이 과세요건을 규정함에 있어서 문면상 얼핏 보면 행위 또는 거래의 결과만을 중시한 듯하나, 증여세는 재산의 수증(受贈)이라는 권리의 취득·변경 또는 재화(財貨)의 이전을 과세요건으로 하는 조세라는 점과, 그 법률조항의 후단에서 "등기 등을 한 날에……증여한 것으로 본다"라고 규정하고 있는 점을 아울러 고려한다면, 위 법률조항은 행위 또는 거래의 결과만을 중시한 것이 아니라, 등기·등록·명의개서 등의 행위를 통하여 실질소유자와 명의자를 다르게 한 것을 과세요건으로 규정하였다고 해석할 수 있을 것이다. (3) 끝으로 위 법률조항이 증여의제의 범위에 관하여 다소 불명확한 표현을 하고 있으나, "그 명의자로 등기 등을 한 날에 실질소유자가 그 명의자에게 증여한 것으로 본다"라고 규정하여, '소유'라는 개념을 강조하고 있는 점을 미루어보면, 그 증여의제의 범위는 대상이 되는 재산의 소유권 자체를 목적으로 하는 것이라고 해석할 수 있을 것이다.

요컨대 위 법률조항은 납세의무자·과세대상·과세방법 등 중요한 과세요건을 모두 법률로 정하고 있어 형식상으로 조세법률주의의 원칙에 어긋남이 없을 뿐만 아니라, 권리의 이전이나 행사에 등기 등을 요하는 재산을 제3자 명의로 등기한 경우에는 적어도 외부적으로는 명의상의 소유자가 완전한 권리를 취득하고 있으므로 실질적으로도 조세법률주의의 원칙에 위배되지 아니한다고 할 수 있다. 다만, 그 규정 내용에서 다소 불명확하고 결과에 치중한 듯한 표현을 하고 있는 점은 입법목적에 비추어 축소해석 또는 한정해석을 한다면, 헌법이 보장한 조세법률주의의 이념인 국민의 재산권 보장이나 법적 안정성 내지 예측가능성을 크게 해치는 것은 아니라고 할 수 있다.


## [5] 조세평등주의 / 조세공평주의 / 공평과세의 원칙[4]

○ 조세평등주의의 의의
- 평등의 원칙이 조세분야에 적용되는 경우 이를 조세평등주의라 할 것이다. 즉 조세의 부과와 징수에 있어서 합리적인 이유 없이 특정의 납세의무자를 불리하게 차별하거나 우대하지 아니하는 원칙을 말한다. 조세의 합형평성의 원칙이라고도 한다.[5]

○ 조세평등주의의 헌법상 근거규정
- 조세평등주의는 헌법 제11조제1항에 근거규정을 두고 있다.[6]
- 헌법재판소 결정을 보면, "헌법 제11조제1항은 모든 국민은 법 앞에 평등하고

---

4) 박훈, "우리나라 헌법상 조세평등에 대한 해석", 월드택스연구논집 2권, 월드택스연구회, 2006. 12., pp.9 – 39 주요 부분을 발췌 정리함.
5) 헌재 1992. 12. 24., 90헌바21(판례집 4, 903쪽).
6) 헌재 1997. 12. 24., 96헌가19등(판례집 9 – 2, 772쪽).

누구든지 합리적 이유 없이는 생활의 모든 영역에 있어서 차별을 받지 아니한다는 평등의 원칙을 선언하고 있다. 이와 같은 평등의 원칙이 세법영역에서 구현된 것이 조세평등주의로서 조세의 부과와 징수에 있어서 합리적인 이유 없이 특정의 납세의무자를 불리하게 차별하거나 우대하는 것은 헌법상 허용되지 아니한다.”7)고 판시하여 헌법 제11조제1항이 조세평등주의의 근거규정임을 밝히고 있다.

○ 조세평등주의와 조세법률주의의 관계
- 조세평등주의는 조세법률주의와 함께 조세법의 기본원칙의 하나로 인정되고 있지만,8) 조세법률주의와 서로 어긋날 수 있어 융화할 필요가 있다.9)
- 조세법률주의는 과세요건인 법률이 지나치게 추상적이고 불명확하면 과세관청의 자의적인 해석의 우려 때문에 명확하고 일의적일 것을 요구하지만, 이를 지나치게 관철하면 복잡다양하고 쉴 새 없이 바뀌는 경제상황에 따른 정확한 과세대상의 포착, 적정한 과세표준의 산출, 담세력에 따른 공평과세의 목적을 달성하기 위한 조세정의의 실현이라는 또 다른 이념과는 서로 어긋날 수도 있다.
- 따라서 조세법률주의와 조세평등주의의 조화를 위해 납세의무의 중요한 사항 내지 본질적인 내용에 관련된 것이라고 하더라도 그중 경제현실의 변화나 전문적인 기술의 발달 등에 곧바로 대응하여야 하는 세부적인 사항에 관하여는 국회 제정의 형식적 법률보다 더 탄력성이 있는 대통령령 등 하위법규에 이를 위임할 필요가 있다.10) 하위법규에 위임한다고 해서 항상 조세법률주의에 위배되는 것은 아니다.

---

7) 헌재 2000. 2. 24., 98헌바94등(판례집 12 - 1, 227쪽), 헌재 2005. 10. 27., 2004헌가21 (공보 109, 1103 - 1104쪽).
8) 헌재 1997. 12. 24., 96헌가19등(판례집 9 - 2, 772쪽).
9) 헌재 1995. 11. 30., 94헌바40등(판례집 7 - 2, 633쪽).
10) 헌재 1995. 11. 30., 94헌바40등(판례집 7 - 2, 633쪽).

○ 합리적 근거가 있는 차별의 기준

- 합리적 근거가 있는 경우에는 차별이 인정될 수 있다. 오늘날 조세입법자는 재정수입의 확보라는 목적 이외에 국민경제적, 재정정책적, 사회정책적 목적달성을 위하여 여러 가지 관점을 고려할 수 있기 때문에 세법의 내용을 어떻게 정할 것인가에 관하여는 입법자에게 광범위한 형성의 자유가 인정된다.[11]

- 그런데 이러한 입법자의 광범위한 형성의 자유 내이냐 아니면 조세평등의 원칙에 위배되는 것이냐를 판정하는 데에는 일정한 기준이 제시되어야 평등의 원칙의 운영이 혼선 없이 분명해질 것이다.

○ 위헌결정

**[판례] 조세평등주의 관련 위헌결정: 헌재 1992. 12. 24. 90헌바21**

본 사례에서는 무신고나 과소신고의 경우에 상속세나 증여세를 부과할 상속재산 또는 증여재산의 가액을 상속 당시 또는 증여 당시를 기준으로 하지 않고 그 조세부과 당시를 기준으로 하여 평가한다는 1988. 12. 26. 개정 전의 상속세법 제9조제2항 본문의 위헌 여부를 다루었다. 차별의 합리성이 인정되지 않아 위헌결정이 내려졌다.[12] 다른 세목의 경우와 비교하였다는 점에 이 결정의 특징이 있다. 보다 자세히 살펴보면 다음과 같다.

---

11) 헌재 2002. 10. 31., 2002헌바43(판례집 14 - 2, 538쪽).
12) 헌재 1993. 5. 13., 92헌바32에서는 1990. 12. 31. 법률 제4283호로 개정되기 이전의 상속세법 제9조제2항 본문규정의 위헌 여부에 대한 것으로 동일한 이유로 위헌결정이 내려졌다. 1990. 12. 31. 상속세법(법률 제4283호)으로 상속세를 신고하지 아니하거나 상속재산을 누락하여 신고하는 경우 상속개시 당시의 가액을 기준으로 상속세를 부과하도록 하되, 가산세를 부과하도록 변경되었다(구상속세법 제26조제1항, 현행 상속세 및 증여세법 제78조제1항).

"첫째로, 우리나라의 현행 조세법제에 의하면 상속세나 증여세는 정부가 부과처분을 행함으로써 비로소 그 조세채부가 확정되는 이른바 부과과세방식을 택하고 있는데(국세기본법 제22조, 동법시행령 제10조의2), 이러한 부과과세방식의 조세인 상속세나 증여세에 있어서 상속사실 또는 증여사실의 신고는 과세자료의 제출이라는 과세관청에 대한 일종의 협력의무에 불과한 것이다. 그런데 이 협력의무를 이행하지 아니하였다 하여 가산세(개정 전 상속세법 제26조)를 부과하는 외에 상속재산(증여재산)의 가액 자체를 상속(증여)세 부과 당시를 기준으로 무겁게 평가하여 징벌적, 차별적은 중과세를 하는 것은 어느 모로 보아도 합리성이 있다고 볼 수 없다.

둘째로, 다른 조세실체법은 납세신고의무의 불이행자에 대하여 "가산세"를 부과하는 외에 따로 더 부과되는 제재수단(즉 추가적 행정벌 또는 이중의 행정벌)을 규정하고 있지 아니함에도 불구하고, 유독 이 사건 법률조항만이 그 신고의무의 이행여부에 따라 과세표준의 평가기준 그 자체를 달리 규정함으로써 그 신고의무 불이행자에 대하여 가산세의 부과 외에 다른 또 하나의 불이익을 주고 있는데, 이는 우리나라 조세법체계의 전체적 균형에서 보더라도 조세평등주의에 현저히 위반되며 다른 조세에 관한 신고의무 불이행자와 비교할 때 합리적 이유 없는 차별대우라 아니할 수 없다. 또 상속재산이나 수증재산을 이미 처분한 후에 상속세나 증여세가 부과되는 때에는 경우에 따라서는 그 처분가격보다 훨씬 많은 세금(때로는 처분가격의 몇 10배나 몇 100배가 되는 경우도 있다)을 납부하여야 하는 불합리한 결과가 발생할 수도 있는바, 이 점에 있어서는 그 성실신고자와의 관계에서 볼 때에도 합리적인 차별이라고 할 수 없다. 또한 동일한 무신고자 또는 과소신고자 사이에 있어서도 각기 소관 과세관청이 다른 경우에는 각 그 소관청의 인력이나 업무량에 따라 또는 그 업무처리능력에 따라 그 과세시점이 달라질 수 있고 그 결과 세금액이 달라질 수 있다.

이와 같이 과세관청이 이 사건 법률조항을 적용 또는 준용하여 과세하는 경우, 상속세나 증여세에 관한 신고의무 불이행자는, 다른 조세에 관한 신고의무 불이행자와 비교하여 합리적 이유 없는 차별적 중과세를 받게 되고, 상속세나 증여세에 관한 성실신고자와의 관계에서 볼 때에도 합리적인 차별이라 할 수 없으며, 또 동일한 신고의무 불이행자 상호간에 있어서도 각기 그 소관 과세관청이 다른 경우에는 차별적인 과세를 당할 소지가 얼마든지 있다."[13]

---

13) 헌재 1992. 12. 24., 90헌바21(판례집 4, 903~904쪽).

○ 한정합헌결정

**[판례] 조세평등주의 관련 한정합헌결정: 헌재 1989. 7. 21. 89헌마38**

본 사례는 명의신탁 증여의제의 위헌여부에 대한 것이다.14) 헌법재판소에서는 상속세법 제32조의2제1항(1981. 12. 31. 법률 제3474호 개정)은, 조세회피의 목적이 없이 실질소유자와 명의자를 다르게 등기 등을 한 경우에는 적용되지 아니하는 것으로 해석하는 한, 헌법에 위반되지 아니한다고 하였다. 명의신탁증여의제 규정은 수차례 대상법령이 바뀌었는데, 부동산명의신탁이 포함되고, 조세회피 목적 요건이 없을 때의 규정이다. 즉 "권리의 이전이나 그 행사에 등기·등록·명의개서 등(이하 "등기 등"이라 한다)을 요하는 재산에 있어서 실질소유자와 명의자가 다른 경우에는 국세기본법 제14조의 규정에 불구하고 그 명의자로 등기 등을 한 날에 실질소유자가 그 명의자에게 증여한 것으로 본다."는 규정에 대한 것이다.

조세평등주의의 이념을 실현하기 위한 법제도의 하나로 실질과세의 원칙을 인정하고 있다는 데에 대상판결의 특징이 있다. 즉 "우리 헌법은 제11조제1항에서 '모든 국민은 법 앞에 평등하다. 누구든지 성별·종교 또는 사회적 신분에 의하여 정치적·경제적·사회적·문화적 생활의 모든 영역에 있어서 차별을 받지 아니한다'라고 규정하고 있다. 조세평등주의는 위 헌법규정에 의한 평등의 원칙 또는 차별금지의 원칙의 조세법적 표현이라고 할 수 있다. 따라서 국가는 조세입법(租稅立法)을 함에 있어서 조세의 부담이 공평하게 국민들 사이에 배분되도록 법을 제정하여야 할 뿐만 아니라, 조세법의 해석·적용에 있어서도 모든 국민을 평등하게 취급하여야 할 의무를 진다. 이러한 조세평등주의의 이념을 실현하기 위한 법 제도의 하나가 바로 국세기본법 제14조에 규정한 실질과세의 원칙이라고 할 수 있다. 또한

---

14) 현행 명의신탁의제 규정의 문제점에 대해서는, 박훈, "명의신탁 증여의제규정의 개선방안", 2006년 조세개혁 심포지엄 및 춘계학술발표대회 발표논문집, (사)한국세무학회, 2006. 4. 1., pp.5-29 참조.

이러한 조세평등주의는 정의의 이념에 따라 '평등한 것은 평등하게', 그리고 '불평등한 것은 불평등하게' 취급함으로써 조세법의 입법과정이나 집행과정에서 조세정의(租稅正義)를 실현하려는 원칙이라고 할 수 있다."고 밝히고 있다.[15]

그러나 "조세평등주의의 이념을 실현하기 위한 실질과세의 원칙은 조세회피의 방지 또는 조세정의의 실현을 위하여 경우에 따라서는 예외 내지 특례를 인정할 수 있다. 실질과세의 원칙은 법률상의 형식과 경제적 실질이 서로 부합하지 않는 경우에 그 경제적 실질을 추구하여 그에 과세함으로써 조세를 공평하게 부과하겠다는 것이나 거기서 말하는 실질의 의미가 반드시 명확한 것도 아닐 뿐만 아니라, 경우에 따라서는 형식상의 외관이나 명목에 치중하여 과세하는 것이 오히려 공평한 과세를 통한 조세정의의 실현에 부합되는 경우도 있을 수 있다."[16]고 하여 실질과세에 따르지 않는 것이 조세평등주의에 더 부합할 수 있다고 보고 있고, 이에 따라 한정합헌결정을 내리고 있다.

○ 조세평등주의에 위반하지 않았다고 본 사례

**[판례] 조세평등주의 관련 합헌결정: 헌재 2003. 07. 24. 2000헌바28**

본 사례는 양도소득에 대한 소득세를 부당하게 감소시키기 위하여 대통령령에서 정하는 특수 관계자에게 자산을 증여한 후 그 자산을 증여받은 자가 그 증여일부터 2년 내에 다시 이를 타인에게 양도한 경우에는 증여자가 그 자산을 직접 양도한 것으로 보는 소득세법(1995. 12. 29. 법률 제5031호로 개정되어 1996. 12. 30. 법률 제5191호로 개정되기 전의 것) 제101조제2항의 위헌 여부에 대한 것이다. 의제의 효과를 수증자에게도 미치도록 함으로써 수증자의 증여세액 등을 환급하도록 하는 등의 규율이 전혀 없는 이 사건 법률조항이 수증자의 재산권을 침해하였다고

---

15) 헌재 1989. 7. 21., 89헌마38(판례집 1, 141～142쪽).
16) 헌재 1989. 7. 21., 89헌마38(판례집 1, 143쪽).

보았지만, 이렇게 의제규정 자체는 조세평등주의에 부합한 것이라고 보았다.

즉 "이 사건 법률조항은, 납세자가 자산의 장기간의 보유로 인하여 상승된 자본이익을 소멸시키기 위한 방편으로 중간에 증여행위를 끼워 넣는 이상한 거래형식을 취함으로써 고율의 누진세율에 의한 양도소득세 부담을 회피 내지 감소시키려는 부당한 조세회피행위를 규제하고, 납세자가 선택한 거래의 형식에 따라 발생할 수 있는 조세부담의 불공평을 시정하여 궁극적으로 과세의 평등을 실현하고자 하는 것으로 그 입법목적이 정당함은 명백하다. 이 사건 법률조항은, 그 의제의 요건으로서, 첫째 특수 관계자에 대한 증여와 수증자의 2년 내 양도를 요구하고 있고, 나아가 '행위의 부당성'을 그 요건으로 삼아, '증여자의 진정한 양도행위'로 평가될 개연성이 상당히 높은 사실 관계에서만 이 사건 법률조항이 적용될 수 있도록 하는 한편 역으로 납세자로 하여금 '행위의 부당성'의 유무에 대한 주장, 입증을 통하여 이 사건 법률조항의 적용을 다툴 길도 열어 놓았다는 점에서 그 입법수단의 적정성과 최소 침해성이 갖춰진 것으로 판단된다. 뿐만 아니라, 이 사건 법률조항으로 인한 재산권의 제한 내용은 납세자가 선택한 증여행위의 사법상 법률효과를 무효로 하는 것도 아니고 단지 조세법의 집행과정에서 과세상으로만 그 효력을 부인하는 것에 불과하므로, 조세회피행위에 대한 규제 및 조세평등주의의 실현이라는 이 사건 법률조항의 기본 이념 내지 입법목적보다 결코 크다고 볼 수도 없다."고 보았다.[17]

---

17) 헌재 2003. 7. 24., 2000헌바28(판례집 15 – 2, 39~40쪽).

# 제2장 총칙(국세기본법 제1장)

## [6] 국세기본법의 특성

○ 제정 및 개정
- 제정: 1974. 12. 21. 1975년 1월 1일부터 시행. 다만, 제7장의 규정은 1975년 4월 1일부터 시행(국세심사청구법은 이 법 제7장의 규정의 시행일에 이를 폐지)
- 최근 개정: 일부개정 2008. 9. 26. 법률 제9131호

[세법개정] 2008. 9. 26. 개정 내용
제3조제1항 단서 중 "제3절(「조세특례제한법」 제100조의10의 규정에 따른 가산세에 한한다)"를 "제3절(「조세특례제한법」 제100조의10 및 같은 법 제100조의34에 따른 가산세에 한한다)"로 한다.
☞ 유가환급금의 지급(조세특례제한법 제100조의27부터 제100조의34까지 신설)
  (1) 유가상승에 따른 중산서민층의 부담을 경감할 필요가 있음.
  (2) 근로소득 또는 사업소득이 있는 자에게 소득 수준에 따라 1명당 최대 24만 원의 유가환급금을 지급함.

○ 세법의 헌법 Vs. 개별세법의 총칙편

○ 지방세의 개편논의
- 지방세기본법 제정

○ 주요국의 비교
- 미국: IRC(Internal Revenue Code)라는 연방세 통합입법. 미국연방법전의 26 번째 법률임(Title 26). 여러 세법이 1939년 연방세법으로 통일. 1986년 대폭 개정. 기본법에 해당하는 것은 IRC중 Subtitle F(Chapter 61∼80). http://usco-de.house.gov/search/criteria.shtml에서 원문확인 가능.
- 일본: 국세통칙법 존재. http://law.e‐gov.go.jp에서 원문확인 가능.

# [7] 통칙(제1∼3조)

○ 국세기본법의 목적(제1조)
- 이 법은 국세에 관한 기본적인 사항 및 공통적인 사항과 위법 또는 부당한 국 세처분에 대한 불복절차를 규정함으로써 국세에 관한 법률관계를 확실하게 하 고, 과세의 공정을 도모하며, 국민의 납세의무의 원활한 이행에 기여함을 목적 으로 한다.

○ 정의규정(제2조)
- 가산세와 가산금의 차이: 행정제재벌과 지연이자
- 납세의무자와 납세자의 차이: 납세의무자 + 원천 징수의무자 등 = 납세자
- 원천 징수의무자: 지방세특별징수와의 비교. 주민세특별징수는 소득세 및 법인

세의 원천 징수와 같은 구조. 도축세특별징수는 도축장경영자가 소 또는 돼지를 도살할 때 의뢰자로부터 받아서 낸다는 점에서 구조가 틀림. 2007. 12. 31. 법 개정 전에는 원천 징수의무자와 특별징수의무자의 동일성이 대법원 판례에서 문제된 바 있음.

[법령] 지방세법 제84조【지방세에 관한 범칙행위에 대한「조세범처벌법」등의 준용】

① 지방세에 관한 범칙행위에 대하여는 조세범처벌법령을 준용한다. 이 경우 이 법에 따른 특별징수의무자는「조세범처벌법」제11조에 따른 원천 징수의무자로 본다. (2007. 12. 31. 개정)

**[판례] 원천 징수와 특별징수의 동일 여부: 대법원 2006. 10. 19. 선고 2004도 7773 판결**

조세범처벌법 제11조에서 규정하고 있는 '원천 징수'와 지방세법 제234조의4제1 항에서 규정하고 있는 '특별징수'는 각 법률에 규정된 개념정의에서 구별될 뿐만 아니라 그 성격이나 제도적 목적 등에 있어서도 차이가 있고, 주민세의 특별징수에 관한 지방세법 제179조의3제1항은 특별징수의무자가 원천 징수의무자와 서로 구별되는 개념임을 전제로 "……'소득세법' 또는 '법인세법'의 규정에 의한 원천 징수의무자를 주민세의 특별징수의무자로 한다"는 별도의 규정을 두고 있으며, 지방세법 제84조제2항에서 조세범처벌법의 준용에 따르는 별도의 간주규정을 두고 있음에도 도축세의 특별징수의 경우 특별징수의무자를 원천 징수의무자로 본다는 별도의 규정이 없는 점 등에 비추어 보면, 도축세의 특별징수의무자는 조세범처벌법 제11조에서 규정하고 있는 원천 징수의무자와는 구별된다. 따라서 지방세법상의 범칙행위 처벌과 관련하여 도축세 특별징수의무자를 원천 징수의무자로 간주하는 등의 별도의 규정이 없는 이상, 지방세법 제84조제1항의 일괄적 준용규정만으로 원천 징수의무자에 대한 처벌규정인 조세범처벌법 제11조를 지방세법상 도축세 특별징수의무자에 대하여 그대로 적용하는 것은 수범자인 일반인의 입장에서 이를 쉽게 예견하기 어려운 점에 비추어 형벌법규의 명확성의 원칙에 위배되는 것이거나 형벌법규를 지나치게 확장·유추 해석하는 것으로서 죄형법정주의에 반하여 허용될 수 없다.

- 국세 정의에 관세가 빠져 있음: 관세법에 별도로 규정. 내국세와 관세의 대비.

○ 세법 등과의 관계(제3조)
- 실질과세 원칙의 배제

**[판례] 실질과세 원칙과 명의신탁증여의제: 대법원 1989. 3. 14. 선고 88누 2632 판결**

국세기본법 제14조의 규정은 실질과세의 원칙을 선언하고 있으나, 한편 같은 법 제3조제1항의 규정에 의하면, 세법이 위 제14조에 대한 특례규정을 두고 있는 때에는 그 세법이 정하는 바에 따르도록 하여 위 국세기본법 규정의 우선적용을 배제하고 있는바, 위 특례규정으로서 상속세법 제32조의2는 권리의 이전이나 그 행사에 등기·등록·명의개서 등을 요하는 재산에 있어서 실질소유자와 명의자가 다른 경우에는 국세기본법 제14조의 규정에 불구하고 그 명의자로 등기 등을 한 날에 실질소유자가 명의자에게 증여한 것으로 본다고 규정하고 있으므로, 위 상속세법 제32조의2는 상위법인 국세기본법에 전혀 저촉되지 않을 뿐 아니라 헌법 제59조가 규정한 조세법률주의에도 반하지 않는다.

# [8] 기간과 기한(제4~7조)

○ 기간의 계산(제4조)
- 이 법 또는 세법에 규정하는 기간의 계산은 이 법 또는 그 세법에 특별한 규정이 있는 것을 제외하고는 「민법」에 의한다.
- 특별규정이 없으므로 민법의 기간계산규정을 그대로 준용

**[심판례] 기간계산-사업자등록일의 역산: 국심2005전2581, 2005. 11. 03.**
(사실관계) 청구인은 2005. 4. 15. 쟁점 건물을 청구 외 법인으로부터 분양받아

동 일자에 동 법인으로부터 280,800천 원 상당의 세금계산서를 교부받고, 2005. 5. 6. 쟁점 건물에서 부동산임대업을 영위하기 위하여 사업자등록신청을 한 후, 2005. 5. 25. 쟁점 세금계산서의 매입세액을 공제하여 2005. 4.분 조기환급신고를 하였다.

처분청은 쟁점 건물의 공급 시기는 청구인명의로 소유권이전 등기된 2005. 4. 15. 이고 청구인이 쟁점 세금계산서를 수취한 날은 2005. 4. 15.이나, 청구인의 사업자등록신청일은 2005. 5. 6.이므로 동 사업자등록신청일로부터 역산하여 20일이 경과하였으므로 쟁점 세금계산서의 매입세액을 불공제하고 신고불성실가산세를 가산하여, 2005. 6. 14. 청구인에게 2005년 제1기분 부가가치세 2,808,000원을 결정 고지하였다. 청구인은 이에 불복하여 2005. 7. 8. 이건 심판청구를 제기하였다.

(청구인 주장) 부가가치세법시행령 제60조제9항에서 "법 제17조제2항제5호 단서의 '대통령령이 정하는 것'이라 함은 등록 신청일부터 역산하여 20일 이내의 것을 말한다"라고 규정하고 있고, 여기서 기간계산은 초일불산입과 등록신청일 전일까지의 계산으로 사업자등록신청일로부터 20일 이내에 정상적으로 쟁점 세금계산서를 받아 부가가치세 환급신청을 하였으므로 동 매입세액을 환급하고 신고불성실가산세를 취소하여야 한다.

(처분청 의견) 부가가치세법 제17조제2항제5호 및 같은 법시행령 제60조제8항, 제9항에 의하면 등록 전 매입세액으로 매출세액에서 공제되는 경우는 사업자등록신청일로부터 역산하여 20일 이내의 것을 말하는 것인바, 청구인의 사업자등록신청일은 2005. 5. 6.이므로 초일불산입하고 역산하여 20일이 되는 날인 2005. 4. 16. 이후에 교부된 세금계산서이어야 하나 쟁점 세금계산서의 교부일은 2005. 4. 15.로 등록 전 매입세액에 해당하지 아니하므로 당초처분은 정당하다.

(국세심판원 입장) 사업개시일로부터 21일째에 사업자등록을 신청하게 되어 사업자등록신청일로부터 역산하여 21일째에 수수한 세금계산서라고 하나 사업자등록신청일의 전일이 공휴일에 해당되는바 이는 사업자등록신청일로부터 역산하여 20일 이내의 것에 해당됨에도 21일 전이라고 하여 매입세액을 불공제한 처분은 부당하다.


○ 기한의 특례(제5조)
- 익일 연장: 공휴일, 토요일, 「근로자의날제정에관한법률」에 따른 근로자의 날 등

**[심사례] 국세와 관련된 지방세의 기한의 특례: 행심2004-228, 2004. 08. 30.**

(원처분의 요지) 청구인은 ○○세무서장으로부터 법인세 2,352,165,700원을 2003. 1. 31.을 납부기한으로 하여 부과고지받고, 이러한 법인세를 과세표준으로 한 법인세할주민세 235,216,570원을 2003. 3. 3. 신고 납부하였으나, 처분청은 청구인이 법인세의 납부기한으로부터 1월을 경과하여 법인세할주민세를 납부하였으므로 가산세 대상에 해당된다고 보아 신고 납부한 법인세의 100분의 20에 해당하는 가산세 47,043,310원을 2003. 11. 8. 부과고지하였다.

(청구의 취지 및 이유) ○○세무서장은 청구인에게 2003. 1. 31.을 납부기한으로 하여 법인세를 부과고지하였고, 이 납부기한 만료일은 설 연휴이었으므로 국세기본법 제5조의 규정에 의하여 2003. 2. 3.까지 납부기한이 연장됨에 따라 연장된 납부기한 만료일에 법인세를 납부하고, 법인세할주민세를 2003. 2. 3.로부터 기산하여 1월이 되는 2003. 3. 3.에 납부하였는바, 법인세할주민세는 법인세의 납부기한으로부터 1월 이내에 납부하도록 규정되어 있고, 이 경우 법인세의 납부기한은 국세기본법의 규정에 따라 판단하여야 하는 것으로서 당초 납부기한이 공휴일이므로 공휴일의 다음날인 2003. 2. 3.이 법인세 납부기한이라 할 것이며, 이날을 기준으로 청구인은 1월 이내에 주민세를 신고 납부하였을 뿐만 아니라, 통상 1개월은 30일을 의미한다고 보아야 하고 당초 법인세 납세고지서상의 납부기한으로부터 30일이 되는 시점이 2003. 3. 3.로서 청구인은 납부기한 내에 법인세할주민세를 납부한 경우로 보아야 할 것이며, 또한 취득세 가산세에 관한 규정에 대하여 위헌결정이 있었으므로 이와 동일하게 규정된 주민세 가산세에 관한 규정도 위헌이라고 주장하고 있다.

(행정심사위원회의 의견) 지방세법 제177조의2제1항에서 법인세할주민세의 신고 납부기한은 법인세법 또는 국세기본법에 의하여 세액이 결정 또는 경정되는 경우에는 그 고지서의 납부기한으로부터 1월 내에 신고 납부하도록 규정하고 있으며, 국세기본법 제5조에서 납부기한이 공휴일인 경우 공휴일의 다음날을 납부기한으로 보도록 규정하고 있는 점을 고려하면, 법인세할주민세의 신고 납부기한은 형식적으로 보면 당해 법인세의 납세고지서에 기재된 법인세의 납부기한을 의미하는 것으로 볼 수도 있으나, 고지서에 기재된 납부기한이 공휴일인 경우에는 공휴일의 다음날을 납부기한으로 하도록 국세기본법 제5조에서 명문의 규정을 두고 있으므로, 청구인의 이 사건 법인세의 납부기한은 실질적으로 법인세 납세고지서에 기재된 납부기한과 관계없이 공휴일의 다음날이 되는 것이며, 법률상으로도 청구인의 이 사건 법인세의

납부기한으로서 효력을 가지는 날은 공휴일의 다음날이 분명하다 하겠으므로, 청구인이 이 사건 법인세의 납세고지서에 기재된 납부기한이 공휴일이므로 그 공휴일의 다음날인 2003. 2. 3.에 법인세를 납부하고, 이날로부터 1월 이내인 2003. 3. 3.에 법인세할주민세를 신고 납부하였다면 정당한 신고 납부기한 내에 법인세할주민세를 신고 납부한 것으로 보는 것이 타당하다 하겠다.

○ 우편신고 및 전자신고(제5조의2)
- 신고간주일: 통신일부인이 찍힌 날. 통상 소요되는 우송일수를 기준으로 발송한 날에 상당하다고 인정되는 날. 국세정보통신망에 입력된 때.
- 발신주의 원칙에 입각.

**[심사례] 경정청구서를 우편법에 의한 통신 일부인이 찍힌 날 청구한 것으로 볼 수 있는지 여부(적극): 심사소득2003 – 3103, 2003. 11. 24.**

(처분내용) 청구인은 2000. 4. 25. 인천광역시 ○○구 ○○동 ○○번지에서 ○○프라자(이하 "쟁점 사업"이라 한다)라는 상호로 부동산매매업으로 사업자등록을 하고, 총수입금액에 부동산매매업의 표준소득률을 곱하여 소득금액을 산정하여 2001. 5. 31. 2000년 귀속종합소득세과세표준을 신고하였다. 청구인은 쟁점 사업이 부동산매매업이 아닌 건물신축판매업이라고 판단하여 2003. 5. 31.(통신일부인이 찍힌 날) 과세표준 및 세액의 경정청구(이하 "쟁점 경정청구"라 한다)를 제기하였고 처분청은 "쟁점 경정청구서가 청구기한이 경과한 2003. 6. 2. 처분청에 도달하였다"고 하여 2003. 9. 1. 경정을 거부하였다. 청구인은 이에 불복하여 2003. 9. 26. 이건 심사청구를 제기하였다.

(청구주장) 국세기본법 제5조의2에서 우편으로 과세표준신고서 · 과세표준수정신고서 등을 제출하는 경우에는 우편법에 의한 통신일부인이 찍힌 날에 신고된 것으로 간주하도록 도달주의 예외를 두고 있으므로 통신일부인이 찍힌 날에 청구가 있는 것으로 보아 경정 결정하여야 한다.

(처분청 의견) 국세기본법 제5조의2에서 우편법에 의한 통신일부인이 찍힌 날에 신고된 것으로 보는 것은 과세표준신고서 · 과세표준수정신고서 또는 이와 관련된 서류의 제출에 관하여 적용되는 것이며, 기타 의사표시의 효력발생시기는 민법 규정

에 의하여 그 통지가 처분청에 도달된 때 그 효력이 생기는 것이고, 국세기본법에서 수정신고와 경정청구를 구별하고 있음에 비추어 볼 때 청구기한이 경과하였으므로 쟁점 경정청구는 부적법한 것이므로 경정을 거부함은 정당하다.

(판단) ① 우편법에 의한 통신일부인이 찍힌 날을 의사표시의 효력발생시기로 보는 것은 도달주의의 원칙을 채용하고 있는 민법의 예외규정으로서 우편의 예기치 못한 지연으로부터 납세자의 보호를 위해 과세표준신고서 제출에 관해서는 발신주의를 채택하고 있는 것으로서,

② 현행 국세기본법 제5조의2제1항의 규정은 경정청구(감액수정신고)가 수정신고에서 분리(1995. 1. 1.)되어 나오기 전부터 있던 조항으로 본 규정에서 언급하고 있는 과세표준수정신고서에는 감액수정신고 및 증액수정신고 모두를 포함하고 있다고 할 것이므로, 과세표준 및 세액의 경정청구서를 우편으로 제출한 경우 우편법에 의한 통신일부인이 찍힌 날에 경정 청구한 것으로 보는 것이 타당하다 할 것이다(징세46101‑493, 2003. 10. 28.).

<법률 제7930호(2006. 4. 28.)로 국세기본법 개정>

제5조의2제1항 중 "과세표준신고서·과세표준수정신고서 또는 과세표준신고·과세표준수정신고와 관련된 서류를 제출한 경우에는 우편법에 의한"을 "과세표준신고서, 과세표준수정신고서, 경정청구서 또는 과세표준신고·과세표준수정신고·경정청구와 관련된 서류를 제출한 경우「우편법」에 따른"으로 한다.


○ 천재 등으로 인한 기한의 연장(제6조)
- 납부기한 연장과 담보제공 요구


**[예규] 금융기관 토요휴무제 실시에 따른 국세의 신고기한 연장가능 여부(적극): 조세정책과‑155, 2004. 02. 13.**

【질의】

금융기관의 주5일근무제 시행에 따른 토요휴무일에 국세의 신고·납부기한이 도래하는 경우 국세기본법시행령 제2조제1항제3의3호에 의하여 납부기한을 그 다음 정상근무일까지 연장하고 있는바, 신고기한도 동 규정에 의하여 연장할 수 있는지.

【회신】

금융기관 주5일근무제 시행에 따른 토요휴무일에 국세의 신고·납부기한이 도래

하는 경우 국세기본법시행령 제2조제1항제3의3호 및 제125회 국세예규심사위원회 의결(2004. 1. 31.)에 의하여 그 다음 정상근무일(통상 월요일임)까지 국세의 신고기한을 연장할 수 있는 것임.

### [심판례] 2회분 분납금액기한 경과: 국심2007부3573, 2007. 11. 28.

- 2회분 분납금액에 상당하는 양도소득금액에 대한 산출세액의 10/100을 곱하여 산정한 금액에 양도소득세 예정신고세액 공제를 배제한 사례

(처분개요) 청구인은 2007. 3. 6. 쟁점 골프회원권을 양도한 후, 이에 따른 양도소득세 38,652,820원을 분납 신청하여, 2007. 5. 29. 1회분 양도소득세 19,326,410원은 납기 내 자진 납부하였고, 2회분 양도소득세는 분납기한인 2007. 7. 15.로부터 10일 경과 후 지연 납부하였다. 처분청은 청구인이 2회분 분납세액을 분납기한 10일 경과 후 납부함에 따라 2회분 분납세액에 대한 예정신고세액공제를 배제하여 2007. 8. 13. 청구인에게 2007년 귀속 양도소득세 2,083,600원을 고지하였다. 청구인은 이에 불복하여 2007. 9. 10. 이건 심판청구를 제기하였다.

(청구인 주장) 청구인이 2회분 분납세액을 분납기한 10일 경과 후에 납부한 것은 본인의 질병치료를 위해 병원에 입원하였기 때문이므로, 정상을 참작하여 양도소득세 예정신고 납부세액을 공제해 주어야 한다.

(처분청 의견) 청구인이 주장하는 양도소득세 예정신고 세액공제는 소득세법 제105조에서 규정하는 예정신고기한 내에 예정신고와 함께 자진납부를 이행함을 전제로 공제하는 것으로 청구인은 예정신고 시 분납 신청하여 1회분은 납부기한 내 정상적으로 자진 납부하였으나, 2회분 분납세액은 본인의 질병치료로 인해 납부기한 10일 경과 후에 자진 납부하였으므로 설령 그 원인이 본인의 질병치료일지라도 지연 납부한 2회분 분납금액에 상당하는 양도소득금액에 대한 산출세액의 10/100을 곱하여 산정한 금액을 양도소득세 예정신고세액공제 배제하여 결정한 처분은 정당하다.

(국세심판원의 판단) (먼저, 청구인이 제시한 증거자료를 살펴본다. 첫째, 청구인은 2007. 7. 23. ○○○번지에 소재한 ○○○에서 발급한 일반소견서 ○○○를 제시하고 있는바, 소견서상 내용을 보면 "경미한 서동증과 수두증"으로 진단을 받았으며, 수술 등은 추후 경과를 보아 시술하여야 할 것이라는 소견내용이 확인된다. 둘째, 청구인은 (재)천주교 ○○○이 발급한 퇴원진료비 영수증, 쟁점 골프회원권 양

도에 따른 양도소득세 1회분 및 2회분 분납세액을 납부한 영수증을 제시하고 있다.)

(가) 청구인이 주장하는 양도소득세 예정신고세액공제는 소득세법 제105조에서 규정하는 예정신고기한 내에 예정신고와 함께 자진납부(같은 법 제112조 규정에 의한 분납기한 내에 납부 포함)를 이행함을 전제로 공제하는 것인바, 청구인은 예정신고시 분납 신청하여 1회분은 납부기한 내에 정상적으로 자진 납부하였으나, 2회분 분납세액은 납부기한을 10일 경과 후에 지연 납부하였고,

(나) 또한, 국세기본법 제6조제1항 및 동법시행령 제2조제1항에 의거 관할세무서장은 "납세자가 질병으로 위중하거나 사망하여 상중인 때"에는 세법에 규정된 납부를 정하여진 기한까지 할 수 없다고 인정되거나 납세자의 신청이 있는 경우에는 그 기한을 연장할 수 있는 것이나, 청구인이 질병으로 위중한 상태이었던 것도 아닐 뿐만 아니라 납부기한 연장신청을 한 사실도 없으므로, 2회분 분납금액에 상당하는 양도소득금액에 대한 산출세액의 10／100을 곱하여 산정한 금액에 대하여 양도소득세 예정신고세액 공제를 배제하여 고지한 처분은 잘못이 없는 것으로 판단된다.

○ 납부기한 연장의 취소(제6조의2)


○ 송달지연에 따른 납부기한의 연장(제7조)


[세법개정] 납기 연장사유 추가(국세기본법시행령 제2조)(2008. 2. 22. 개정)
출처: 국세청, 개정세법해설(국세기본법), 2008, p.22.


가. 개정취지
- 납기연장 사유를 완화하여 납세자의 원활한 경제활동 지원
- 일시적인 자금경색 등 납세자의 경제적 사정을 고려하여 국세청장이 납기연장
 사유를 신축적으로 운용할 수 있도록 함

나. 개정내용

| 종 전 | 개 정 |
|---|---|
| □ **납기연장 사유**<br>○ 천재·지변, 화재·전화, 도난<br>○ 납세자(동거가족) 위중 또는 사망<br>○ 사업에 심한 손해 또는 중대한 위기 (납부에 한함)<br>○ 한국은행 및 체신관서 정보통신망 장애<br>○ 국고대리점 또는 체신관서 휴무 등 으로 세금납부 곤란<br>○ 권한 있는 기관에 장부·서류 압수 또는 영치 | □ **납기연장 사유 추가**<br><br><br><좌 동> |
| <신 설><br><br>※ 납기연장: 9월 이내<br>(6월 초과 시는 6월 경과한 날부터 균등액 분납) | ○ 납세자의 형편, 경제적 사정 등을 고려하여 기한의 연장이 필요하다 고 인정되는 경우로서 국세청장이 정하는 기준에 해당하는 때 (납부에 한함) |

다. 적용시기 및 적용례
- 2008. 02. 22. 이후 납기연장 신청분부터 적용

**[심판례] 납부통지 및 납부최고 절차상의 위법과 제2차납세의무 지정 취소여부: 국심2006중1482, 2006. 12. 06.**
- 기한의 이익이 제대로 부여되지 아니한 납부통지서나 납부최고서를 무효라 볼 수 없어 납부통지 및 납부최고 절차상의 위법을 이유로 제2차납세의무자 지정을 취 소할 수 없다고 본 사례
(국세심판원의 입장) (가) 청구인들은 청구인들에게 납기 전 징수사유가 없는데도 처분청이 2005. 11. 7.자로 이건 납부통지를 한 후, 2005. 11. 10.자로 납부 최고서 를 발부하고, 납부기한은 2005. 11. 11.로 정하여 납기를 하루만 준 다음, 2005. 11.

11.자로 청구인들의 재산을 압류한 것은 납세자에게 주어지는 기한의 이익을 모두 박탈한 절차상의 위법이 있었으므로 이건 제2차납세의무자 지정을 취소하여야 한다고 주장하고 있다.

(나) 살피건대, 처분청은 청구 외 법인이 특별소비세 등을 포탈하고자 하는 행위를 하였다고 보아 ○○○지방검찰청에 고발한 사실이 있는바, 이와 같은 행위는 「국세기본법」 제14조제1항제7호 소정의 납기 전 징수사유에 해당되고, 체납법인의 자산으로 체납세액을 징수할 수 없는 경우에는 차순위 납부의무자인 제2차납세의무자가 그 납부의무를 이행하여야 하는 것인바, 이와 같은 납부의무에 대한 일련의 절차적인 측면에서 볼 때, 본래의 납세의무자인 체납법인이 조세를 포탈하고자 하는 행위 등을 하여 납기 전 징수사유가 있는 경우에는 과점주주인 제2차납세의무자에게도 납기 전 징수사유를 적용하여 납부최고절차를 생략한 채 곧바로 압류처분을 할 수 있다고 판단된다.

(다) 또한 납부통지서나 납부최고서를 송달하였으나, 도달한 날에 이미 납부기한이 경과하였거나 도달한 날로부터 7일 내에 납부기한이 도래하는 것에 대하여는 도달한 날로부터 7일이 경과하는 날을 납부기한으로 보는 것이므로, 기한의 이익이 제대로 부여되지 아니한 납부통지서나 납부최고서를 반드시 무효라고 볼 수 없어 납부통지 및 납부최고 절차상의 위법을 이유로 이건 제2차납세의무자 지정을 취소하기도 어려운 것으로 판단된다.

→ 2006. 12. 30. 개정: (개정취지) 납세고지서 송달이 지연되는 경우 현행 납부기한 7일은 자금확보 기한이 촉박하며 2005년 7월 도입된 주5일제 근무에 따라 세금납부기한이 사실상 줄어든 점을 감안, 납부기한을 연장하여 납세자의 자금확보 부담을 완화.

→ 2007. 12. 31. 개정: (개정취지) 송달지연 시 납부기한을 최소한 14일 보장함으로써 납세자의 권익을 보호. 송달일로부터 8일에서 14일 이내 납부기한이 도래하는 경우 납부준비기간(14일)이 보장되지 아니하여 발생하는 형평성 문제 해소

| 종 전 | 개 정 |
|---|---|
| □ **송달지연 시 납부기한 연장** | □ **송달지연 시 납부기한 연장 요건 확대** |
| ○ (요건) 고지서(독촉장 등) 도달일에 납부기한이 경과하였거나 도달일로부터 7일 이내 납부기한 도래 | ○ (요건) 도달일로부터 14일 이내 납부기한 도래 |
| ○ (납부기한) 도달한 날로부터 14일이 경과하는 날<br>※고지서 도달일로부터 8～14일 이내 납부기한이 도래하는 경우는 납부기한 연장 대상 아님 | ○ (납부기한) 좌 동 |

출처: 국세청, "2008 개정세법해설 – 국세기본법", 2008, p.8.


# [9] 서류의 송달(제8~12조)


○ 서류의 송달(제8조)
- 송달주체: 과세권자
- 송달대상자: 명의인(당해 서류에 수신인으로 지정되어 있는 자). 수령권한의 위임 가능. 묵시적 위임 가능. 과세처분의 상대방인 납세의무자 등 서류의 송달을 받을 자가 다른 사람에게 우편물 기타 서류의 수령권한을 명시적 또는 묵시적으로 위임한 경우에는 그 수임자가 해당 서류를 수령함으로써 그 송달받을 자 본인에게 해당 서류가 적법하게 송달된 것으로 보아야 하고, 그러한 수령권한을 위임받은 자는 반드시 위임인의 종업원이거나 동거인일 필요가 없다(대법원 2000. 7. 4. 선고 2000두1164 판결).

**[판례] 아파트 경비원을 통한 납세고지서 송달이 적법하다고 한 사례: 대법원 2000. 7. 4. 선고 2000두1164 판결**
납세의무자가 거주하는 아파트에서 일반우편물이나 등기우편물 등 특수우편물이

배달되는 경우 관례적으로 아파트 경비원이 이를 수령하여 거주자에게 전달하여 왔고, 이에 대하여 납세의무자를 비롯한 아파트 주민들이 평소 이러한 특수우편물 배달방법에 관하여 아무런 이의도 제기한 바 없었다면, 납세의무자가 거주하는 아파트의 주민들은 등기우편물 등의 수령권한을 아파트 경비원에게 묵시적으로 위임한 것이라고 봄이 상당하므로 아파트 경비원이 우편집배원으로부터 납세고지서를 수령한 날이 구국세기본법(1998. 12. 28. 법률 제5579호로 개정되기 전의 것) 제61조제1항에 정한 처분의 통지를 받은 날에 해당한다고 한 사례.

**[심판례] 파산관재인이 아닌 대표이사에게 한 납세고지 송달: 국심2007구1702, 2007. 07. 26.**
- 파산관재인이 아닌 대표이사에게 납세고지서를 송달한 것은 적법한 송달절차를 거친 것이 아니므로 이건 부가가치세 부과처분은 취소해야 한다고 본 사례

- 연대납세의무자에 대한 송달: 대표자. 대표자가 없는 때에는 연대납세의무자 중 국세징수상 유리한 자. 납세의 고지와 독촉에 관한 서류는 연대납세자 모두에게 각각.

**[판례] 구국세기본법 제8조제2항이 평등권, 형평 및 비례의 원칙, 재산권 보장 등을 규정한 헌법에 위반되는지 여부(소극): 대법원 2002. 3. 15. 선고 99두7135 판결**
구국세기본법(1998. 12. 28. 법률 제5579호로 개정되기 전의 것) 제8조제1항은 국세기본법 또는 세법에 규정하는 서류는 그 명의인(당해 서류에 수신인으로 지정되어 있는 자)의 주소·거소·영업소 또는 사무소에 송달한다고 규정하고, 제2항은 연대납세의무자에게 서류를 송달하고자 할 때에는 그 대표자를 명의인으로 하며, 대표자가 없는 때에는 연대납세의무자 중 국세징수상 유리한 자를 명의인으로 하되, 다만 납세의 고지와 독촉에 관한 서류는 연대납세의무자 모두에게 각각 송달하여야 한다고 규정하고 있는바, 연대납세의무자에 대한 서류송달의 특칙을 규정하고 있는 같은 법 제8조제2항은, 국세기본법 또는 세법에서 연대납세의무를 지도록 규정하고 있는 경우는 납세의무자 상호간에 공유자, 공동사업자, 공동상속인 등과 같이 특별히 긴밀한 관계가 있는 경우이기 때문에 그중 1인에 대하여 서류를 송달하면 나머

지 연대납세의무자에게도 그 내용이 통지될 수 있다는 것을 전제로 하여, 원칙적으로 대표자를 명의인으로 하여 송달하고 대표자가 없는 때에는 연대납세의무자 중 특정한 1인을 명의인으로 하여 송달하면 이로써 다른 연대납세의무자에게도 송달된 효력이 발생하는 것으로 하고, 다만 과세표준과 세액의 확정 및 징수에 관계되는 납세의 고지나 체납처분에 관계되는 독촉에 관한 서류는 연대납세의무자 모두에게 각각 송달하도록 규정함으로써 세무행정의 능률과의 조화를 기하고 있는 것이라 할 것이므로, 국세기본법 또는 세법에 규정하는 서류로서 납세의 고지 및 독촉에 관한 서류 이외의 서류가 연대납부의무자 중 1인을 명의인으로 하여 송달된 경우에는, 특별한 사정으로 인하여 송달받은 연대납세의무자로부터 그 내용을 통지받을 수 없었음을 주장·입증하는 연대납세의무자를 제외하고는, 나머지 연대납세의무자에 대하여도 그 송달의 효력이 미친다고 해석함이 상당하고, 이와 같이 해석하는 이상 같은 법 제8조제2항이, 서류를 송달받은 자와 송달받지 못한 자를 동일하게 취급하거나, 납세의 고지 및 독촉에 관한 서류의 송달과 그 이외의 서류의 송달을 차별하거나, 납세의무자의 예측가능성을 해하는 규정으로서 평등권, 형평 및 비례의 원칙, 재산권보장 등을 규정한 헌법에 위반된다고 할 수 없다.

- 상속재산관리인과 납세관리인에 대한 송달
- 송달장소: 명의인의 주소·거소·영업소 또는 사무소. 전자송달인 경우에는 명의인의 전자우편주소(국세정보통신망에 저장하는 경우에는 명의인의 사용자확인기호를 이용하여 접근할 수 있는 곳).

**[판례] 국세기본법 제8조제1항 소정의 "주소"의 의미: 대법원 1998. 4. 10. 선고 98두1161 판결**

[1] 국세기본법 제8조제1항에 의하면 세법이 규정하는 서류는 그 명의인의 주소·거소·영업소 또는 사무소에 송달하도록 규정되어 있는바, 여기서 주소라 함은 원칙적으로 생활의 근거가 되는 곳을 가리키지만 민법 제21조 소정의 가주소 또는 그 명의인의 의사에 따라 전입 신고된 주민등록지도 특별한 사정이 없는 한 이에 포함된다.

[2] 납세고지서의 명의인이 다른 곳으로 이사하였지만 주민등록을 옮기지 아니한

채 주민등록지로 배달되는 우편물을 새로운 거주자가 수령하여 자신에게 전달하도록 한 경우, 그 새로운 거주자에게 우편물 수령권한을 위임한 것으로 보아 그에게 한 납세고지서의 송달이 적법하다고 한 사례.

**[판례] 공동상속인에 대한 상속세 부과고지 및 징수고지의 방법: 대법원 2004. 10. 28. 선고, 2003두4973 판결**

구상속세법(1996. 12. 30., 법률 제5193호로 전문 개정되기 전의 것) 제25조의2, 구상속세법 시행령(1996. 12. 31., 대통령령 제15193호로 전문 개정되기 전의 것) 제19조제1항·제2항제1호에 의하면, 세무서장은 과세표준과 세액의 통지를 함에 있어서 상속인이 2인 이상인 경우에는 법 제20조의 규정에 의하여 상속세에 관한 신고서를 제출한 자 등 1인에게만 통지할 수 있고, 이 통지의 효력은 상속인 모두에게 미친다고 규정하고 있으므로, 이와 같이 대표상속인에게 통지함에 있어서 납세고지서상 납세의무자의 표시를 "○○○ 외 0인"(○○○는 대표상속인의 이름)이라고만 표시하고 나머지 공동상속인들의 이름을 따로 표시하지 않았다고 하더라도 그에 첨부된 연대납세의무자별 지분명세서에 공동상속인 각자의 성명과 상속재산점유비율(상속분) 및 그 비율에 따라 산정한 각자가 납부할 상속세액 등을 모두 기재한 다음 이를 첨부하여 대표상속인에게 송달하였다면, 그 납세고지는 공동상속인들 모두에 대하여 효력을 미치는 적법한 부과고지 및 징수고지이다.

→ 대상판결은 1993. 12. 21. 대법원 전원합의체 판결 변경 이후 판례의 입장[18]을 따른 것이다. 전원합의체 판결 이전에는 공동상속인에 대한 상속세 부과고지 및 징수고지의 방법에서 과세관청이 공동상속인에게 상속세의 부과처분을 함에 있어서 각자가 부담할 세액을 개별적으로 고지하지 않을 경우에는 이를 위법한 과세처분이라고 보았다.[19] 대법원 전원합의체 판결[20]에서는 견해를 변경하여 공동상속인들의 이름을 따로 표시하지 않고 첨부된 연대납세의무자별 지분명세서에 공동상속인 각자의 성명과 상속재산점유비율 및 그 비율에 따라 산정한 각자가 납부할 상속세액

---

18) 대법원 1993. 12. 21. 선고, 93누10316 판결, 대법원 1996. 9. 24. 선고, 96누68 판결, 대법원 2001. 11. 27. 선고, 98두9530 판결, 대법원 2002. 7. 12. 선고, 2001두3570 판결 등 다수.
19) 대법원 1987. 5. 26. 선고, 86누673 판결, 대법원 1990. 2. 27. 선고, 89누6280 판결.
20) 대법원 1993. 12. 21. 선고, 93누10316 판결.

등을 모두 기재한 다음 이를 첨부하여 대표상속인에게 송달하였다면 이는 적법한 부과고지 및 징수고지의 효력을 가진다고 하였다.

상속세및증여세법 제77조에서 결정한 과세표준과 세액을 상속인·수유자 또는 수증자에게 통지하는 경우 상속인 또는 수유자가 2인 이상인 경우에는 상속세과세표준신고서를 제출한 자, 국세기본법 시행령에 의한 상속인 대표자, 호주승계인 중 1인에게만 통지할 수 있으며 이 통지의 효력은 상속인 또는 수유자 모두에게 영향을 미치며, 동법 시행령 제79조제1항에서는 과세표준과 세액을 통지하는 경우 납세고지서에 과세표준과 세액의 산출근거를 명시하여 통지하여야 한다고 개정하여 그 입장을 명확히 하였고 대상판결은 이에 따른 것이다. 다만, 세무서장이 상속세 과세표준과 세액을 통지하는 경우 납세고지서에 과세연도·세목·세액 및 그 산출근거·납부기한과 납부장소를 명시하고 과세표준과 세액의 계산명세서를 첨부하여 통지하도록 되어 있으므로 납세고지서에 과세표준과 세액의 계산명세가 기재되어 있지 아니하거나 그 계산명세서를 첨부하지 아니하였다면 적법한 납세의 고지라고 할 수 없다.[21]

○ 송달을 받을 장소의 신고(제9조)
- 주소 또는 영업소 중에서 송달을 받을 장소를 정부에 신고한 때

○ 서류송달의 방법(제10조)
- 교부송달: 행정기관 소속공무원이 교부하고 송달수령인이 서명 날인하는 방법. 정당한 사유 없이 서류의 수령 거부 시 유치송달 가능.

**[판례] 서류송달 및 신의성실원칙: 대법원 2004. 4. 9. 선고 2003두13908 판결**
[1] 납세고지서의 교부송달 및 우편송달에 있어서는 반드시 납세의무자 또는 그와 일정한 관계에 있는 사람의 현실적인 수령행위를 전제로 하고 있다고 보아야 하며, 납세자가 과세처분의 내용을 이미 알고 있는 경우에도 납세고지서의 송달이 불필요하다고 할 수는 없다.

---

21) 대법원 2000. 3. 10. 선고, 98두19650 판결, 대법원 1997. 3. 25. 선고, 96누4749 판결.

[2] 납세고지서의 송달을 받아야 할 자가 부과처분 제척기간이 임박하자 그 수령을 회피하기 위하여 일부러 송달을 받을 장소를 비워 두어 세무공무원이 송달을 받을 자와 보충송달을 받을 자를 만나지 못하여 부득이 사업장에 납세고지서를 두고 왔다고 하더라도 이로써 신의성실의 원칙을 들어 그 납세고지서가 송달되었다고 볼수는 없다.

- 우편송달: 등기우편송달(납세의 고지·독촉·체납처분 또는 세법에 의한 정부의 명령에 관계되는 서류를 우편송달하고자 할 때), 일반우편송달. 소득세중간예납세액의 납세고지서 및 부가가치세예정고지규정에 의하여 징수하기 위한 납세고지서로서 50만 원 미만에 해당하는 납세고지서는 일반우편으로 송달할 수 있다.
- 전자송달
- 공시송달

○ 공시송달(제11조)
- 공시송달사유
- 국세정보통신망을 이용한 공시송달의 경우: 다른 공시송달방법과 함께하여야 함

**[심판례] 위법한 공시송달: 조심2008중619, 2008. 06. 25.**
전화나 직접방문 등의 노력 없이 납세고지서가 반송되었다는 이유만으로 공시송달한 것이 적법한 공시송달인지(소극): 납세고지서가 반송되었다는 사유로 납세고지서를 직접교부 및 우편송달하는 것이 불가하다고 보아 공시송달한 처분은 위법한 공시송달이라고 본 사례

**[판례] 납세고지서와 독촉장을 공시송달한 과세관청의 조치의 적법 여부(적극): 대법원 2004. 7. 22. 선고 2003두11117 판결**
납세의무자가 실제로 거주하지도 않으면서 주민등록만 하여둔 주소지로 송달한 납세고지서가 수취인불명 등의 사유로 반송되자 납세의무자의 주민등록표를 조사하

여 무단전출로 주민등록이 직권말소된 상태에 있는 것을 확인하고 그 납세고지서와 독촉장을 공시송달한 과세관청의 조치가 구국세기본법(1996. 12. 30. 법률 제5189호로 개정되기 전의 것) 제11조제1항제3호, 같은 법 시행령(1996. 12. 31. 대통령령 제15189호로 개정되기 전의 것) 제7조에 따른 것으로 적법하다고 한 사례.

○ 송달의 효력 발생(제12조)
- 도달주의 원칙: 교부송달, 등기우편송달의 경우
- 전자송달: 송달받을 자가 지정한 전자우편주소에 입력된 때(국세정보통신망에 저장하는 경우에는 저장된 때)에 그 송달을 받아야 할 자에게 도달된 것으로 봄.
- 도달시기의 추정: 일반우편송달의 경우 2003. 12. 30. 삭제.
- 납세고지서의 송달이 부적법한 것으로서 송달의 효력이 발생하지 아니하는 경우: 당해 과세처분은 무효

   **[판례] 부적법한 송달의 효력(무효): 대법원 1995. 8. 22. 선고 95누3909 판결**
   가. 과세처분에 관한 납세고지서의 송달이 국세기본법 제8조제1항의 규정에 위배되는 부적법한 것으로서 송달의 효력이 발생하지 아니하는 이상, 그 과세처분은 무효이다.
   나. 과세처분의 무효확인청구소송에서는 이른바 제소기간의 제한에 관한 규정은 적용되지 아니한다.


# [10] 인격(제13조)

○ 법인으로 보는 단체(제13조)
- 자연인과 법인에 따른 과세상 차이: ① 법인세법과 소득세법의 과세표준 및 세액계산방법이 다름. ② 부가가치세법상 법인은 간이과세자가 될 수 없기 때문에 해당 단체를 법인으로 보는 경우에는 매출규모가 아무리 영세하더라도

일반과세자가 됨.

- 법인격 없는 사단·재단에게도 납세의무 지움: 세부담의 공평성 고려
- 법인으로 보는 법인격 없는 사단, 재단(의제법인): 당연의제법인(제13조제1항 제1호, 제2호), 승인의제법인(제13조제2항). 의제법인은 법인세법, 상속세 및 증여세법상 비영리법인으로 봄.
- 개인으로 보는 법인격 없는 사단, 재단: 1거주자 or 공동소유관계 또는 조합
- 당연의제법인: 인허가 또는 등록된 미등기단체(제13조제1항제1호), 공익목적의 미등기재단(제13조제1항제2호). 행정해석은 신도가 출연한 헌금으로 취득한 부동산을 소유하고 이를 타인에게 임대하는 교회나 사찰 등은 공익목적의 미등기재단에 속한다고 봄(총괄 1231-3051, 1976. 12. 7.).

**[심판례] 교회의 의제법인 부인: 국심2006중2318, 2006. 08. 29.**

(처분개요) 청구교회는 2005. 2. 28. 쟁점 토지를 ○○○에 양도한 후, 2005년 귀속양도소득세를 신고하지 아니하였다. 처분청은 청구교회를 「소득세법」제1조의 "거주자"로 보아 2005. 11. 1. 청구교회에 2005년 귀속양도소득세 141,027,600원을 경정·고지하였다. 청구교회는 이에 불복하여 2006. 1. 18. 이의신청을 거쳐 2006. 6. 27. 이건 심판청구를 제기하였다.

(청구주장) 청구교회는 재단법인 ○○○(합신) 산하 교회로서, 1991. 12. 23. ○○○세무서장으로부터 고유번호를 부여받은 비영리법인이므로 양도소득세 납세의무자가 아니며, 쟁점 토지를 취득하여 양도할 때까지 계속하여 청구교회의 고유목적사업에 사용하였으므로 쟁점 토지에 대한 양도소득은 「법인세법」제3조제2항제5호 및 「법인세법 시행령」제2조제2항의 규정에 의하여 과세소득에서 제외되어야 한다.

(처분청 의견) 세무서장이 청구교회에 부여한 고유번호는 비영리 개인사업자번호에 불과하며, 청구교회는 회계 등 그 운영에 있어서 위 재단법인과는 독립하여 운영되는 단체인데 쟁점 토지를 위 재단법인이 아닌 청구교회 명의로 등기하였으므로 이건 양도소득을 법인의 소득으로 볼 수 없다. 또한 청구교회는 주무관청의 허가 또는 인가를 받아 설립되거나 법령에 의하여 주무관청에 등록한 사단·재단 기타 단체에 해당되지 아니하고, 관할세무서장으로부터 법인으로 보는 단체의 승인을 얻은

것도 아니므로 청구교회를 "법인으로 보는 단체"로 볼 수도 없다. 따라서 처분청이 청구교회를 "거주자"로 보아 이건 양도소득세를 과세한 처분은 타당하다.

(국세심판원의 판단) 청구교회는 재단법인 ○○○(합신) 산하 ○○○노회 소속으로서 ○○○세무서장으로부터 수익사업을 하지 않는 비영리법인의 고유번호증을 부여받았으므로 법인격을 지닌다고 주장하나, 청구교회는 쟁점 토지를 위 재단법인이 아닌 청구교회 명의로 등기하는 등 그 운영에 있어서 위 재단법인과는 독립한 단체이므로 청구교회가 위 재단법인 소속 교회라고 하여 법인격을 가진다고 할 수 없다. 또 ○○○세무서장이 청구교회에 부여한 고유번호는 비영리 개인사업자에게 부여하는 성질의 것이며, 청구교회가 제시한 고유번호증의 유의사항란에 "이 고유번호증의 부여로 인해 「민법」 기타 특별법에 의한 법인격이 부여되는 것이 아닙니다."라고 명시되어 있어 청구교회가 위 고유번호증을 부여받았다는 사실이 청구교회에 법인격이 있다는 근거가 될 수 없고, 청구교회는 달리 청구교회가 법인격을 갖는다는 사실에 대한 증빙을 제출하지 못하고 있다.

청구교회가 법인격을 갖지 않음은 위에서 본 바와 같고, 교회는 일반적으로 예배를 목적으로 하는 교인들로 구성된 사단으로서의 성질을 가지는바, 법인격 없는 사단은 「국세기본법」 제13조제1항제1호의 "주무관청의 허가 또는 인가를 받아 설립되거나 법령에 의하여 주무관청에 등록한 사단"이거나, 같은 조 제2항에 의하여 관할세무서장으로부터 법인으로 보는 단체로의 승인을 받은 경우에 한하여 이를 법인으로 보아 세법을 적용할 수 있을 것인데, 청구교회가 이건 토지의 양도 당시 주무관청의 허가 또는 인가를 받아 설립되거나 법령에 의하여 주무관청에 등록한 단체인지 또는 관할세무서장으로부터 법인으로 보는 단체로 승인을 받았다고 볼 만한 아무런 자료도 나타나 있지 아니하다. 따라서 청구교회를 「국세기본법」 제13조의 "법인으로 보는 단체"에 해당한다고 할 수도 없다.

그러므로 처분청이 청구교회를 거주자로 보아 쟁점 부동산 양도소득에 대하여 양도소득세를 과세한 이건 처분은 정당한 한편, 청구교회가 "법인으로 보는 단체"에 해당함을 전제로 이건 양도소득이 「법인세법」상 법인의 과세소득에서 제외하여야 한다는 청구주장은 더 나아가 살펴볼 필요 없이 이유 없다고 판단된다.


[세법개정] 법인으로 보는 단체 범위 보완(국세기본법 제13조제1항)(2007. 12. 31. 개정)

출처: 국세청, 개정세법해설(국세기본법), 2008, pp.14 - 15.

가. 개정취지

○ 「법인으로 보는 단체」에 대한 세법상 적용기준 일치

- 국세기본법상으로는 「법인으로 보는 단체」에 영리·비영리단체를 모두 포함하고 있으나

- 법인세법과 상증법에서는 「법인으로 보는 단체」를 비영리법인으로 제한하고 있어 세법 간 상충문제 발생

나. 개정내용

| 종 전 | 개 정 |
|---|---|
| □ **법인으로 보는 단체** | □ **법인으로 보는 단체에 다음 요건 추가** |
| ① 주무관청 허가 또는 인가를 받거나 주무관청에 등록한 사단·재단 기타 단체 | ○ ① 또는 ②의 단체로서 수익을 구성원에게 분배하지 아니할 것 |
| ② 공익목적으로 출연된 기본재산이 있는 재단 | |
| * 법인세법상으로는 비영리법인으로 인정 | |

다. 적용시기 및 적용례

○ 2008. 1. 1. 이후 시행

# 제3장 국세의 부과와 세법적용(국세기본법 제2장)

## [11] 실질과세의 원칙(제14조)

[법령] 국세기본법 제14조【실질과세】

① 과세의 대상이 되는 소득·수익·재산·행위 또는 거래의 귀속이 명의일 뿐이고 사실상 귀속되는 자가 따로 있는 때에는 <u>사실상 귀속되는 자</u>를 납세의무자로 하여 세법을 적용한다.

② 세법 중 과세표준의 계산에 관한 규정은 소득·수익·재산·행위 또는 거래의 명칭이나 형식에 불구하고 그 <u>실질내용</u>에 따라 적용한다.

③ 제3자를 통한 간접적인 방법이나 2 이상의 행위 또는 거래를 거치는 방법으로 이 법 또는 세법의 혜택을 부당하게 받기 위한 것으로 인정되는 경우에는 그 경제적 실질내용에 따라 당사자가 직접 거래를 한 것으로 보거나 연속된 하나의 행위 또는 거래를 한 것으로 보아 이 법 또는 세법을 적용한다(2007. 12. 31. 신설).

[세법개정] 개정취지

○ 국세청의 경우(국세청, 개정세법해설(국세기본법), 2008, p.4)
- 다양한 조세회피거래에 대한 과세근거 명확화
- 국제거래를 이용한 공격적 조세회피, 신종 변칙상속증여, 파생금융상품·혼성회사(Hybrid Entity) 활용 등 최근 조세회피 행위가 점차 고도화·복잡화
- 국제조세조정에관한법률에 있는 조세회피 방지규정을 국세기본법에도 규정함으

로써 국제거래뿐만 아니라 국내거래까지 적용됨을 명확히 하여 과세 투명성 제고(확인적 규정)

○ 국회 재경위의 경우(국회 재정경제위원회, "국세기본법 일부개정법률안 심사보고서", 2007. 12., pp.9 - 10)
- 제3자거래*(우회거래) 또는 단계거래** 등을 통해 조세를 부당하게 감소시키는 것으로 인정되는 경우 그 경제적 실질에 따라 직접거래 또는 연속된 하나의 행위 · 거래로 적용
- * 교환계약을 통한 양도소득세 회피, 변칙파생상품거래를 통한 소득세회피. ** 2회 이상의 제3자 거래


○ 실질의 의미에 대한 견해의 대립
- 경제적 실질설: 경제적 효과에 기초한 과세
- 법적 실질설: 당사자가 선택한 사법상의 법형식을 존중


**[판례] 실질과세의 원칙 관련하여 법적 실질설에 가까운 입장: 대법원 1999. 11. 9. 선고 98두14082 판결**
**실질과세의 원칙에 의하여 당사자의 거래행위를 그 법형식에도 불구하고 조세회피행위라고 하여 그 행위계산의 효력을 부인할 수 있으려면 조세법률주의의 원칙상 법률에 개별적이고 구체적인 부인규정이 마련되어 있어야 하는바,** 구소득세법(1990. 12. 31. 법률 제4281호로 개정되기 전의 것) 제55조제1항은 이른바 부당행위계산의 부인에 관하여 규정하고 있고, 구소득세법시행령(1990. 12. 31. 대통령령 제13194호로 개정되기 전의 것) 제111조제2항은 제1호 내지 제5호에서 소득세 부담을 감소시키는 부당행위계산의 유형을 각 규정하고 있으며, 위 각 규정은 부당행위계산의 유형을 제한적으로 열거하는 규정으로서 조세법률주의의 원칙상 유추해석 및 확대해석이 허용되지 않는다고 할 것인바, 그중 같은 법 시행령 제111조제2항제5호가 "특수관계 있는 자와의 제1호 내지 제4호 이외의 거래로 인하여 당해 연도의 총수입금액 또는 필요경비의 계산에 있어서 조세의 부담을 부당하게 감소시킨 것으로 인정되는 때"라고 규정함으로써 비교적 포괄적인 부당행위계산의 유형을 들고 있다 하더라도, 위 규정이 정한 요건 또한 엄격하게 해석되어야 할 것이므로, 조세의 부담

을 부당하게 감소시킨 행위가 인정되어도 그 행위가 특수관계 있는 자와의 거래로 인한 것이고 당해 연도의 총수입금액 또는 필요경비의 계산과 관련하여 이루어진 것이라는 등 위 규정이 정한 요건을 모두 갖추지 아니하였다면 같은 법 제55조제1 항의 적용대상인 부당행위계산에 해당한다 할 수 없다.

○ 실질과세의 원칙에 대한 사례

**[심판례] 제14조제1항(실질귀속자) - 적법 인정: 국심2007중3235, 2007. 11. 13.**
- 청구인이 종전아파트를 동생에게 양도하고, 청구인의 동생이 종전아파트의 재건축으로 취득한 쟁점 분양권을 양도한 데 대하여, 동 분양권의 실소유자를 청구인으로 보아 청구인에게 양도소득세를 과세한 처분의 당부(국심2007중3235, 2007. 11. 13.); 과세관청이 실소유자에게 과세한 경우

(처분개요)
청구인은 ○○○(이하 "종전아파트"라 한다)를 1994. 5. 27. 동생인 박○○○에게 양도하였고, 박○○○은 종전아파트의 재건축으로 인하여 취득한 ○○○의 분양권(이하 "쟁점 분양권"이라 한다)을 2005. 5. 31. 마○○○에게 1,045백만 원에 양도한 후 2005. 7. 27. 양도소득세 예정신고를 하고 2005년 귀속 양도소득세 153,083천 원을 납부하였다.

○○○지방국세청장은 박○○○에 대한 세무조사를 실시하여 청구인의 처 장○○○이 쟁점 분양권에 대한 매매계약을 체결하였고, 양도대금을 직접 관리하면서 사용한 사실을 확인하고, 청구인이 종전아파트를 동생인 박○○○에게 명의신탁한 것이라는 조사결과를 처분청에 통보하였고, 처분청은 위 통보자료에 의거 2006. 11. 17. 청구인에게 2005년 귀속 양도소득세 34,175,150원을 결정·고지하였다.

청구인은 이에 불복하여 2007. 2. 2. 이의신청을 거쳐 2007. 7. 19. 심판청구를 제기하였다.

(청구인 주장)
청구인은 1994. 5. 27. 동생 박○○○에게 종전아파트를 매매대금 295,000천 원에 양도하고 전세보증금 100,000천 원 및 은행융자금 11,000천 원을 차감한 184,000천 원을 지급받은 후 소유권이전등기를 경료해 주었으며, 위 매매대금 중 55,000천 원을 1994. 5. 24. 및 1994. 5. 26. 박○○○으로부터 송금받은 사실이 청

구인의 통장에 의하여 확인되는데도 184,000천 원 전부를 입증하지 못한다고 하여 소유권이전등기사실을 부인하는 것은 근거과세원칙을 위배한 부당한 처분에 해당한다.

또한 박○○○은 종전아파트의 재건축으로 인하여 취득한 쟁점 분양권을 2005. 5. 31. 1,045,000천 원에 양도한 후 양도소득세 예정신고 시 양도소득세 153,083,550원 및 주민세 15,308,350원을 납부하였으며, 양도소득세 예정신고를 청구인이 대행하는 과정에서 위 양도소득세 및 주민세 상당액을 박○○○으로부터 송금받아 납부한 것임에도 쟁점 분양권의 매대대금 중 일부를 청구인이 박○○○으로부터 수령하였다는 사유로 종전아파트를 박○○○에게 명의신탁한 것으로 보아 청구인에게 이건 양도소득세를 과세하는 것은 지나친 추정과세이므로 당초처분을 취소하는 것이 타당하다.

(국세심판원의 입장) 청구인이 제시하는 청구인의 예금거래내역에 의하면, 종전아파트를 박○○○에게 양도할 시점(1994. 5. 27.)인 1994. 5. 24. 및 1994. 5. 26. 55,000천 원을 박○○○으로부터 송금받은 사실은 확인되나, 그 송금은행이 박○○○의 거주지인 부산이 아니라 ○○○은행이며, 송금받은 날 전액 현금으로 인출한 사실이 확인되는 점, 종전아파트의 재건축으로 인한 쟁점 분양권의 추가 부담금을 청구인의 처인 장○○○이 납부하였고, 쟁점 분양권을 마○○○에게 양도하면서 장○○○이 대리서명한 사실이 처분청에서 확보한 매매계약서에 의하여 확인되는 점, 쟁점 분양권의 양도대금 등 898,886천 원이 박○○○의 예금계좌에 입금되었다가 청구인의 주소지인 ○○○에서 매일 2천만 원 미만의 현금으로 인출되었고, 인출된 금액 중 406,691천 원은 청구인의 처인 장○○○의 하나은행 예금계좌로, 96,300천 원은 청구인의 자인 박○○○의 ○○○은행 예금계좌로 입금된 사실이 확인되는 점으로 볼 때 쟁점 분양권의 실질소유자는 청구인으로 보는 것이 경험칙에 부합한다고 할 것이다.

**[판례] 제14조제1항(실질귀속자) - 적법 인정: 대법원2005두15816, 2006. 10. 26.**
- 사건 주식을 명의신탁하였다가 후에 대금을 회수하였으므로 주식의 실질적 소유자인 원고에 대하여 한 양도소득세부과처분이 적법한 것임(  ) / 과세관청이 실소유자에게 과세한 경우

(이유) 기록과 원심판결에 나타난 원고와 안○연의 자력, 이 사건 주식의 처분과정, 원고와 안○연 사이의 주식처분대금 지급과정 및 그 이후의 경과 등 제반사정

을 참작할 때, 원심이 원고가 이 사건 주식을 안○연에게 명의신탁을 하였다가 그 대금을 차후에 회수하였던 것이라고 보아, 이 사건 주식의 실질적 소유자인 원고에 대하여 한 양도소득세부과처분이 적법하다고 판단한 것은 정당한 것으로 수긍이 가고, 거기에 상고이유에서 주장하는 것과 같은 심리미진, 이유모순, 채증법칙위배 및 법리오해 등의 위법이 없다.

**[판례] 제14조제1항(실질귀속자) - 위법: 대법원2005두2674, 2006. 09. 28.**
 - 전기공사계약의 명의자 및 공사대금이 입금된 예금계좌가 원고명의라 하여 전기공사로 인한 소득과 거래의 실질적 귀속자가 원고라 본 것은 실질과세원칙에 위배되는 것임 / 과세관청이 실소유자라고 과세하였으나 위법하다고 한 사례

  (생략) 원고명의의 예금계좌로 입금된 공사대금은 입금 즉시 인출되어 시공자인 홍○식 앞으로 계좌 이체된 점 및 원고가 이 사건 공사대금 중 일부를 하도급 공사대금으로 이○천 등에게 지급한 것이 아니라 오히려 원고가 이○천 등으로부터 공사대금 중에서 3% 상당액을 수수료명목으로 지급받기로 약정한 점 등에 비추어 보면, 원고는 자신이 도급받은 이 사건 전기공사를 이○천 등에게 다시 하도급 준 것이 아니라 <u>그 공사에 필요한 공사업면허와 계약명의 등을 이○천 등에게 대여하고 그 명의(면허)대여의 대가로 공사대금 중 일정액을 수수료로 지급받았다고 보는 것</u>이 거래통념이나 경험칙에 부합하는 것으로 보인다.
  그럼에도 불구하고 원심은 이 사건 전기공사계약의 명의자가 원고이고 공사대금이 입금된 예금계좌가 원고명의의 예금계좌라는 형식적인 사정에 터 잡아 이 사건에서 전기공사로 인한 소득과 거래 등의 실질적인 귀속자가 원고라고 판단하고 말았으니, 원심판결에는 채증법칙에 위배하여 사실을 오인하거나 실질과세의 원칙에 관한 법리를 오해함으로써 판결 결과에 영향을 미친 위법이 있다고 할 것이다.

**[심판례] 제14조제2항(실질귀속) - 1세대 1주택 비과세 적용배제**
 - 청구인이 쟁점 주택에 실제 거주하지 아니한 것으로 보아 1세대1주택에 대한 양도소득세 비과세 적용을 배제한 처분의 당부(국심2007중1643, 2007. 08. 29.): 적용 배제

(처분개요)

가. 청구인은 ○○○번지 소재 ○○○(건물 면적은 49.032㎡이며, 이하 "쟁점 주택"이라 한다)를 1995. 9. 28. 취득하여 2006. 3. 27. 양도하고, 1세대1주택의 양도로 보아 양도소득세 비과세신고를 하였다.

나. 처분청은 2006. 12.경 쟁점 주택에 대한 현지 확인을 실시하고, 청구인의 주민등록표상에는 청구인이 2003. 11. 29.부터 2005. 11. 30.까지 2년1일간 쟁점 주택에 거주한 것으로 되어 있으나, 쟁점 주택에는 2002. 3. 15.부터 조사일 현재까지 세입자 현○○의 가족 4인이 거주하고 있는 점 등으로 보아 청구인이 쟁점 주택에 실제 거주하지 아니하면서 양도소득세를 회피하기 위하여 주민등록만 이전한 것으로 보아 1세대1주택에 대한 양도소득세 비과세 적용을 배제하고, 2007. 2. 10. 청구인에게 2006년 귀속양도소득세 75,678,010원을 결정고지하였다.

다. 청구인은 이에 불복하여 2007. 5. 4. 심판청구를 제기하였다.

(청구인 주장)

청구인은 남편과의 불화로 2003. 5.경부터 쟁점 주택에 전입하여 살았으나 전입신고는 2003. 11. 29.에 하였으며, 2006. 2. 13. 남편과 이혼한 후, 2006. 3. 27. 쟁점 주택을 양도한 것으로, 쟁점 주택은 방 3개 및 주방 겸 거실이 있는 19평형 아파트로 세입자 이○○의 가족이 살고 있었으나, 이○○의 남편은 사업실패로 집에 잘 들어오지 아니하고, 자녀 2인 중 딸은 지방캠퍼스에서 기숙사 생활을 하고 있어 청구인이 이○○ 및 자녀 1인과 함께 거주하기에 충분하였는데도 처분청은 청구인이 양도소득세를 회피하기 위하여 쟁점 주택에 실제 거주하지 아니하면서 주민등록만 이전한 것으로 본 것이므로 부당하다.

(국세심판원 입장)

청구인 부부는 2006. 2. 13. 협의이혼하기 전부터 다주택 보유자로 특별한 사유 없이 부부가 각각 별도의 세대를 구성하여 주민등록을 이전한 사실이 있고, 남편과 자녀 2인이 있는 세입자 이○○가 19평형의 소형아파트인 쟁점 주택에서 특별한 연고가 없는 청구인과 2년 이상 함께 거주하였다는 것은 사회통념상 납득하기 어려우며, 청구인 부부가 협의 이혼한 이후에도 각자의 주택을 양도하고 1세대1주택으로 신고한 점, 청구인이 쟁점 주택을 양도한 후에 이○○이 주택 1채를 청구인에게 증여한 점 등 일련의 과정을 볼 때, 청구인은 1세대1주택에 대한 양도소득세 비과세를 적용받기 위한 요건(3년 이상 보유, 2년 이상 거주)을 충족하기 위하여 쟁점

60

주택에 실제 거주한 사실 없이 주민등록만 이전한 것으로 보인다.

따라서 쟁점 주택에 대하여 1세대1주택에 대한 양도소득세 비과세 적용을 배제한 처분은 달리 잘못이 없다고 판단된다.

**[심판례] 실질과세가 적용될지 여부에 대해 법원에서 논란이 예상되는 사례: 국심2007서4415, 2007. 12. 24.**

- 국세심판원에서는 국세기본법 제14조제2항이 적용되는 사안으로 판단/「소득세법」상 이자소득으로 열거되지 아니한 선물환차익을 이자소득으로 보아 종합소득세를 과세한 처분의 당부()

☞ 엔화스왑예금: 고객이 엔화정기예금 가입(대부분 원화를 엔화로 환전하여 예금가입)과 동시에 은행은 만기 시 엔화를 높은 환율로 되사주는 선물환계약을 체결하여 연 4% 가량의 확정수익을 보장하는 금융상품. 2002년 하반기부터 판매. 예금 가입자들은 엔화예금에 대한 외견상 금리인 연 0.05%가량에 대해서만 이자소득세를 납부. 국세청은 2005년부터 '국내에서 받는 예금의 원리금으로 보아 이자소득세를 내야 한다'며 과세처분.

☞ 조세심판원 인용률에 영향

- 2008년 상반기(1~6월) 조세심판원에 전년도 이월분을 제외한 신규접수 불복청구건은 2500건으로 이 가운데 2040건을 처리. 2040건 중 지방세 불복은 162건, 나머지는 국세(관세 포함)와 관련한 불복청구. 상반기 처리건 2040건 중 납세자가 불복을 취하한 건수 53건을 제외한 1987건 중 인용된 건수는 451건으로 인용률은 22.7%. 2003년 상반기 인용률 40.2%, 2004년 35.8%, 2005년 31.9%, 2006년 29.6%, 2007년 28.9%. 2006년과 2007년의 경우 동일사건(한국전력, 엔화스왑예금 등) 병합처리(기각)로 인해 일시적으로 인용률이 낮아지는 현상이 나타났었다는 평가.

(처분개요)

가. ○○지방국세청장은 2005. 9. 9.~2006. 4. 26. 기간 동안 주식회사 ○○은행, ○○은행, 주식회사 ○○은행 등(이하 "청구 외 법인"이라 한다)에 대하여 법인제세 통합조사를 실시한 결과, 청구 외 법인이 2004년에 청구인과 엔화스왑 예금거

래를 약정한 후, 동 엔화스왑 예금거래에서 발생한 이자소득 중 예금거래로부터 발생한 이자소득에 대하여는 원천 징수를 하였으나, 선물환거래로부터 발생한 이익 27,116,671원(이하 "쟁점 환차익"이라 한다)에 대하여는 원천 징수를 하지 아니한 사실을 확인하였다.

청구인은 쟁점 환차익에 대하여 2004년 귀속종합소득세 7,321,570원을 수정신고 납부한 후 쟁점 환차익이 「소득세법」상 이자소득으로 열거되지 아니하였다 하여 2007. 6. 30. 당초 수정신고한 종합소득세를 환급하여 달라는 경정청구를 하였으나 처분청은 쟁점 환차익이 「소득세법」상 이자소득에 해당한다 하여 경정청구일로부터 2개월 이내에 경정 여부를 통지하지 아니하였다.

청구인은 이에 불복하여 2007. 9. 17. 이건 심판청구를 제기하였다.

(청구인 주장)

청구인이 2004년에 청구 외 법인에게 엔화를 예탁하고 받은 이자에 대하여는 청구 외 법인이 이자소득에 대한 이자소득세를 원천 징수하였고, 엔화원리금을 은행에 매각하여 받은 쟁점 환차익은 「소득세법」상 열거된 소득이 아니므로 종합소득세 과세대상이 아님에도 처분청이 이를 이자소득으로 보아 청구인의 경정청구에 대하여 경정청구일로부터 2개월 이내에 경정 여부를 통지하지 아니한 처분은 부당하다.

(처분청 의견)

청구인이 엔화를 청구 외 법인으로부터 매입하면서 체결한 선물환계약은 교환비율이 예치기간 및 만기 여부에 따라 적정수익을 보장하는 선에서 책정된 것으로 전형적인 환매계약이며, 선물환차익은 환매조건부 매매차익으로 외화를 채권 또는 증권의 개념에 포함시킬 수 있느냐는 차치하더라도 최소한 엔화스왑계약의 선물환차익은 "채권 혹은 증권의 환매조건부 매매차익"과 유사한 소득으로 금전의 사용에 따른 대가의 성격이 분명한 만큼 「소득세법」제16조제1항제13호에 규정한 이자소득에 해당한다.

(국세심판원 입장)

「소득세법」제16조제1항제13호에서 "제1호 내지 제12호의 소득과 유사한 소득으로서 금전의 사용에 따른 대가의 성격이 있는 것"을 이자소득으로 규정하고 있고, 동 규정은 종전 「소득세법」(2001. 12. 31. 법률 제6557호로 개정되기 전의 것)에서는 열거된 소득만을 과세(열거주의)할 수 있어 신금융상품 등에 의한 새로운 형태의 이자소득이 발생하는 경우에 과세할 수 없으므로 과세형평성 제고 등을 위하여 "유사한 소득을 동일하게 과세"하도록 「소득세법」(2001. 12. 31. 법률 제6557호로 개정된 것)에 유형별 포괄주의의 형태로 도입·시행된 것이며, 「소득세법」상 이자소득의 개념은 사법상의 이자와 반드시 동일한 것은 아니고, 이자소득이 있었는지 여부는 「국세기본법」 제14조제2항에서 규정하고 있는 실질과세의 원칙에 따라 그 형식이나 명칭이 아니라 실질적인 내용에 따라 판단하여야 할 것인바(대구고등법원 2003누729 판결, 2003. 10. 24. 선고 확정), 이건의 경우 청구인과 청구 외 법인 간에 엔화예금거래신청서와 동시에 선물환계약서가 작성되었고, 외화예금만기일과 선물환계약만기일이 동일하며, 엔화예금거래 중도 해지 시 선물환거래가 동시에 해지되고, 청구 외 법인이 하나의 비과세상품으로 홍보·판매한 사실과 엔화스왑예금에 가입한 청구인은 일정한 기간 경과 후 확정이자(엔화예금이자 + 선물환거래 발생이익)를 받기 위하여 일정기간 예치자금의 사용을 포기한 것으로 볼 수 있고, 청구 외 법인은 엔화스왑예금을 통하여 유치한 자금을 여신거래 등 금융수입사업에 사용할 기회를 얻었으며, 엔화정기예금 및 엔화선물환계약은 확정수익을 수령하려는 청구인의 의사와 금융상품을 판매하여 예금을 유치하기 위한 청구 외 법인의 의사가 합치되어 체결된 점 등에 비추어 엔화스왑예금은 엔화예금거래와 선물환거래가 하나의 통합된 거래로 인정되므로 이에 따라 선물환거래로부터 발생한 이익부분은 「소득세법」 제16조제1항제13호에 의한 금전사용에 따른 대가로서 이자소득에 해당된다고 보는 것이 타당하다고 판단된다.

  ※ 국세심판원의 경우 가산세 부과처분은 부당하다는 입장(국심2007중2137, 2008. 02. 25.)

  - 청구인은 청구 외 법인의 가입권유에 의하여 엔화스왑예금이 확정금리의 높은 수익을 얻는 상품으로서 선물환거래로부터 발생하는 이익이 이자소득 비과세임을 신뢰한 점, 과세관청의 서면질문 결과 대부분의 고객이 엔화스왑예금이 확정금리상품으로서 환율변동에 따른 위험부담이 없다고 인식한 점, 청구 외 법인은 원천 징수의무자로서 소득세법 제127조 등에 의하여 청구인에게 이자소득금액을 지급하는 때 세액을 원천 징수하고 원천 징수영수증을 교부하여야 하였음에도 이를 이행하지 아니하여 청구인에게 소득세법 제70조의 규정에 의한 종합소득세신고 및 납부를 기대하는 것은 무리라는 점 등으로 보아 정당한 사유가 있다고 할 것이므로 처분청이 청구인에 대하여 소득세법 제81조제1항 및 제4항의 규정에 의하여 신고불성실가산세 및 납부불성실가산세를 부과한 처분은 잘못이 있다고 판단된다(국심2004서3607,

2005. 9. 30. 같은 뜻임).


○ 실질과세의 원칙의 예외
- 이자소득지급시기의 의제(소득세법 제131조), 배당소득지급시기의 의제(소득세
  법 제132조), 근로소득지급시기의 의제(소득세법 제135조)


  [법령] 소득세법 제135조 【근로소득지급시기의 의제】
   ① 근로소득을 지급하여야 할 원천 징수의무자가 1월부터 11월까지의 급여액을
  당해 연도의 12월 31일까지 지급하지 아니한 때에는 그 급여액을 12월 31일에 지
  급한 것으로 본다.
   ② 원천 징수의무자가 12월분의 급여액을 다음 연도 1월 31일까지 지급하지 아
  니한 때에는 그 급여액은 1월 31일에 지급한 것으로 본다.
   ③④ (생략)


- 대표자인정상여


○ 실질과세의 원칙과 관련한 의문
- 세법에 규정하고 있지 않은 경우 담세력이 있는데도 과세하지 못하는 것인지
  여부. 세법규정의 목적론적 해석으로 과세가능하다고 할 수 있는지 여부.
- 세법 규정을 사실상 피해서 세금을 줄이는 행위라 할 수 있는 조세회피에 대
  해 현행법상 대비로 충분한지 여부. 부당행위계산부인규정도 특수 관계자를 전
  제로 한 것으로 특수 관계자 아닌 자 사이의 조세회피행위를 규제하기 어렵다.
  특수 관계자 사이의 조세회피행위라 하더라도 부당행위계산부인규정의 범주에
  들지 않으면 규제 못하게 됨.

# [12] 신의성실의 원칙(제15조)

[법령] 국세기본법 제15조(신의 · 성실)
　납세자가 그 의무를 이행함에 있어서는 신의에 좇아 성실히 하여야 한다. 세무공무원이 그 직무를 수행함에 있어서도 또한 같다.

○　의의
－상대방의 합리적인 기대나 신뢰를 배반할 수 없다는 법원칙
－법대로 하면 너무 가혹한 경우 적용

○　요건
－과세관청의 공적인 견해 표명
－(과세관청의 공적인 견해 표명이 정당하다고 신뢰함에 있어) 납세자의 귀책사유가 없을 것
－납세자가 신뢰에 기한 어떤 행위를 하였을 것
－과세관청이 공적인 견해 표명에 반하는 처분을 하여) 납세자의 이익 침해

○　납세자의 신의성실의 원칙 위반 여부

**[판례] 납세자의 신의 측 위반 인정: 대법원 1990. 7. 24. 선고 89누8224 판결**
　농지의 명의수탁자가 적극적으로 농가이거나 자경의사가 있는 것처럼 하여 소재지관서의 증명을 받아 그 명의로 소유권이전등기를 마치고 그 농지에 관한 소유자로 행세하면서, 한편으로 증여세 등의 부과를 면하기 위하여 농가도 아니고 자경의사도 없었음을 들어 농지개혁법에 저촉되기 때문에 그 등기가 무효라고 주장함은 전에 스스로 한 행위와 모순되는 행위를 하는 것으로 자기에게 유리한 법지위를 악용하려 함에 지나지 아니하므로 이는 신의성실의 원칙이나 반금언의 원칙에 위배되는 행위로서 법률상 용납될 수 없다.

**[판례] 납세자의 신의 측 위반 부정: 대법원 1997. 3. 20. 선고 95누18383 전원합의체 판결**

[1] 매매계약이 무효인 이상 그 매매대금이 양도인에게 지급되었다 하여도 양도소득세 부과대상인 자산의 양도에 해당한다거나 자산의 양도로 인한 소득이 있었다 할 수 없으므로 양도소득세 부과대상이 아니며, 또한 증여받은 것이 아니므로 증여세 부과처분도 위법하다.

[2] 조세소송에서의 신의성실의 원칙의 적용은 조세소송 절차법과 관련한 적용 및 실체법과 관련한 적용으로 나누어 볼 수 있고 조세소송의 절차법과 관련한 적용은 민사소송에서의 그것과 특별히 구분된다 할 수 없을 것이지만, 조세법률주의에 의하여 합법성의 원칙이 강하게 작용하는 조세 실체법과 관련한 적용은 사적자치의 원칙이 지배하는 사법에서보다는 제약을 받으며 합법성을 희생하여서라도 구체적 신뢰보호의 필요성이 인정되는 경우에 한하여 비로소 적용된다고 할 것이다. 더구나 납세의무자가 과세관청에 대하여 자기의 과거의 언동에 반하는 행위를 하였을 경우에는 세법상 조세감면 등 혜택의 박탈, 신고불성실·기장불성실·자료불제출가산세 등 가산세에 의한 제재, 각종 세법상의 벌칙 등 불이익처분을 받게 될 것이며, 과세관청은 실지조사권을 가지고 있는 등 세법상 우월한 지위에서 조세과징권을 행사하고 있고, 과세처분의 적법성에 대한 입증책임은 원칙적으로 과세관청에 있는 점 등을 고려한다면, 납세의무자에 대한 신의성실의 원칙의 적용은 극히 제한적으로 인정하여야 하고 이를 확대 해석하여서는 안 된다.

[3] [다수의견] 실질과세의 원칙하에서는 행위의 외형이 아니라 실질을 따져서 과세함이 원칙인바, 등기원인이 매매라 하여도 실질이 증여이면 증여로 과세하여야 할 것이고 반대의 경우도 마찬가지라 할 수 있는데, 거래당사자가 법령상의 제한 등의 이유로 실질에 따라 등기를 하지 아니하고 실질과 달리 등기를 한 후 소송에서 그 실질이 등기부 상의 등기원인과 다른 것이라고 주장한다 하여 이를 모순되는 행태라고 하기는 어렵고, 또 과세관청은 실지조사권을 가지고 있을 뿐 아니라 경우에 따라서 그 실질을 조사하여 과세하여야 할 의무가 있고 그 과세처분의 적법성에 대한 입증책임도 부담하고 있는데 적절한 실지조사권 행사를 하지 아니한 과세관청에 대하여 납세의무자 스스로 등기원인을 달리하여 등기하였음을 사전에 알리지 않고 부과처분이 있은 후 뒤늦게 다툰다는 것만으로 심한 배신행위를 하였다고 할 수도 없고, 과세관청이 등기부상의 등기원인만을 보고 이를 그대로 신뢰하였다 하더라도 이

를 보호받을 가치가 있는 신뢰라고 할 수도 없다.

한편 등기를 말소하는 등 문제된 행위가 있기 이전의 상태로 원상 복구하였는지의 여부는 배신행위 여부를 판단하는 요건이 될 수 없고, 무효의 등기에 근거하여 부과한 과세처분은 그 등기의 말소 여부와 관계없이 위법하다고 하는 대법원의 종래의 견해와, 1994. 12. 22. 국세기본법이 개정되기 전까지는 감액경정청구제도가 도입되어 있지 아니하여서 사후의 사정변경에 따른 납세의무자의 구제절차가 미비하였으므로 원상 복구되지 아니하였음을 이유로 일단 과세처분이 적법하다고 하면 이후에 원상회복을 하더라도 이미 적법하게 확정된 과세처분을 다툴 수 없었던 점, 등기된 내용과 실질이 다를 경우 그 등기를 말소하고 실질에 일치시키지 않는 한 등기된 원인대로 과세하여야 하고 실질에 의한 과세를 주장하는 것은 신의성실의 원칙에 반하여 허용될 수 없다고 한다면 실질과세원칙을 대폭 수정하는 결과가 된다는 점 등에 비추어 볼 때, 원상복구 여부가 배신행위 여부를 판단함에 있어 고려할 대상이라 할 수도 없다.

따라서 **매매계약을 체결한 후 토지거래허가가 나지 아니하자 증여를 원인으로 한 소유권이전등기를 하였다면 그 계약은 확정적으로 무효가 되었고 그 소유권이전등기 또한 무효이어서 그에 대한 증여세 납부의무도 없다** 할 것이므로, 그 무효 등기의 원상복구 여부와 관계없이 증여세 납부의무를 다툰다 하여 이를 신의성실의 원칙이나 금반언의 원칙에 위반되는 것이라 할 수 없다.

[별개의견] 국토이용관리법의 규정을 잠탈하여 증여를 원인으로 하여 그 소유권이전등기를 경료한 자가 사실심 변론종결 당시까지도 그러한 외관을 제거하지 아니한 채 그에 따른 증여세부과처분취소소송을 그대로 유지하고 있다면, 실체법적으로 위 토지를 증여받지 않은 것으로 취급하는 것과는 달리 이러한 소송은 권리보호의 자격이나 이익이 없는 부당한 소송으로 소권의 남용에 해당한다고 보아야 한다.

[반대의견] 신의칙 또는 금반언칙이라 함은 자기의 과거의 언동에 의하여 어떤 사실을 표시한 자는 그 사실의 존재를 믿고 어떠한 행위를 한 상대방에 대하여 그 사실의 존재를 부정하는 것이 허용되지 아니한다는 것으로서, 이는 법의 근저를 이루는 정의의 관념에서 비롯된 것이기 때문에 단지 사법(私法)의 영역에서뿐만 아니라 공법(公法)의 영역에서도 마찬가지로 타당한 법원칙이다. 이에 국세기본법 제15조도 사법의 기본원리인 신의칙 등이 공법인 조세법에서도 적용됨을 명문으로 규정하고 있는 것으로서, 이 원칙을 납세의무자에게 적용하기 위해서는 첫째 납세의무자

에게 객관적으로 모순적인 행태와 주관적인 귀책가능성이 존재하여야 하고, 둘째 그에 의하여 야기된 보호받을 가치가 있는 과세관청의 신뢰가 존재하여야 하는바, 반드시 이 양자가 엄격한 의미에서의 요건은 아니며(따라서 그 어느 하나를 결한다고 하여서 이 원칙의 적용이 반드시 부정되는 것은 아니다), 그 모순의 정도와 주관적인 귀책가능성의 정도 및 신뢰의 보호가치의 정도를 종합적으로 고려하여 그 적용 여부를 판단하여야 한다.

매매 농지에 관하여 국토이용관리법의 규정을 잠탈하여 증여를 원인으로 소유권 이전등기를 경료하였다가 증여세가 부과되자 그 증여세 납부의무를 다투는 경우, 먼저 스스로 증여의 언동을 취하였다가 그 증여의 언동이 진실이 아니라고 주장하고 있는 점에서 객관적으로 모순적인 행태가 존재함이 명백하고, 다음 스스로 강행법규인 국토이용관리법상의 토지거래허가제도를 잠탈하기 위하여 위법적인 법률상태(무효의 소유권이전등기)를 작출하였다고 자인하면서도 자기에게 유리한 위법적인 법률상태는 그대로 유지한 채 자기에게 불리한 과세처분만을 제거하려고 한다는 점에서, 즉 전에 스스로 한 행위와 모순되는 행위를 하면서 자기에게 유리한 법적 지위만을 악용하려고 한다는 점에서 그 주관적 귀책가능성이 극히 무겁다고 할 것이며, 또한 토지를 매수하고도 그 거래 상대방과 통모하여 증여를 원인으로 한 등기를 경료한 사안에 있어서 그 등기부상 등기원인을 신뢰한 과세관청은 선의의 제3자에 해당한다고 할 것인바, 등기의 적법추정의 법리에 비추어 보아 이는 우리 법체계상 보호받을 가치가 있는 신뢰라 할 수 있으며, 나아가 다수의견을 취한다면 오히려 국토이용관리법 잠탈행위를 용인하게 되어 투기거래를 방지하고자 하는 국토이용관리법의 입법 취지를 몰각시키고 토지거래허가를 적법하게 받은 경우보다 오히려 유리하게 되는 불합리한 결과가 초래된다.

따라서 그와 같은 경우 증여세 납부의무를 다투는 자의 주장은 조세법상 납세의무자에 대하여 신의칙 등을 적용하기 위한 요건에 모두 해당하고, 나아가 그 모순의 정도와 주관적 귀책가능성의 정도 및 신뢰의 보호가치의 정도, 국토이용관리법의 입법 취지 등을 종합적으로 고려하여 볼 때 신의칙 등에 위배되는 것으로서 이를 배척함이 마땅하다.

(사실관계) 원고는 1991. 3. 8. 소외 A로부터 이 사건 토지에 관하여 원고 앞으로 증여를 원인으로 한 소유권이전등기를 경료하였다. 이에 피고는 1994. 9. 1. 원고가 이 사건 토지를 증여받은 것으로 보아 원고에 대하여 증여세 89,632,500원의

부과 처분하였다.

○ 과세관청의 신의성실의 원칙 위반 여부

**[판례] 과세관청의 신의칙 위반 인정: 대법원 1993. 12. 28. 선고 93누18945 판결**

과세관청이 납세자에게 신뢰의 대상이 될 만한 공적인 견해를 표시하여 납세자가 귀책사유 없이 위와 같은 견해가 정당한 것으로 신뢰하고 그에 따라 상속세법 제20조의 규정에 의한 신고기한 내에 상속재산에 가산되는 증여재산을 신고하지 아니한 것이라면, 과세관청이 그와 같은 견해에 반하여 납세자가 그 신고기한 내에 신고를 하지 아니하였다는 이유로 구상속세법시행령(1990. 12. 31. 대통령령 제13196호로 개정되기 전의 것) 부칙 제2항에 따라 제5조의 개정규정에 의하여 토지 가액을 평가함으로써 납세자의 이익을 침해하는 것은 신의성실의 원칙상 허용될 수 없다.

(사실관계) 소외 차재○가 1988. 2. 20. 그의 소유인 이 사건 토지와 건물을 원고들에게 증여하여 원고들이 그에 따른 증여세와 방위세를 납부하였다. 그 후 1990. 12. 23. 위 소외인이 사망하자 원고 차문○을 비롯한 상속인들이 상속세신고를 위하여 1991. 6. 17.경 피고에게 찾아가 그 소속 공무원인 소외 오인○에게 상속세신고의 절차 및 납부액 등에 관하여 문의하였다. <u>위 오인○은 피고가 보관하고 있던 자료인 상속개시자료전 겸 전산수록 자산·소득 명세표를 색출하여 보더니 원고들에 대하여는 상속재산이 없어 1991. 6. 13.자로 과세미달처리하였으니 상속세신고를 할 필요가 없다는 말을 하며 위 명세표까지 교부하여 주므로 원고들은 이에 따라 상속세신고를 하지 아니하였다.</u>

그런데 피고는 1992. 1. 6.에 이르러 위 망인이 원고들에게 위 토지와 건물을 증여한 일자가 그의 사망일로부터 소급하여 3년 이내이므로 상속재산가액에 위 증여재산의 가액을 포함하여 신고하였어야 함에도 이를 누락하여 상속세신고를 하지 아니하였다는 이유로, 1990. 1. 1.의 개별공시지가(토지)와 과세시가표준액(건물)을 기준으로 하여 상속재산가액을 산정한 후 이에 기하여 원고들에게 상속세와 방위세를 부과하는 이 사건 과세처분을 하였다.

[심판례] 과세관청의 신의칙 위반 부정: 조심2008중818, 2008. 06. 24.

- 세무공무원이 안내하여 주는 대로 기준시가로 양도소득세를 신고하였으나 신고한 내용을 부인하고 과세한 처분이 신의성실의 원칙에 위배되는지 여부

(처분개요)

청구인은 2006. 11. 22. ○○○호(이하 "쟁점 주택"이라 한다)를 양도한 후 2007. 1. 12. 기준시가로 양도소득세 예정신고를 하였다.

처분청은 청구인이 신고한 기준시가 신고내용을 부인하고 실지거래가액을 적용하여 양도차익을 산출한 후 2007. 12. 1. 청구인에게 2006년 귀속 양도소득세 1,367,240원을 결정 고지하였다.

청구인은 이에 불복하여 2008. 1. 3. 이의신청을 거쳐 2008. 2. 29. 심판청구를 제기하였다.

(청구인 주장)

청구인은 2006년 귀속 양도소득세 신고 당시 ○○○세무서를 방문하여 세무공무원이 안내하여 주는 대로 신고하여 청구인에게는 신고상 아무런 귀책사유가 없음에도 불구하고 처분청이 청구인이 신고한 내용을 부인하고 실지거래가로 이건 양도소득세를 부과함은 부당한 처분이다.

(처분청의견)

청구인은 쟁점 주택 양도 당시 2주택자로서 양도차익을 실지거래가로 신고할 의무가 있으며 신고서 작성은 납세자의 책임하에 스스로 작성하는 것인바, 세무공무원의 잘못된 안내로 인하여 신고된 사항을 경정함은 부당하다고 주장하나, 세무공무원의 신고안내행위는 세법지식이 없는 일반인을 위한 행정서비스일 뿐 과세관청의 공식적인 견해표명으로 보기 어려운바, 기준시가로 예정 신고한 내역을 부인하고 실지거래가액으로 경정 고지한 당초처분은 정당하다.

(조세심판원 입장)

일반적으로 조세법률관계에서 과세관청의 행위에 대하여 신의성실의 원칙이 적용되기 위해서는 과세관청이 납세자에게 신뢰의 대상이 되는 공적인 견해를 표명하여야 하나, 세무공무원의 안내는 일반적인 상담행위에 불과한 것으로 과세관청의 공적인 견해표명으로 볼 수 없는 것(○○○, 2004. 3. 11. 같은 뜻임)이므로 청구인의 주장은 받아들이기 어렵다고 판단된다.

**[판례] 과세관청의 신의칙 위반 부정: 대법원 1996. 10. 11. 선고 96누8758 판결**

(판결요지) 납세자가 부가가치세법 제2조제1항 소정의 재화를 공급한 사업자에 해당하는 이상 건물의 양도행위로 인한 소득에 대한 소득세와는 별도로 부가가치세를 납부할 의무가 있음은 당연하므로, 설사 행정청이 그 건물의 양도행위에 대하여 양도소득세를 부과하는 처분을 하였다고 하더라도 사업소득세를 부과하는 처분을 할 것을 양도소득세로 부과한 잘못이 있다고 할 수는 있으나, 그에게 건물 양도에 대한 부가가치세를 부과한 처분이 이중과세처분으로 위법하다고 할 수는 없다.

(이유)……원심이, 원고가 자금압박으로 이 사건 건물을 처분하기에 이른 것이 사실이라고 하더라도 판시와 같이 이 사건 건물을 신축한 지 불과 3개월여 만에 그 건물의 각 층 전부를 각별로 타인에게 양도하고 원고는 이 사건 건물의 일부도 사용하지 아니하는 점에 비추어 보면, 이 사건 건물을 원고가 직접 사용할 목적으로 신축하였다고 보이지 않고 사회통념상 사업 활동으로 볼 수 있을 정도의 계속성, 반복성을 가지고 이 사건 토지 및 건물을 양도한 것이라고 봄이 상당하므로 원고는 부가가치세법 제2조제1항 소정의 사업상 재화를 독립적으로 공급한 사업자에 해당한다고 판단하였음은 정당하고, 거기에 소론과 같은 위법이 있다고 할 수 없다. 논지는 이유 없다.

**[판례] 분식회계 관련 신의성실의 원칙과 실질과세의 원칙: 대법원 2006. 4. 14. 선고 2005두10170 판결**

(판시사항) [5] 법인이 분식결산에 터 잡아 법인세를 과다하게 신고·납부한 행위가 민법 제746조의 불법원인급여에 해당하는지 여부(소극)

[6] 납세의무자가 자산을 과대계상하거나 부채를 과소계상하는 등의 방법으로 분식결산을 하고 이에 따라 과다하게 법인세를 신고, 납부하였다가 그 과다납부한 세액에 대하여 취소소송을 제기하여 다투는 경우, 납세의무자에게 신의성실의 원칙을 적용할 수 없다고 한 사례

(이유)……가. 실질과세의 원칙에 비추어 법인세의 과세소득을 계산함에 있어서 구체적인 세법 적용의 기준이 되는 과세사실의 판단은 당해 법인의 기장 내용, 계정과목, 거래명의에 불구하고 <u>그 거래의 실질내용</u>을 기준으로 하여야 하는 것이다(대법원 1993. 7. 27. 선고 90누10384 판결 참조).

같은 취지에서 원심이 <u>원고의 장부상 누락된 비용과 가공매출을 기초로 한 이 사</u>

건 부과처분은, 모두 손금산입되거나 익금불산입되어야 할 부분을 제대로 반영하지 아니한 채 산정된 소득을 기준으로 한 것이므로 결국, <u>위법을 면치 못한다고 판단한 것은 수긍할 수 있고</u>, 거기에 상고이유 주장과 같은 실질과세의 원칙에 관한 법리오해 등의 위법이 없다.

나. 법인이 분식결산에 터 잡아 법인세를 과다하게 신고 · 납부한 행위를 민법 제746조가 규정하고 있는 '불법의 원인으로 인하여 재산을 급여한 때'에 해당한다고 보기 어려우므로, 원고가 분식결산에 따라 과다하게 법인세를 납부한 행위는 민법 제746조 소정의 불법원인급여에 해당하므로 그 반환이 거부되어야 한다는 상고이유 주장은 이유 없다.

다. 납세의무자에게 신의성실의 원칙을 적용하기 위해서는 객관적으로 모순되는 행태가 존재하고, 그 행태가 납세의무자의 심한 배신행위에 기인하였으며, 그에 기하여 야기된 과세관청의 신뢰가 보호받을 가치가 있는 것이어야 할 것인바(대법원 1999. 11. 26. 선고 98두17968 판결 참조), 조세법률주의에 의하여 합법성이 강하게 작용하는 조세 실체법에 대한 신의성실의 원칙 적용은 합법성을 희생하여서라도 구체적 신뢰보호의 필요성이 인정되는 경우에 한하여 허용된다고 할 것이고, 과세관청은 실지조사권을 가지고 있을 뿐만 아니라 경우에 따라서 그 실질을 조사하여 과세하여야 할 의무가 있으며, 과세처분의 적법성에 대한 입증책임도 부담하고 있는 점 등에 비추어 보면 **납세의무자가 자산을 과대계상하거나 부채를 과소계상하는 등의 방법으로 분식결산을 하고 이에 따라 과다하게 법인세를 신고, 납부하였다가 그 과다납부한 세액에 대하여 취소소송을 제기하여 다툰다는 것만으로 신의성실의 원칙에 위반될 정도로 심한 배신행위를 하였다고 할 수 없고, 과세관청이 분식결산에 따른 법인세 신고만을 보고 이를 그대로 믿었다고 하더라도 이를 보호받을 가치가 있는 신뢰라고 할 수도 없다.**

같은 취지에서 원심이, 원고의 이 사건 청구가 신의성실의 원칙에 위반될 정도로 심한 배신행위에 기인하였다고 보기 어렵다는 이유로 신의성실의 원칙에 위반된다는 피고의 주장을 배척한 조치는 정당한 것으로 수긍이 가고, 거기에 상고이유에서 주장하는 바와 같은 신의성실의 원칙에 관한 법리오해 등의 위법이 없다.

# [13] 근거과세(제16조)

○ 장부 등에 근거한 과세(제16조제1항, 제2항)
- 실지조사 결정방법
- 추계조사결정방법: 실지조사 결정이 불가능할 경우에 한하여 허용. 기준경비율
  제도(소득세법시행령 제143조). 2002년 귀속분부터는 표준소득률제도 폐지.
  추계소득금액 = 수입금액 - (주요경비 + 기준경비)
  * 주요 경비 = 매입비용 + 임차료 + 인건비
  * 기준경비 = 수입금액 × 기준경비율
  추계소득금액 = 수입금액 × (1 - 단순경비율)
  ⟹ 변호사업은 단순경비율 적용대상자에 포함되지 않음(소득세법시행령 제143
     조제7항). 다만 기준경비율에 의한 소득금액 상한 계산 시 단순경비율이
     필요하기는 함.
  ⟹ 변호사의 기준경비율 http://www.nts.go.kr/cal/cal_04_01.asp?now_year = 2007
     &gijun_code = 741101 [2008. 10. 8. 방문]

| 귀속연도 | 2007 |
|---|---|
| 기준경비율코드 | 741101 |
| 중분류명 | 기타사업 관련서비스업 |
| 세분류명 | 법무관련서비스업 |
| 세세분류명 | 변호사 |
| 업태명 | 서비스(사업관련)업 |
| 자가율 적용여부 | Y |
| 단순경비율(기본율) | 44.6 |
| 기준경비율 | 17.7 |
| 적용범위 및 기준 | o당사자를 대리하여 민·형사 및 기타사건의 소송변호, 소원심사청구, 이의신청 등의 법률 상담을 주로 수행하는 산업활동 o고문료, 수당, 기타 이와 유사한 성질의 대가 포함 |

**[판례] 실지조사방법이 가능한 경우 추계과세 가능 여부: 대법원 2007. 10. 26. 선고 2006두16137 판결**

(판시사항) [1] <u>수사 또는 세무조사 과정에서 작성된 자료에 의하여 납세신고내용의 오류·탈루를 경정할 수 있는지 여부(한정 적극)</u>

[2] 어음할인으로 인한 사업소득의 귀속시기가 어음의 만기일이 속하는 연도라고 한 사례

[3] <u>추계과세를 하는 경우 및 실지조사 방법에 의한 결정이 가능함에도 납세자가 추계과세를 원하는 경우에 추계과세가 가능한지 여부(소극)</u>

[4] 종합소득세과세처분 취소소송에서 과세표준에 대한 증명책임의 소재(＝과세관청) 및 필요경비에 대한 증명책임을 납세의무자에게 인정하는 경우

(이유) ……일반적으로 납세의무자의 과세표준과 세액 등 신고내용에 오류 또는 탈루가 있어 이를 경정함에 있어서는 장부나 증빙 등에 의함이 원칙이겠으나 다른 자료에 의하여 그 신고내용에 오류 또는 탈루가 있음이 인정되고 실지조사가 가능한 경우에는 그 다른 자료에 의하여서도 경정할 수 있다고 할 것이고(대법원 1995. 6. 30. 선고 94누149 판결, 대법원 1998. 7. 10. 선고 96누14227 판결 등 참조), 한편 수사 또는 세무조사 과정에서 작성된 자료들은 과세의 근거가 될 수 있는 사유가 기재되어 있다고 하여 바로 그 다른 자료의 하나로 삼을 수는 없는 것이나, 그 작성의 경위 및 내용을 검토하여 당사자나 관계인의 자유로운 의사에 반하여 작성된 것이 아니고 그 내용 또한 과세자료로서 합리적이어서 진실성이 있다고 인정되는 경우에는 실지조사의 근거가 될 수 있는 그 다른 자료의 하나로 삼을 수 있다고 할 것이다(대법원 1991. 12. 10. 선고 91누4997 판결 참조).


○ 결정근거 기재제도(제16조제3항)
○ 결정서 열람과 등초본요구권 보장(제16조제4항, 제5항)


**[심판례] 자료상 관련: 조심2008중1237, 2008. 06. 30.**
- 거래상대방이 자료상으로 확정되었다는 이유로 쟁점 세금계산서를 실물거래가 없는 가공의 세금계산서로 본 처분은 부당하다는 사례

(처분개요)

청구인은 2004. 4. 7. ○○○번지에서 ○○○이란 상호로 플라스틱 제조업을 영

위한 개인사업자로서 2005년 제2기에 ○○○으로부터 수취한 매입세금계산서 3매 공급가액 15,000,000원(이하 "쟁점 세금계산서"라 한다)에 대한 매입세액을 매출세액에서 공제하여 신고하였다.

○○○세무서장은 ○○○에 대하여 2007. 1. 4.~3. 14.까지 자료상 혐의자로 세무조사를 실시하여 ○○○을 자료상으로 확정하고, 청구인을 포함한 거래처에 대하여 과세자료를 통보함에 따라 처분청은 청구인이 ○○○로부터 수취한 쟁점 세금계산서를 실지거래 없는 가공의 매입세금계산서로 보아 관련 매입세액을 불공제하여 2008. 1. 16. 청구인에게 2005년 제2기 부가가치세 2,118,150원을 경정고지하였다.

청구인은 이에 불복하여 2008. 4. 2. 이건 심판청구를 제기하였다.

(조세심판원의 입장)

청구 외 ○○○이 자료상으로 확정되어 고발되었다 하더라도 청구인의 쟁점 세금계산서와 관련된 과세기간인 2005년 제2기에는 매출금액 923백만 원 중 459백만 원만이 가공으로 확정(가공비율 49.7%)된 점, ○○○을 실지로 운영한 정+ 외 ○○○과의 거래에 대하여 쟁점 세금계산서와 관련된 거래명세서, 약속어음 지급에 대한 ○○○의 입금표를 증빙으로 제출하고 있는 점 등을 볼 때, 거래상대방이 자료상으로 확정되었고, 거래사실이 금융증빙에 의하여 객관적으로 확인되지 않는다는 이유만으로 쟁점 세금계산서를 실물거래가 없는 가공의 세금계산서로 본 처분은 잘못(국심 ○○○, 2007. 1. 31. 참조)이라고 판단된다.


# [14] 조세감면의 사후관리 등(제17조, 제18조제1항, 제19조 등)


○ 조세감면의 사후관리(제17조)
- 조세특례에 대한 법령에 규정하는 것이 바람직
- 비과세 및 감면에 관한 규정: 조세특례제한법, 지방세법, 감면조례 등


[해설] 지방세특례제한법(안) 입법예고(2008. 10. 6.)
출처: http://www.moleg.go.kr 입법예고

현행 지방세법은 단일법 체계로 총칙, 각 세목별 과세요건과 부과·징수, 과세면제와 경감 등 여러 가지 규정이 혼재되어 있으므로, 이를 분야별로 전문화·체계화하기 위하여 제1장 총칙에 관한 부분은 신설하는 「지방세기본법」에서, 지방세 각 세목별 과세요건 및 부과·징수 그 밖에 필요한 사항에 대하여는 전부 개정하는 「지방세법」에서 규정하고, 제5장 과세면제 및 경감에 관한 부분은 신설하는 「지방세특례제한법」에서 각각 규정하려는 것임.

특히, 「지방세특례제한법」에는 지방세목 간소화 및 비과세·감면 정비결과를 반영하여 지방세 감면규정을 새로 정비하고, 지방자치단체의 과세 자율성 제고를 위하여 감면조례 허가제를 폐지하며, 지방세지출예산제도 도입 근거를 마련하는 등 지방세 감면을 체계적으로 관리하고 공평과세를 실현하고자 함.


○ 과세의 형평과 당해조항의 합목적성 기준(제18조제1항)
- 재산권부당침해금지: 헌법 제23조제1항과의 관련성


○ 세무공무원의 재량권한계엄수(제19조)
- 기속재량


**[판례] 연부연납허가의 기속재량 인정: 대법원 2004. 10. 28. 선고 2003두4973 판결**

(판결요지) 세무서장은 상속세액이 1천만 원을 초과하고, 납세담보의 제공이 있으며, 법정기한까지 신청서를 제출한 경우 등 연부연납의 허가요건이 모두 갖춰진 경우에는 그 당시 이미 구상속세법(1996. 12. 30. 법률 제5193호로 전문 개정되기 전의 것) 제28조제3항 소정 연부연납 허가의 취소요건 사실이 존재하지 아니하는 한 연부연납을 허가하여야 하는 기속을 받는 것이므로 적법하게 연부연납을 신청한 금액에 대하여는 납부불성실 가산세를 부과할 수 없다.

<관련법령> 구상속세법(1996. 12. 30. 법률 제5193호로 전문 개정되기 전의 것) 제28조

③ 세무서장은 제1항의 규정에 의하여 연부연납을 허가받은 납세의무자가 다음 각 호의 1에 해당하게 된 때에는 그 연부연납허가를 취소하고 연부연납에 관계되는

세액을 일시에 징수할 수 있다. (이하 생략)

　현행 상속세 및 증여세법 제71조【연부연납】

　① 납세지관할세무서장은 상속세납부세액 또는 증여세납부세액이 2천만 원을 초
과하는 경우에는 대통령령이 정하는 방법에 의하여 납세의무자의 신청을 받아 연부
연납을 허가할 수 있다. 이 경우 납세의무자는 담보를 제공하여야 한다.


－비례원칙의 제한을 받음


○ 조세법의 유추해석 허용 여부
－민법과 다른 해석방법을 사용하여야 하는지 여부
－엄격해석을 원칙으로 함
－유추해석을 허용하는 결과의 판례도 있음


**[판례] 엄격해석의 원칙에 위배되지 않는다는 사례: 대법원 2001. 4. 24. 선고
2000두5203 판결)**

　－납세의무자에게 불리한 축소해석: "전속계약금"에 대해 기타소득이 아닌 사업
소득으로 봄

　(이유) 원심은, 소득세법 제21조제1항제18호에서 기타소득으로 정한 '전속계약금'
은 사업소득 이외의 일시적·우발적 소득에 해당하는 경우만을 의미하는 것으로서
취득한 소득의 명칭이 '전속계약금'이라고 하여도 그것에 사업성이 인정되는 한 이
를 사업소득으로 보아야 하고, 탤런트 등 연예인이 독립된 자격에서 용역을 제공하
고 받는 소득이 사업소득에 해당하는지 또는 일시소득인 기타소득에 해당하는지 여
부는 당사자 사이에 맺은 거래의 형식·명칭 및 외관에 구애될 것이 아니라 그 실
질에 따라 평가한 다음, 그 거래의 한쪽 당사자인 당해 납세자의 직업 활동의 내용,
그 활동 기간, 횟수, 태양, 상대방 등에 비추어 그 활동이 수익을 목적으로 하고 있
는지 여부와 사업활동으로 볼 수 있을 정도의 계속성과 반복성이 있는지 여부 등을
고려하여 사회통념에 따라 판단하여야 하며, 그 판단을 함에 있어서도 소득을 올린
당해 활동에 대한 것뿐만 아니라 그 전후를 통한 모든 사정을 참작하여 결정하여야
할 것이라고 전제한 뒤, 원고의 직업 활동의 내용, 그 활동 기간 및 활동의 범위,

태양, 거래의 상대방, 주수입원, 수익을 얻어온 횟수 및 규모 등에 비추어 볼 때, 연기자 겸 광고모델로서의 원고의 활동 그 자체가 수익을 올릴 목적으로 이루어져 온 것인 데다가 사회통념상 하나의 독립적인 사업활동으로 볼 수 있을 정도의 계속성과 반복성도 갖추고 있다고 판단되므로 광고모델활동을 따로 분리할 것이 아니라 원고의 각종 연예계 관련활동 전체를 하나로 보아 그 직업 또는 경제활동을 평가하여야 할 것이어서 한국표준산업분류의 세세분류항목인 '92143. 자영예술가'에 해당된다고 할 것이므로, 그 실질에 비추어 원고의 이 사건 전속계약금 소득은 사업소득으로 보아야 한다고 판단하였다.

기록 및 관련법령 등에 비추어 살펴보면, 원심의 위와 같은 판단은 정당하고, 거기에 상고이유로 주장하는 바와 같은 소득세법상의 사업소득 및 기타소득에 관한 법리오해 또는 조세법률주의 및 조세법규엄격해석에 관한 법리오해의 위법이 있다고 할 수 없다.

– 위 판례 이후 법개정: 사업자가 받는 전속계약금은 사업소득 과세(소득세법 제21조제1항제18호)(2007. 12. 31. 법개정)

가. 개정취지

○ 연예인·직업운동선수 등이 전속으로 용역을 제공하기로 계약하고 지급받는 전속계약금은 사업소득 과세대상임을 명확하게 규정

※현재 기타소득에 열거되어 있는 '전속계약금' 규정은 삭제

　　19. 다음 각 목의 1에 해당하는 인적 용역을 일시적으로 제공하고 지급받는 대가

　　　　라. 가목 내지 다목 외의 용역으로서 고용관계 없이 수당 또는 이와 유사한 성질의 대가를 받고 제공하는 용역

나. 개정내용

| 종 전 | 개 정 |
|---|---|
| ○ 사업소득으로 구분되지 않는 전속계약금에 대해서는 기타소득으로 과세<br>– 필요경비: 전속계약금의 80%와 실제소요 경비 중 큰 금액 | ○ 연예인, 운동선수 등 사업자가 받는 전속계약금에 대해서는 사업소득으로 과세<br>※ 기타소득 과세대상인 전속계약금 범위를 비사업자가 받는 전속계약금으로 한정 |

다. 적용시기 및 적용례
　○ 2008. 1. 1. 이후 최초로 발생하는 소득분부터 적용


# [15] (입법적) 소급과세의 금지(제18조제2항)


[법령] 국세기본법 제18조
　②국세를 납부할 의무(세법에 징수의무자가 따로 규정되어 있는 국세의 경우에는 이를 징수하여 납부할 의무. 이하 같다)가 성립한 소득·수익·재산·행위 또는 거래에 대하여는 그 **성립** 후의 새로운 세법에 의하여 소급하여 과세하지 아니한다.


○ 헌법상 소급입법에 의한 재산권박탈금지규정(헌법 제13조제2항)과의 관계


○ 조세법률주의와의 관계


○ 근거
- 법적 안정성, 납세자의 기득권 존중 및 신뢰보호


○ 진정소급효와 부진정소급효의 구분
- 헌법재판소와 대법원 인정.
- 부진정소급효의 개념을 부정하는 견해 있음


　**[판례] 부진정소급효 개념 인정과 신뢰보호의 원칙 침해인정: 헌법재판소 1995. 10. 26. 94헌바12 전원재판부 【조세감면규제법부칙제13조등위헌소원】**
　(결정요지) 가. 이 사건에서 문제된 규정과 같이 세법에 있어 과세연도 도중에 세법이 개정된 경우 이를 부진정 소급입법으로 나누는 척도는 개념상으로는 쉽게 구분되나 사실상 질적 구분이 아닌 양적 구분으로, 단순히 법기술적 차원으로 이루어

질 가능성이 있으나 현재로서는 이를 대체할 새로운 대안을 찾기 어려우므로 종전의 구분을 유지하도록 한다.

다만, 부진정 소급입법의 경우, 일반적으로 과거에 시작된 구성요건사항에 대한 신뢰는 더 보호될 가치가 있는 것이므로, 신뢰보호의 원칙에 대한 심사는 장래 입법의 경우보다 일반적으로 더 강화되어야 한다.

나. 신뢰보호의 원칙의 위배 여부는 한편으로는 침해받은 이익의 보호가치, 침해의 중한 정도, 신뢰가 손상된 정도, 신뢰침해의 방법 등과 다른 한편으로는 새 입법을 통해 실현하고자 하는 공익적 목적을 종합적으로 비교·형량하여 판단하여야 하는데, 이 사건의 경우 투자유인이라는 입법목적을 감안하더라도 그로 인한 공익의 필요성이 구법에 대한 신뢰보호보다 간절한 것이라고 보이지 아니한다.

(사건의 개요) (1) 청구인은 1988. 1. 25. 금 500,000,000원을, 같은 해 3. 9. 금 4,500,000,000원을 각 증자하고 각 그 달에 자본금 변경등기를 한 후 1991. 9. 25. 영도세무서장에 대하여 1990. 사업연도(1990. 7. 1.~1991. 6. 30.)에 관한 법인세의 과세표준을 금 1,857,656,168원, 세액을 금 617,603,097원이라고 신고하고 자진납부하였다. 그런데 청구인의 사업연도는 7. 1.부터 다음해 6. 30.까지이며 청구인의 1990. 사업연도 도중인 1990. 12. 31. 조세감면규제법이 개정되어 청구인의 1990. 사업연도 전부에 걸쳐 적용되게 되었으므로 청구인은 위 각 증자에 따른 증자소득공제액을 1990. 7. 1.부터 같은 해 12. 31.까지는 구조세감면규제법(1990. 12. 31. 법률 제4285호로 개정되기 전의 것) 제7조의2제5항을 적용하여 금 471,654,500원으로, 1991. 1. 1.부터 같은 해 6. 30.까지는 신법인 조세감면규제법(1990. 12. 31. 개정법률 제4285호) 제55조를 적용하여 금 144,304,683원으로 계산하였다.

그러나 영도세무서장은 증자소득공제액은 청구인의 계산과 같이 법령의 개정 전후에 따라 나누어 계산할 것이 아니라 신법 제55조에 따라 위 사업연도의 전 기간에 걸쳐 계산할 것이라며, 증자소득 과대계산분 금 162,211,800원에 대한 법인세 및 가산세로 금 56,389,490원을 추가로 납부해야 한다는 세무 조정을 하였고 청구인은 이에 따라 수정신고를 하고 위 금액을 납부하였다.

(2) 청구인은 부산고등법원에 위 법인세 부과처분 중 청구인이 최초로 신고하여 납부한 금 617,603,090원을 초과하는 부분에 대한 취소청구의 소(93구623)를 제기하고 아울러 신법 부칙 제13조, 제21조에 대한 위헌법률제청신청(93부322)을 하였으나 위 법원이 1994. 1. 19. 제청신청을 기각하자(본안소송도 같은 날 일부기각),

같은 해 2. 2. 이 결정을 송달받은 후 같은 달 12. 적법하게 이 사건 헌법소원심판을 청구하였다.

○ 기간과세의 경우 소급입법의 허용 여부

○ 납세자에게 유리한 법령의 소급효 인정 여부

**[판례] 납세자에게 유리한 법령의 소급효 인정: 대법원 1983. 4. 26. 선고 81누 423 판결**

가. 새로운 납세의무나 종전보다 가중된 납세의무를 규정하는 세법조항의 소급적용은 과세요건을 실현하는 행위 당시의 납세의무자의 신뢰가 합리적 근거를 결여하여 이를 보호할 가치가 없는 경우, 그보다 중한 조세공평의 원칙을 실현하기 위하여 불가피한 경우 또는 공공복리를 위하여 절실한 필요가 있는 경우에 한하여 법률로써 그 예외를 설정할 수 있다.

나. <u>조세의무를 감경하는 세법조항에 대하여는 조세공평의 원칙에 어긋나지 않는한 소급효가 허용된다</u> 할 것이다.

다. 과세단위가 시간적으로 정해지는 조세에 있어 과세표준기간인 과세연도 진행 중에 세율인상 등 납세의무를 가중하는 세법의 제정이 있는 경우에는 이미 충족되지 아니한 과세요건을 대상으로 하는 강학상 이른바 부진정 소급효의 경우이므로 그 과세연도개시 시에 소급적용이 허용된다.

라. 구조세감면규제법 (1978. 3. 25. 법률 제3096호) 제4조의9제6항이 신설한 수시분 법인세는 기술개발준비금의 계상 및 손금산입과 2년 후 미사용 상계잔액의 익금산입을 요건으로 하고 있는바, 위 개정법률부칙 제2조가 위 신설 법인세에 관한 규정은 1978. 1. 1.부터 적용한다고 되어 있다 하더라도 위 규정의 소급적용에 의한 과세를 허용한다고는 볼 수 없으므로 위 신설 법인세는 1978. 1. 1. 이후에 기술개발준비금이 계상된 경우에 부과될 수 있을 뿐, 이 사건의 경우와 같이 위 날짜 이전에 기술개발준비금이 계상된 때에는 설사 위 날짜 이후에 익금산입이 이루어졌다 하더라도 위 신설법인세를 부과할 수는 없다.

# [16] 비과세관행의 존중(제18조제3항)

[법령] 국세기본법 제18조

③ 세법의 해석 또는 국세행정의 관행이 일반적으로 납세자에게 받아들여진 후에는 그 해석 또는 관행에 의한 행위 또는 계산은 정당한 것으로 보며, 새로운 해석 또는 관행에 의하여 소급하여 과세되지 아니한다.

○ 의의
- 신의성실의 원칙(제15조)의 구체화
- 제15조와 차이: 불특정납세자에 대한 것임. 과세관청만을 그 적용대상으로 함.

○ 요건
- 상당한 기간에 걸쳐 과세를 하지 아니한 객관적 사실이 존재할 뿐만 아니라,
- 과세관청 자신이 그 사항에 관하여 과세할 수 있음을 알면서도 어떤 특별한 사정 때문에 과세하지 않는다는 의사가 있어야 하며,
- 위와 같은 공적 견해나 의사는 명시적 또는 묵시적으로 표시되어야 하지만 묵시적 표시가 있다고 하기 위해서는 단순한 과세누락과는 달리 과세관청이 상당기간의 불과세 상태에 대하여 과세하지 않겠다는 의사표시를 한 것으로 볼 수 있는 사정이 있어야 한다(대법원 2000. 1. 21. 선고 97누11065 판결)

[판례] 비과세관행 부정: 대법원 2000. 1. 21. 선고 97누11065 판결

(이유) 원심이, 소프트웨어의 도입에 관하여 과세대상확인에 어려운 점이 있어 과세가 누락된 사례가 적지 않았던 것일 뿐, 소프트웨어 도입대가가 사용료소득에 해당하는 경우에 관한 비과세관행이 확립되었다고 볼 수 없다고 판단한 조치는 위 법리에 따른 것으로서 정당하고, 거기에 비과세관행에 관한 법리오해 등의 위법은 없다. 나머지 상고이유는 비과세관행이 확립되었음을 전제로 한 것이므로 이유 없다.

[판례] 비과세관행 인정: 대법원 1982. 11. 23. 선고 81누21 판결

(판결요지)

가. 보세운송면허세의 과세관청은 면허부여기관인 세관장이 아니라 피고(서울특별시 영등포구청장)이므로 과세관청인 피고가 면허세를 부과할 수 있는 점을 알면서 면허세를 부과하지 아니한 것이라고 볼 수 있는 경우라야만 비과세의 관행이 성립되었다고 인정할 여지가 있는 것이다.

나. 이 사건 보세운송면허기관인 김포세관장은 자동차운송사업면허세 이외에 보세운송면허세를 부과함은 이중세부담이 된다는 것과 수출확대라는 공익목적상 보세운송의 경우에는 면허세를 부과하지 아니함이 타당하다고 해석하고 관계법령의 개정을 건의하고 부과세 협조를 요청하는 일방 미리 면허세 납세필증을 징수함이 없이 원고들에게 면허지령서를 교부하고 이 면허지령서를 관할시장, 군수에게 통보하지 아니하여 원고들로 하여금 면허세를 납부할 필요가 없도록 면허부여사무처리를 하여 왔고 과세관청인 피고(서울특별시 영등포구청장)는 면허부여기관으로부터 면허지령서 교부통보가 없어 과세원인발생사실을 모르고 있었기 때문에 <u>4년 동안 면허세의 과세처분이 없었다고 보이는바</u>, 이 사건 면허세의 경우와 같이 면허세납부가 면허부여사무와 직결되어 면허부여기관의 사무 처리에 따라 과세관청의 과세 및 징수처리가 이루어져 온 경우에 있어서는 <u>납세자인 국민으로서는 면허세의 과세관청이 그 정을 알고 비과세처리를 하여온 것으로 믿을 수밖에 없으니</u> 납세자에 대한 관계에 있어서 외관상 과세관청이 그 정을 알고 면허세를 과세하지 아니한 것과 같이 해석함이 타당한 바이니 이로써 비과세의 관행이 성립된 것으로 볼 것이다.

## [17] 기업회계의 존중(제20조)

○ 기업회계의 세법상 지위

- 1994. 12. 22. 이전: 국세기본법 제20조 - 세법의 보충적 법원(판례)
- 1994. 1. 22. 이후: 국세기본법 제20조, 법인세법 제17조제3항 신설 - 세법에 우선

- 1998. 12. 28. 이후: 법인세법 제43조 개정 - 세법의 보충적 법원

(법령) 국세기본법 제20조【기업회계의 존중】
국세의 과세표준을 조사·결정함에 있어서 당해 납세의무자가 계속하여 적용하고 있는 기업회계의 기준 또는 관행으로서 일반적으로 공정·타당하다고 인정되는 것은 이를 존중하여야 한다. 다만, 세법에 특별한 규정이 있는 것은 그러하지 아니하다.

(법령) 법인세법 제43조【기업회계기준과 관행의 적용】
내국법인의 각 사업연도의 소득금액계산에 있어서 당해 법인이 익금과 손금의 귀속사업연도와 자산·부채의 취득 및 평가에 관하여 일반적으로 공정·타당하다고 인정되는 기업회계의 기준을 적용하거나 관행을 계속적으로 적용하여 온 경우에는 이 법 및 「조세특례제한법」에서 달리 규정하고 있는 경우를 제외하고는 당해 기업회계의 기준 또는 관행에 따른다. (98. 12. 28. 개정, 2006. 12. 30. 법명개정)

**[판례] 기업회계의 세법 보충적 법원 인정: 대법원 1992. 10. 23. 선고 92누 2936, 2943(병합) 판결**
가. 법인세법 제17조제1항에 의하면 내국법인의 각 사업연도의 익금과 손금의 귀속사업연도는 그 익금과 손금이 확정된 날이 속하는 사업연도로 한다고 규정하여 손익확정주의를 선언한 다음, 같은 조 제2항 이하에서 거래의 유형 내지 대금의 지급방법에 따라 그 귀속시기를 개별적으로 열거하고 있으나, 이러한 거래유형 등에 따른 세법상의 손익귀속에 관한 규정은 현대사회의 다종다양한 모든 거래유형을 예측하여 그 자체 완결적으로 손익의 귀속을 정한 규정이라 할 수 없으므로, 위 열거된 조항으로 손익의 귀속을 정하는 것이 어려운 경우에는, 법인세법상의 손익확정주의에 반하지 아니하는 한, 일반적으로 공정 타당한 회계관행으로 받아들이는 기업회계기준상의 손익의 발생에 관한 기준을 채택하여 손익의 귀속을 정할 수도 있다 할 것이고 또한 그렇게 함이 국세기본법 제20조 소정의 기업회계존중의 원칙에도 부합한다 할 것이다.
나. 아파트분양사업자가 장기간에 걸쳐 아파트를 건설하여 분양하는 것은 기업회계상 예약매출에 해당되고 그 예약매출에 대하여는 법인세법상 그 귀속시기를 명확히 규정한 바 없다 할 것이어서 기업회계기준 제67조제1항제4호 단서 소정의 공사

진행기준에 의하여 손익을 분배하고 그 귀속을 정할 수도 있다 할 것이고, 또한 그렇게 한다 하여 법인세법상의 손익확정주의에 반한다고 할 수 없으며, 한편 위 기업회계기준상의 공사진행기준(공사진행률)이라 함은 당해 각 사업연도 투입원가가 전체예정원가(토지대금과 아파트건설도급금액의 합계액)에 차지하는 비율을 가리키는 것으로 분양원가의 하나인 토지가액은 기업회계의 원리상 그 자체 원가배분의 대상이 되는 것으로서 위 공사진행률을 산정함에 있어 토지가액 전부가 공사착공연도에 일시에 투입되었다고 볼 것이 아니라 공사진행기준에 따라 분배되어 투입된다고 볼 것이고 따라서 분양수입 및 토지가액을 포함한 분양원가는 결국 아파트건축공사의 공사진행기준(작업진행률)에 따라 분배되고 귀속된다 할 것이다.

○ 기업회계와 세무회계의 차이
- 세법과 세무회계
- 세법 Vs. 기업회계 Vs. 상법


○ IFRS의 적용문제
- IFRS(International Financial Reporting Standards, 국제회계기준)의 의의:
  자본시장 자유화에 따라 "국제적으로 통일된 회계기준 제정"을 목표로 국제회계기준위원회(IASB: International Accounting Standards Committee)에서 제정한 회계기준. 국제증권감독자기구(IOSCO)에서 전 세계 다국적기업에 사용을 권고(2001년).

## [표 1] 우리나라 회계기준 제정 연혁

| | |
|---|---|
| 1958. 6. | 재정금융위원회, 「기업회계원칙」, 「재무제표규칙」 공표 |
| 1974. 7. | 대통령령으로 「상장법인 등의 회계처리에 관한 규정」 제정 |
| 1981. 12. | 증권관리위원회, 법률적 성격을 지닌 최초의 법조문 형식의 「기업회계기준」(제9장, 제133조) 제정 |
| ～1996. 12. | 미국회계기준(US GAAP) 등을 반영하여 8차례 개정 |
| 1998. 1. | 기준 제정권이 증권관리위원회에서 금융위원회로 이양 |
| 1998. 12. | 금융위원회는 회계기준을 국제회계기준에 합치시키라는 IMF와 IBRD의 요구를 받아들여 기업회계기준을 전면개정 |
| 2000. 7. | 기준 제정을 독립된 민간단체인 회계기준원에 위탁<br>※ 기업회계기준의 국제적 정합성을 제고하기 위하여 국제회계기준에 준거하여 기업회계기준서를 제·개정하는 것을 원칙으로 함 |
| ～2007. 11. | 회계기준원은 국제회계기준 등을 반영하여 28개 기준서를 제정하고 기존의 기업회계기준을 대체 |

【국제회계기준과 현행 회계기준의 주요 차이점】

(1) 공시체계의 차이(개별재무제표 vs. 연결재무제표)

우리나라는 현재 대부분의 공시를 개별회사 중심의 개별재무제표를 원칙으로 하고 연결재무제표는 부수적으로 기말 보고서에서만 차후에 공시

국제회계기준은 연결재무제표를 기본으로 하고 사업보고서, 분·반기 보고서 등 모든 공시서류가 연결회사 전체에 대한 연결재무제표 기준으로 작성·공시

(2) 자산·부채의 평가방법 차이(역사적 원가 vs. 공정가치)

국내기준은 정보의 신뢰성을 중시하여 객관적인 평가가 어려운 항목들에 대하여는 역사적 원가로 평가

국제회계기준은 정보이용자에게 시의적절한 정보를 제공하기 위해 원칙적으로 자산·부채를 공정가치로 평가

ex) 투자부동산, 충당부채, 금융부채, 유형자산, 채권채무조정, 보험부채측정, 영업권 및 부의영업권 등

(3) 법률 및 정책적 목적에 따른 기준의 차이

우리나라는 법률 및 정책적 목적에 따라 현실을 고려하여 일부 항목에 대해 특정

한 회계처리를 규제 또는 허용
  국제회계기준은 거래의 실질에 맞는 회계처리방법을 규정
  ex) 금융기관의 대손충당금 설정기준, 상환우선주의 자본처리 등

출처: http://ifrs.fss.or.kr/ifrs/intro/summary/ifrs.jsp [2008. 10. 8. 방문]


- "기업회계의 기준 또는 관행으로서 일반적으로 공정·타당하다고 인정되는 것"으로 볼지 여부

# 제4장 납세의무(국세기본법 제3장)

## [18] 납세의무의 성립시기(제21조)

○ 납세의무의 성립 - 확정 - (확장) - 소멸
- 납세의무의 성립: 추상적 납세의무 생김. 그 이후 부과권 제척기간 적용
- 납세의무의 확정: 구체적 납세의무 생김. 그 이후 징수권 소멸시효 적용
- 납세의무의 확장: 납세의무의 승계, 제2차납세의무, 연대납세의무 등
- 납세의무의 소멸: 납부, 부과취소 등

○ 기간과세의 경우 납세의무의 성립시기
- 소득세: 과세기간이 종료하는 때.

  [법령] 소득세는 1월 1일부터 12월 31일까지의 1년분의 소득금액에 대하여 과세한다(소득세법 제5조제1항).

- 법인세: 과세기간이 종료하는 때.

  [법령] 내국법인의 각 사업연도의 소득은 그 사업연도에 속하는 익금의 총액에서

그 사업연도에 속하는 손금의 총액을 공제한 금액으로 한다(법인세법 제14조제1항).

　사업연도는 법령 또는 법인의 정관 등에서 정하는 1회계기간으로 한다. 다만, 그 기간은 1년을 초과하지 못한다(법인세법 제6조제1항).

　"사업연도"라 함은 법인의 소득을 계산하는 1회계기간을 말한다(법인세법 제1조 제5호).

– 부가가치세: 과세기간이 종료하는 때.


　[법령] 사업자에 대한 부가가치세의 과세기간은 다음과 같다.
　제1기: 1월 1일부터 6월 30일까지
　제2기: 7월 1일부터 12월 31일까지 (부가가치세법 제3조제1항)


○ 기간과세 이외의 경우 납세의무의 성립시기
– 상속세: 상속이 개시되는 때
– 증여세: 증여에 의하여 재산을 취득하는 때
– 종합부동산세: 과세기준일
– 소득세의 특별한 경우: 원천 징수하는 소득세는 소득금액을 지급하는 때[성립과 확정 동시], 납세조합이 징수하는 소득세는 그 과세표준이 되는 금액이 발생한 달의 말일[성립과 확정 동시], 예정 신고하는 소득세는 그 과세표준이 되는 금액이 발생한 달의 말일, 중간예납하는 소득세는 중간예납기간이 종료하는 때, 수시부과에 의하여 징수하는 경우 수시 부과할 사유가 발생하는 때
– 법인세의 특별한 경우: 청산소득에 대한 법인세에 있어서는 당해 법인이 해산(분할 또는 분할합병으로 인한 해산을 포함한다) 또는 합병을 하는 때, 원천 징수의 경우[성립과 확정 동시], 중간예납하는 경우[성립과 확정 동시 – 세법에 의하여 정부가 조사결정하는 경우를 제외], 수시부과의 경우는 각각 소득세의 경우와 동일하게.
– 부가가치세의 특별한 경우: 수입재화의 경우에는 세관장에게 수입신고를 하는

때. 예정신고기간에 대한 부가가치세는 예정신고기간이 종료하는 때. 수시부과의 경우는 소득세의 경우와 동일하게.

- 인지세: 과세문서를 작성하는 때[성립과 확정 동시]
- 가산세: 이를 가산할 국세의 납세의무가 성립하는 때

**[심판례]** 증여재산 평가기준일 전후 3개월 이내의 매매가액을 증여재산가액으로 하는 것이 헌법상 과잉금지원칙 등에 위배되는지 여부: 조심2008광241, 2008. 03. 21.

(청구인 주장)

상속세 및 증여세법시행령 제49조제1항 및 제5항에서 증여재산 평가기준일 전후 3개월간의 매매가액을 증여 당시 시가로 본다고 규정하고 있으나, 국세기본법 제21소에서는 증여재산에 대한 증여세 납세의무의 성립시기를 증여재산을 취득한 때라고 규정하고 있으므로, 증여가 있은 후 3개월간의 매매가액을 증여재산가액으로 적용할 경우, 일반적으로 납세자에게 불리하게 작용하게 되므로 위법하고, 부동산의 가액은 시간의 경과에 따라 상승하는 것이 일반적이므로, 쟁점 아파트의 증여일(2006. 11. 20.)로부터 20일 후인 2006. 12. 18.에 매매된 매매가액을 증여일의 시가로 소급하여 적용하는 것은 헌법상 과잉금지원칙에 위배된다 할 것이다.

(처분청 의견)

쟁점 아파트의 증여일 현재 상속세 및 증여세법 제60조제1항, 제2항과 동법시행령 제49조제1항, 제5항에서는 당해 재산과 면적 등 조건이 동일·유사한 부동산의 매매가액이 확인되는 경우 그 매매가액을 시가로 본다고 규정하고 있는바, 쟁점 아파트를 증여받은 날로부터 28일 후에 거래된 같은 아파트 6동 202호의 매매가액 88,000,000원보다 청구인에게 유리한 73,000,000원을 증여재산가액으로 결정한 것은 잘못이 없다 할 것이다.

(사실관계)

(1) 청구인과 청구인의 아버지 윤○○○ 간에 체결한 증여계약서(2006. 11. 17.)에는 청구인이 2006. 11. 17. 쟁점 아파트를 증여받기로 하였음이 확인된다.

(2) 쟁점 아파트의 등기부등본에는 청구인이 2006. 11. 20. 증여를 원인(원인일: 2006. 11. 17. 증여)으로 쟁점 아파트에 대한 소유권이전등기를 하였음이 나타난다.

(3) 청구인의 당초 증여세 신고서(2007. 2. 19.)에는 쟁점 아파트의 증여 당시 국세청장이 고시한 기준시가 44,000,000원으로 증여재산가액을 신고하였음이 확인된다.

(4) 처분청의 증여세 고지전통지서(2007. 6. 1.)에는 쟁점 아파트와 같은 단지 내에 있는 6동 202호가 2006. 12. 18. 88,000,000원에 매매된 사실이 있으므로, 이에 의해 증여세가 과세될 수 있음을 통보한 것으로 나타난다.

(5) 청구인의 증여세 수정신고서(2007. 6. 11.)에는 당초 증여재산가액 44,000,000원이 아닌 73,000,000원으로 수정신고하면서 매매사례아파트 6동 202호는 쟁점 아파트보다 위치가 좋고 리모델링이 되어 있는 관계로 시가보다 15,000,000원 정도 비싸게 매수하였다는 이○○○의 사실 확인서(2007. 6. 11.)를 첨부하였음이 확인된다.

(6) 처분청의 이건 증여세 경정결의서에는 청구인이 2007. 6. 11. 수정신고한 73,000,000원을 증여재산가액으로 결정하였음이 나타난다.

(7) 청구인의 증여세 경정청구서(2007. 7. 2.)에는 처분청이 상속세 및 증여세법시행령 제49조에 의거 쟁점 아파트의 증여세 납세의무의 성립시기(2006. 11. 20.) 이후의 매매가액을 적용하게 되면, 증여세 납세의무가 증여재산을 취득한 때에 성립한다고 한 국세기본법 제21조 등에 위배되므로, 수정신고 시 납부한 증여세 3,000,050원의 환급을 구하는 경정청구를 제기하였음이 확인된다.

(8) 처분청은 2007. 8. 3. 상속세 및 증여세법 제60조제1항, 제2항 및 같은 법시행령 제49조제1항, 제5항에서 당해 증여재산과 면적·위치·용도 및 종목이 동일하거나 유사한 다른 재산에 대한 평가기준일 전후 3개월 이내의 기간 중 매매·감정·수용·공매가 있는 경우, 그 가액을 증여 당시 시가로 본다고 규정하고 있으므로, 청구인의 증여세 경정청구를 받아들일 수 없다고 통지하였음이 나타난다.

(9) 처분청이 국세통합전산망에 의해 조사한 쟁점 아파트 및 유사아파트에 대한 매매사례는 아래 <표>와 같다. (생략)

(조세심판원의 판단)

상속세 및 증여세법 제60조, 동법시행령 제49조제1항 및 제5항은 이건 증여 당시 적법·유효하게 시행되고 있고, 위 시행령 규정이 폐지되거나 위헌판결을 받은 사실이 없으므로, 조세법령이 일단 효력을 발생하였다가 폐지되거나 위헌판결 등 그 효력에 영향을 미치는 사유가 없는 한 당해 조세법령은 계속 유효한 효력을 가지게 된다 할 것이다(○○○, 2006. 12. 29., ○○○－2006. 9. 8. 같은 뜻임).

따라서 상속세 및 증여세법시행령 제49조는 국세기본법 제21조 및 헌법상 과잉금지원칙 등에 위배된다는 청구인의 주장은 받아들이기 어렵다고 판단된다.

**[판례] 인지세의 납세의무 성립 및 확정: 대법원 2005. 6. 23. 선고 2004다 37584 판결 【부당이득금반환】**

(판결요지)

[1] 인지세의 납세의무는 과세문서를 작성하는 때에 성립 · 확정되는바(국세기본법 제21조, 제22조), 이때 '과세문서를 작성하는 때'라 함은 과세문서의 조제행위 그 자체를 의미하는 것이 아니라 용지에 과세사항을 기재하고 작성자가 서명 · 날인하여 이를 당해 문서의 목적에 따라 사용하는 것을 말한다.

[2] 상품권 발행의 편의를 위하여 인쇄된 상품권에 발행일자를 제외한 나머지 기재사항을 모두 일괄하여 기재하여 두었다가 상품권을 실제로 판매 · 유통시킬 때에 공란으로 된 발행일자를 고무명판을 날인하는 경우, 발행일자를 보충하는 시점에 상품권을 발행할 의사가 있었던 것으로 볼 수 있으므로, 상품권의 필요적 기재사항인 발행일자를 보충하지 아니한 위 상품권은 과세문서로서의 작성이 완료되지 아니하여 인지세의 납세의무가 성립 · 확정되지 않았다고 한 원심의 판단을 수긍한 사례.

(사실관계)

파산자 주식회사 태화쇼핑은 1994. 4. 7. 구상품권법 소정의 상품권 발행 등록절차를 마치고 금액상품권과 물품상품권 두 가지를 발행 유통시키면서 국세기본법 제21조 및 구인지세법 제3조제1항, 제8조 등 관련법규에 따라 관할세무서인 부산진세무서에 상품권 1장당 200원의 인지세를 인지붙임에 갈음하는 현금납부방식으로 납부하여 왔다.

태화쇼핑은 상품권을 발행함에 있어 인쇄할 상품권의 수만큼의 인지세를 미리 납부한 후 인쇄원판으로 용지의 앞면에는 '상품권'이라는 문자, 발행인인 태화쇼핑의 상호 및 주소, 권면금액, 등록일자 등을, 그 뒷면에는 유효기간(발행일자로부터 1년 또는 5년이라는 방식으로 유효기간을 정하였음), 상환장소: 태화백화점, 인지붙임에 갈음한다는 내용의 문구를 새겨 넣으면서 발행일자는 공란으로 남겨두었으며 그러한 상태로 인쇄된 상품권을 보관하고 있다가 상품권을 실제로 판매 유통시킬 때에 공란으로 된 발행일자를 고무명판으로 날인하는 식으로 하였다.

태화쇼핑은 2001. 8. 27.자로 파산선고를 받음과 동시에 원고가 파산관재인으로 선임되었다. 태화쇼핑이 더 이상 상품권 판매를 하지 못하게 되자, 원고는 그동안 발행 유통을 위하여 인지세를 납부하고 인쇄하였으나 미처 사용하지 못한 채 보관하고 있던 상품권 113,288장(정상 상품권 86,647장＋훼손 상품권 26,641장, 이하 '이 사건 상품권'이라 한다)을 폐기하기로 하였다.

원고는 이 사건 청구원인으로, 이 사건 상품권은 상품권법상 필요적 기재사항인 발행일자가 공란인 상태, 즉 과세문서의 작성이 완료되지 아니한 상태에 있는 것이므로 납세의무의 성립과 확정 전의 과세문서라고 할 것인데, 태화쇼핑의 파산선고 등으로 인하여 사용 불가능하게 되었거나, 파손 또는 훼손된 이상 이 사건 상품권에 대하여 납부한 인지세 합계 22,657,600원(113,288장 X 200원)은 오납액에 해당한다고 주장하며, 피고에 대하여 위 오납액의 반환을 구한다.

이에 대하여, 피고는, 이 사건 상품권의 경우 비록 그 발행일자가 공란으로 되어 있다 하더라도 이미 과세문서의 작성이 완료되어 납세의무가 성립, 확정되었다고 할 것이므로, 원고의 청구에 응할 수 없다고 다툰다.


# [19] 납세의무의 확정(제22조)

[법령] 국세기본법 제22조 【납세의무의 확정】
① 국세는 당해 세법에 의한 절차에 따라 그 세액이 **확정**된다.
국세기본법시행령 제10조의2 【납세의무의 확정】
법 제22조제1항에 규정하는 당해 세법에 의한 절차에 따라 그 세액이 **확정**되는 때는 다음 각 호와 같다. (2007. 2. 28. 개정)
1. 소득세, 법인세, 부가가치세, 개별소비세, 주세, 증권거래세, 교육세 또는 교통·에너지·환경세에 있어서는 당해 국세의 과세표준과 세액을 정부에 신고하는 때. 다만, 제2호에 해당하는 경우에는 그러하지 아니하다. (2007. 12. 31. 개정)
2. 제1호의 국세의 과세표준과 세액을 정부가 결정하는 경우에는 그 결정하는 때
2의 2. 종합부동산세에 있어서는 정부가 종합부동산세의 과세표준과 세액을 결정하는 때. 다만, 납세의무자가 「종합부동산세법」 제16조제3항에 따라 종합부동산세의 과세표준과 세액을 정부에 신고하는 경우에는 그 신고하는 때로 한다. (2007. 2. 28. 신설)

☞ 국세기본법 기본통칙 22 - 0……1【납세의무의 확정】

납세의무의 확정이라 함은 조세의 납부 또는 징수를 위하여 세법이 정하는 바에 따라 납부할 세액을 납세의무자 또는 세무관청의 일정한 행위나 절차를 거쳐서 구체적으로 확정하는 것을 말하며, 납세의무의 성립과 동시에 법률상 당연히 확정되는 것(예: 인지세)과 납세의무 성립 후 특별한 절차가 요구되는 것으로서 납세자의 신고에 의하여 확정되는 것(예: 소득세·부가가치세·법인세)과 정부의 결정에 의하여 확정되는 것(예: 상속세·증여세)이 있다. (2004. 2. 19. 개정)

○ 확정의 의미
- 납세의무자가 과세표준과 세액을 정부에 신고하는 행위 또는 정부가 과세표준과 세액을 결정하는 행위 내지는 그런 행위의 효과
- 납세의무의 확정 = 세액 등 조세채권의 내용의 특정
　　　　　　　　　≠ 확정판결에 따르는 실체적 확정력, 행정쟁송이나 경정청구 불변기한의 도과에 따른 절차적 확정력(납세의무가 확정되었다는 이유로 부당이득이 성립하지 않는다는 대법원 판결은 동일한 의미로 보는 입장)
　　　　　　　　　(이창희,『세법강의』, 박영사, 2008, p.124)
- 조세채무의 내용을 확정하려면 세액의 특정에 더하여 누구에게 언제까지 납부하라는 것인지를 알아야 함

○ 확정방식
- 신고납세방식: 소득세, 법인세, 부가가치세 등 / 취득세, 등록세 등
- 부과과세방식: 상속세, 증여세, 종합부동산세 / 재산세
- 자동확정방식: 인지세 등

○ 신고납세방식의 경우
- 과세표준과 세액은 신고시점에 확정

- 신고가 없으면 국가가 과세표준과 세액을 결정하여 세액을 부과하는 시점에 확정
- 신고내용에 잘못이 있으면 이를 경정하여 세액을 부과하는 시점에 확정
- 신고행위의 법적 성격: 사법행위설, 공법행위설의 대립. 공법행위설에 따르는 경우 취소, 무효, 철회 주장에 제약되지만 수정신고, 경정청구제도 인정하여 보완
- 납세의무자가 신고만 하고 납부하지 않는 경우 납세고지서를 보내는 경우 납세고지의 법적 의미? 징수처분.

**[판례] 신고납세방식 국세에 대한 신고 이후 납세고지서의 법적 의미: 대법원 2004. 9. 3. 선고 2003두8180 판결【양도소득세부과처분취소】**

(판결요지) 양도소득세는 2000. 1. 1. 이후 최초 양도하는 분부터는 <u>신고납세 방식</u>으로 전환된 조세로서 납세의무자가 그 과세표준과 세액을 신고하는 때에 세액이 확정되어 신고와 함께 세액을 납부할 의무가 있는 것으로서, 납세의무자가 과세표준과 세액의 <u>신고만 하고 세액을 납부하지 아니하여</u> 과세관청이 신고한 사항에 대하여 아무런 경정 없이 신고내용과 동일한 세액을 <u>납부하도록 고지한 것</u>은 확정된 <u>조세의 징수를 위한 징수처분</u>일 뿐 취소소송의 대상이 되는 과세처분으로 볼 수는 없다.

○ 부과과세방식의 경우
- 과세관청이 납세의무자의 과세표준과 세액을 결정하거나 경정하는 때에 납세의무 확정: 납세고지서가 납세의무자에게 도달된 때에 비로소 납세의무가 구체적으로 확정
- 부과처분의 법적 성격: 이미 성립한 조세채무의 내용을 확인하는 준법률행위
- 납세의무자가 신고는 하지만, 과세표준과 세액은 그 뒤 정부가 결정하는 형태의 변형된 부과과세: 이때 납세의무자의 신고는 과세표준과 세액을 결정하는 행정처분을 돕는 사실행위

**[판례] 부과과세방식의 경우 신고의 법적 의미: 대법원 1998. 2. 27. 선고 97누 18479 판결 【양도소득세부과처분취소】**

－양도소득세가 신고주의로 전환되기 전 판결

(판결요지) 국세기본법 제22조제1항, 같은 법 시행령(1995. 12. 30. 대통령령 제14870호로 개정되기 전의 것) 제10조의2제3호의 규정에 의하여 부과과세방식의 조세에 속하는 소득세에 있어서는 소득세법이 정하는 바에 따른 세액의 결정과 통지가 있어야 비로소 조세채무가 확정되는 것이며, 납세의무자의 과세표준확정신고에 의하여 과세표준확정신고결정을 할 경우에도 그와 같은 결정과 통지가 없는 한 조세채무를 확정하는 부과처분은 있었다고 할 수 없고 <u>과세관청이 과세표준확정신고를 내부적으로 확인·수리하였다고 해서 확인적 의미의 부과처분이 존재한다고 볼 수도 없다.</u>

[세법개정] 2007. 2. 28. 개정－종부세 납부방식을 현행 신고 납부에서 정부부과로 전환(종합부동산세법 제16조)

가. 개정취지

－납세자 편의를 도모하고자 과세관청이 세액을 계산하여 고지서를 발부하고, 고지내용에 이의가 없는 납세자는 세금을 납부하면 납세의무가 종결

－고지내용에 이의가 있는 납세자에게는 선택적으로 신고 납부를 허용

나. 개정내용

| 종 전 | 개 정 |
|---|---|
| ○ 신고 납부방식<br><br>－신고 납부기한: 12. 1.～12. 15. | ○ 원칙은 정부부과방식, 예외적으로 신고 납부 허용<br>－납기개시일 5일 전(11. 26.)까지 관할 세무서장이 납부세액을 결정·고지<br>·납부기한: 12. 1.～12. 15.<br>－다만, 신고 납부방식으로 납부하고자 하는 납세자는 12. 1.～12. 15. 내 신고 납부 가능 |

다. 적용시기 및 적용례

○ 2008. 1. 1. 이후 최초 납세의무 성립하는 분부터 적용

○ 자동확정방식의 경우

- 원천 징수하는 소득세와 법인세는 소득금액 또는 수입금액을 지급하는 때에 성립되고 그와 동시에 확정

- 제3자가 이때 원천 징수의무자가 체납한 징수세액이 얼마인지 알 수 있는가? 제3자는 원천 징수세액의 납기에 이르러야 국가의 채권금액을 알 수 있음.

**[판례] 소득금액변경통지의 처분성 여부: 대법원 2006. 4. 20. 선고 2002두 1878 전원합의체 판결 【경정결정신청거부처분취소】**

(판시사항) 과세관청의 소득처분에 따른 소득금액변동통지가 항고소송의 대상이 되는 조세행정처분인지 여부(적극)

(판결요지) [다수의견] 과세관청의 소득처분과 그에 따른 소득금액변동통지가 있는 경우 원천 징수의무자인 법인은 소득금액변동통지서를 받은 날에 그 통지서에 기재된 소득의 귀속자에게 당해 소득금액을 지급한 것으로 의제되어 그때 원천 징수하는 소득세의 납세의무가 성립함과 동시에 확정되고, 원천 징수의무자인 법인으로서는 소득금액변동통지서에 기재된 소득처분의 내용에 따라 원천 징수세액을 그 다음달 10일까지 관할 세무서장 등에게 납부하여야 할 의무를 부담하며, 만일 이를 이행하지 아니하는 경우에는 가산세의 제재를 받게 됨은 물론이고 형사처벌까지 받도록 규정되어 있는 점에 비추어 보면, 소득금액변동통지는 원천 징수의무자인 법인의 납세의무에 직접 영향을 미치는 과세관청의 행위로서, 항고소송의 대상이 되는 조세행정처분이라고 봄이 상당하다.

[대법관 김영란의 반대의견] 소득금액변동통지란 과세관청이 내부적으로 법인의 사외유출된 소득에 대하여 법인세법 제67조 및 구법인세법 시행령(2001. 12. 31. 대통령령 제17457호로 개정되기 전의 것) 제106조가 정하는 바에 따라 소득의 귀속자와 소득의 종류 등을 확정하는 소득처분을 한 다음, 그 소득처분의 내용 중 법인의 원천 징수의무 이행과 관련된 사항을 기재하여 원천 징수의무자에게 고지하는 절차로서, 법인의 원천 징수의무를 성립·확정시키기 위한 선행적 절차에 불과하여 원천 징수의무자의 법률적 지위에 직접적인 변동을 가져오는 것은 아니므로, 이를 항

고소송의 대상이 되는 행정처분이라고 할 수 없다.

[대법관 손지열의 반대의견] 소득금액변동통지는 그 통지의 실질이나 기능을 직시한다면 행정처분으로 보는 것이 타당하겠으나, 현재 대통령령으로 규정되어 있는 소득금액변동통지를 부과처분과 유사한 행정처분으로 볼 경우에는 구소득세법 시행령(2000. 12. 29. 대통령령 제17032호로 개정되기 전의 것) 제192조제2항은 조세법률주의에 위배된 명령으로 위헌으로 볼 수밖에 없고, 소득금액변동통지를 행정처분으로 보지 않고 단순히 조세징수에 관한 절차적 규정으로 보는 종전의 대법원판례가 법령의 문언에 정면으로 반한다든가 심히 불합리하다든가 하는 점은 찾아보기 어려우므로, 현행 법령의 해석으로는 종전의 판례를 유지하여 위헌의 문제를 피하는 것이 현명할 것으로 본다.

[다수의견에 대한 대법관 이강국, 고현철의 보충의견] 소득금액변동통지는 원천징수의무자인 법인의 납세의무에 직접 영향을 미치는 과세관청의 행위로서 항고소송의 대상이 되는 조세행정처분이라고 볼 이론적 근거가 충분하고, 또 종전의 판례하에서 <u>소득금액변동통지를 받은 원천 징수의무자는 그 원천 징수의무의 성립 여부나 범위에 관하여 다투기 위해서는 당해 원천세액을 자진 납부하지 아니하고 납부불성실가산세의 제재를 받으면서 징수처분이 있기를 기다렸다가 그 징수처분에 대한 취소소송으로 다툴 수밖에 없었는데</u>, 이는 납세자의 권리보호에 미흡하고 형평에도 맞지 않는다고 할 것이므로 소득금액변동통지 자체를 항고소송의 대상으로 삼아 불복청구를 할 수 있도록 보장하여 주는 것이 진정으로 납세자의 권리보호와 조세 정의에 부합한다.


○ 납세의무의 확정과 조세포탈범의 기수시기(조세범처벌법 제9조의3)
- 신고납세방식 조세: 신고 납부기한이 경과한 때
- 부과과세방식 조세: 납세의무자의 신고에 의하여 부과징수하는 조세에 있어서는 당해 세목의 과세표준에 대한 정부의 결정 또는 조사결정을 한 후 그 납부기한이 경과한 때. 다만, 납세의무자가 조세를 포탈할 목적으로 법에 의한 과세표준을 신고하지 아니함으로써 당해 세목의 과세표준을 정부가 결정 또는 조사 결정할 수 없는 경우에는 당해 세목의 과세표준의 신고기한이 경과한 때

**[판례] 신고납세방식의 기수시기: 대법원 1983. 12. 13. 선고 82도2698 판결 【특정범죄가중처벌등에관한법률위반, 조세범처벌법위반】**

(판시사항)

가. 법인의 결손금액 과대계상 범칙행위의 기수시기

나. 세무서장이 서면결정형식을 거쳐 과세표준과 세액을 내부적으로만 결정한 것이 조세범처벌법 제9조의3 소정의 결정인지 여부

(판결요지)

가. 납세의무자의 신고에 의하여 부과 징수하는 법인세에 있어서 납세의무자가 신고기한 내에 과세표준을 <u>신고한 경우에는</u> 설사 그 결손금액 과대계상 범칙행위가 있다 하더라도 당해 과세 표준에 대한 정부의 결정 또는 조사결정을 한 후 <u>그 납부 기한이 경과한 때</u>에 범칙행위는 기수가 된다.

나. 피고인 회사가 사업연도의 소득에 대하여 결손금액을 과대계상하여 과세표준을 신고하였으나 관할세무서장은 수사당국으로부터 피고인 회사의 장부 및 서류를 송부받아 당일 서면결정 형식을 거쳐 위의 신고내용대로 당기의 과세표준과 세액을 내부적으로 결정하였으나, 추후에 다시 세무사찰의 결과에 따라 과세표준금액을 실지조사 결정하였다면 위의 서면 결정은 당기의 과세표준에 대한 조세범처벌법 제9조의3 소정의 조세채무를 확정하는 결정으로 볼 수 없다.

☞ (이유) ……따라서 위에서 본 결손금액을 과대계상한 각 범칙행위가 있었다 하더라도 그 후 정부의 세무 조정에 의하여 위 각 과세연도의 소득에 결손이 발생하지 아니한 것으로 실지조사 결정이 이루어졌다면 결국 위 범칙행위는 기수시기의 미도래로 완수되지 아니한 채 <u>미수에 그친 결과</u>가 되므로 <u>미수범처벌에관하여 특별 규정을 두고 있지 않는 조세범 처벌법상 죄가 되지 않는 경우에 해당</u>한다 하여 무죄를 선고하였는바, 원심의 조치는 위에서 본 법리에 따른 것으로 정당하고……

☞ 조세포탈의 경우 예외적으로 주세포탈의 미수범은 처벌(조세범처벌법 제9조제1항 단서)

# [20] 경정 등의 효력(제22조의2)

[법령] 국세기본법 제22조의2 【경정 등의 효력】

① 세법의 규정에 의하여 당초 확정된 세액을 증가시키는 경정은 당초 확정된 세액에 관한 이 법 또는 세법에서 규정하는 권리·의무관계에 영향을 미치지 아니한다. (2002. 12. 18. 신설)

② 세법의 규정에 의하여 당초 확정된 세액을 감소시키는 경정은 그 경정에 의하여 감소되는 세액 외의 세액에 관한 이 법 또는 세법에서 규정하는 권리·의무관계에 영향을 미치지 아니한다. (2002. 12. 18. 신설)

[세법개정] 2002. 12. 18 개정: 경정 등의 효력에 관한 규정 신설(국세기본법 제22조의2)

1. 출처: 국세청, 개정세법해설, 2003. 1., p.18.

가. 개정취지

- 신고 또는 결정에 의하여 확정된 세액에 대하여 경정이 있는 경우 그 경정의 효력에 관하여 적용상 혼란이 있어 이를 법률로써 명확히 함

나. 개정내용

| 종 전 | 개 정 |
|---|---|
| <신 설><br><br>※ 대법원 판례<br>- 증액경정처분에 대해 흡수설의 입장<br>　• 병존설: 당초처분과 경정처분 각각<br>　　법적 효력 유지<br>　• 흡수설: 당초처분은 경정처분에 흡<br>　　수되어 소멸 | ○ 세법의 규정에 의하여 당초 확정된 세<br>　액을 증가시키는 경정은 당초 확정된<br>　세액에 관한 기본법 또는 세법에서 규<br>　정하는 권리·의무 관계에 영향을 미<br>　치지 아니함<br>○ 세법의 규정에 의하여 당초 확정된 세<br>　액을 감소시키는 경정은 그 경정에 의<br>　하여 감소되는 세액 외의 세액에 관한<br>　기본법 또는 세법에서 규정하는 권리<br>　· 의무관계에 영향을 미치지 아니함<br>※ 당초처분과 경정처분을 별개의 처분으<br>　로 보아 불복청구 등 세법규정 적용 |

다. 적용시기 및 적용례
- 이 법 시행(2002. 12. 18.) 후 최초로 경정하는 분부터 적용한다.

2. 출처: 국회 재정경제위원회(전문위원 이한규), "國稅基本法中改正法律案(정부제출) 검토보고", 2002. 7., p.5.

당초처분과 경정처분의 명확화(안 제22조의2 신설)
- 개정안은 경정처분의 효력을 그 경정에 의하여 증감된 부분에만 영향을 미치고 당초처분에는 영향을 미치지 아니하도록 함.
　현행법상 경정처분의 효력에 대한 명문규정이 없으므로 <u>당초처분이 경정처분에 흡수되어 당초처분에 근거한 가산금결정이나 체납처분 등의 선행절차가 재판에 의하여 무효가 되는 사례가 발생하는</u> 등 조세행정이나 쟁송절차상 여러 문제점이 제기되고 있음.[22]

---

22) 대판 1999. 5. 11., 97누13139, 피고인 국세청이 1995. 5. 1. 납세자인 원고에 대하여
　　양도소득세 143,493,100원과 방위세 28,698,610원을 납부기한 1995. 5. 15.로 정하여

개정안은 당초처분과 경정처분을 별개로 분리함으로써 당초처분에 대한 불복제기기간 등이 경과하여 이미 확정된 처분에 대해서는 다시 다툴 수 없게 함으로써 법적 안정성을 도모하는 이외에 고의적으로 소액의 경정사유를 제공하여 증액경정처분을 받아 이미 불복제기기간이 경과한 당초결정에 대하여도 불복 청구하는 등의 악용사례를 방지하고자 하는 것으로 조세행정의 혼란을 방지하기 위하여 필요한 입법으로 판단됨.

○ 신고 및 결정처분과 경정처분의 순서
- 신고 → 수정신고 → 경정 → 재경정
- 신고 → 경정 → 재경정
- 결정 → 경정 → 재경정


○ 흡수설, 역흡수설, 병존설의 기본적인 차이
- 흡수설: 경정처분은 당초처분을 흡수. 경정처분의 법적 성질을 당초처분에 추가된 세액을 부과하는 처분이 아니라 당초의 세액을 포함한 세액 전체를 부과하는 처분으로 이해. 예) 10억 당초처분에 2억 증액하는 경우 경정처분은 12억 원 전체에 부과하는 처분으로 이해.
- 병존설: 경정처분은 당초처분과는 서로 독립하여 별개의 과세처분으로 병존. 경정처분의 효력은 당해 처분으로 증감된 세액부분에만 미침. 예) 위 예에서

---

부과한 후 원고가 납부기한을 도과하자 1995. 6. 1. 위 양도소득세와 방위세 및 이에 대한 각 가산금의 납부독촉을 하였다가 1995. 9. 5. 조세감면규제법 제62조(정치자금의 손금산입특례)에 따라 양도소득세를 감면하는 한편 방위세법 제4조제1항의 규정에 의거 방위세액을 비금융실명거래 시 가산금인 100분의 50 증액하여 43,047,930원으로 결정함으로써 당초 부과한 세액 외에 추가로 14,349,320원을 부과고지였다면 1995. 9. 5. 부과고지는 당초인 1995. 5. 1. 방위세부과처분에 대한 증액결정처분에 해당하므로 당초의 방위세부과처분은 위 증액경정처분에 흡수되어 소멸하였다 할 것이고, 따라서 당초의 방위세부과처분에서 정한 납부기한을 전제로 한 1995. 6. 1. 가산금 징수처분 역시 효력을 상실하였다고 보아야 할 것으로 판시함.

경정처분은 2억에 부과하는 처분으로 이해.
- 역흡수설: 경정처분은 당초처분에 흡수됨. 당초처분은 그대로 살아 있는 것으로 봄. 전심절차를 거쳤는지 여부는 당초처분을 기준으로 판단.


○ 종전 증액경정처분의 경우 판례의 입장: 대개 흡수설
- 행정심판의 대상 또는 소송물: 당초처분 소멸. 당초처분의 취소를 구하는 행정심판 또는 취소소송은 그 대상이 존재하지 아니하여 부적법 각하
  <병존설이라면> 증액경정처분이 있더라도 당초처분은 살아 있고 증액경정처분은 증액부분에 대한 부과처분
- 심리범위: 증액된 과세표준과 세액에 관한 부분뿐만 아니라 이미 불가쟁력이 발생한 당초처분 시 과세표준과 세액에 관한 부분까지 그 처분의 하자를 주장하여 심리받을 수 있음
- 행정심판전치주의와 제소기간: 경정처분에 대해 따로 전심절차를 거칠 필요 없이 청구취지를 변경하여 경정처분의 취소를 구할 수 있음(증액경정처분의 위법사유가 당초처분과 같다면 당초처분에 대한 전심절차를 거친 이상 증액경정부분에 대한 전심절차를 밟을 필요는 없음) cf. 통상의 흡수설의 입장은 불복청구의 전심절차를 거쳤는지 여부 또는 불복청구기간을 경과하였는지 여부는 당초처분에 관계없이 경정처분을 기준으로 판단

**[판례] 증액경정처분의 경우 전심절차: 대법원 1991. 5. 24. 선고 91누247 판결**
**【증여세등부과처분취소】**
　가. 조세소송에 있어서는 국세기본법 제56조제2항 등에 의하여 행정소송법 제18조제2항, 제3항 및 제20조의 규정이 적용되지 아니하고, 다만 2개 이상의 같은 목적의 행정처분이 단계적, 발전적 과정에서 이루어진 것으로서 서로 내용상 관련이 있다든지, 세무소송 계속 중에 그 대상인 과세처분을 과세관청이 변경하였는데 위법사유가 공통된다든지, 동일한 행정처분에 의하여 수인이 동일한 의무를 부담하게 되는 경우에 선행처분에 대하여, 또는 그 납세의무자들 중 1인이 적법한 전심절차를

거친 때와 같이, 국세청장과 국세심판소로 하여금 기본적 사실관계와 법률문제에 대하여 다시 판단할 수 있는 기회를 부여하였을뿐더러 납세의무자로 하여금 굳이 또 전심절차를 거치게 하는 것이 가혹하다고 보이는 등 <u>정당한 사유가 있는 때에 한하여 납세의무자가 전심절차를 거치지 아니하고도 과세처분의 취소를 청구하는 행정소송을 제기할 수 있다고 보아야 한다.</u>

　나. 부동산 명의신탁을 이유로 명의자에게 증여세 및 방위세부과처분을 하였으나 체납하자 증여자로서 연대납세의무자인 실질소유자에 대하여 한 증여세부과처분과 부동산을 명의신탁한 채 타인에게 양도한 것을 대상으로 한 실질소유자에 대한 양도소득세부과처분은 증여 또는 양도된 목적물이 동일할 뿐 별개의 독립된 처분으로서 그중 하나의 과세처분에 대하여 전심절차를 거쳤더라도 다른 과세처분에 대하여 전심절차를 거치지 아니하고는 그 과세처분의 취소를 구하는 행정소송을 제기할 수 없다.


- 부과제척기간: 제척기간 도과된 후 경정처분이 있었더라도 당초처분이 제척기간 도과 전에 있었다면 그 경정처분 전부가 무효가 아니라 증액된 부분에 한해서만 무효
- 가산금: 당초처분을 근거로 한 가산금과징은 효력 상실
　<병존설이라면> 가산금 부과처분은 그 기초가 된 당초처분 뒤에 증액경정처분이 있더라도 그대로 존속
　<위 판례입장의 문제> 탈루세액이 가산금보다 적은 경우 사실상 증액경정처분을 할 수 없다는 모순 생김


　　**[판례] 증액경정처분에 대한 흡수설 입장: 대법원 1984. 4. 10. 선고 83누539 판결 【상속세부과처분취소】**

　(판결요지) 가. 상속세의 과세표준과 세액을 결정한 후 탈루 또는 오류가 있는 것이 발견되어 그 과세표준과 세액을 증액하는 경정처분이 있는 경우 그 증액경정처분은 당초처분을 그대로 둔 채 당초처분에서의 과세표준과 세액을 초과하는 부분만을 추가 확정하는 처분이 아니고 재조사에 의하여 판명된 결과에 따라서 당초처분

에서의 과세표준과 세액을 포함시켜 전체로서의 과세표준과 세액을 결정하는 것이 므로 **증액경정처분이 되면 먼저 된 당초처분은 그 속에 흡수되어 당연히 소멸하는 것**으로 보아야 한다.

나. 상속세의 증액경정처분의 취소를 구하는 소송에서 납세자는 증액경정처분으로 증액된 과세표준과 세액에 관한 부분만이 아니고 당초처분에서의 과세표준과 세액에 관한 부분에서도 그 처분의 하자를 주장하여 심리를 받을 수 있다.

(이유) ……원심이 확정한 바와 같이 피고가 1981. 8. 11. 당초처분인 원판시 상속세 등의 부과처분을 한 후 같은 해 9. 16. 그 과세표준과 세액을 증액하는 갱정처분을 한 것이라면 위 증액갱정처분에 의하여 당초처분은 소멸되었다 할 것이므로 위 1981. 8. 11.자 상속세 등의 부과처분의 취소를 구하는 소는 그 대상이 없는 것으로서 부적법한 것이므로 이를 각하하여야 할 것이다. 원심이 위 1981. 8. 11.자 부과처분의 존재를 전제로 하여 그 취소를 소구하기 위한 전심절차를 거치지 아니한 것을 이유로 그 처분의 취소를 구하는 소를 각하한다고 한 것은 증액갱정처분이 있는 경우의 당초처분의 효력에 관한 법리를 오해한 잘못이 있다 하겠으나 이와 같은 잘못은 소를 각하한 판결결과에는 영향이 없으므로 결국 논지는 이유 없다.……

**[판례] 증액경정처분에 대한 흡수설의 입장－법개정 이후 판결이나 경정처분은 개정이전의 것, 제척기간 도과 후 증액경정처분에 대한 것: 대법원 2004. 2. 13. 선고 2002두9971 판결 【납세고지처분취소】**

(판결요지)

[1] 증액경정처분은 당초처분과 증액되는 부분을 포함하여 전체로서 하나의 과세표준과 세액을 다시 결정하는 것이어서 당초처분은 증액경정처분에 흡수되어 독립된 존재가치를 상실하고 오직 증액경정처분만이 쟁송의 대상이 되어 납세의무자로서는 증액된 부분만이 아니라 당초처분에서 확정된 과세표준과 세액에 대하여도 그 위법 여부를 다툴 수 있는 것이지만, 증액경정처분이 제척기간 도과 후에 이루어진 경우에는 증액부분만이 무효로 되고 제척기간 도과 전에 있었던 당초처분은 유효한 것이므로, 납세의무자로서는 그와 같은 증액경정처분이 있었다는 이유만으로 당초처분에 의하여 이미 확정되었던 부분에 대하여 다시 위법 여부를 다툴 수는 없다.

[2] 과세관청이 공동상속인에게 상속세 등을 부과고지함에 있어서 납세고지서에 납부할 총세액과 그 산출근거 등을 기재함과 아울러 공동상속인 각자의 상속재산

106

점유비율과 그 비율에 따라 산정한 각자가 납부할 상속세액 등을 기재한 연대납세의무자별 고지세액명세서 등을 첨부하여 공동상속인들에게 송달하였다면, 공동상속인들이 납부하여야 할 세액을 구분 특정하여 기재한 것이 그 납세의무를 구체적으로 확정하는 부과고지서로서의 효력을 갖는 것이고, 납세고지서에 총세액을 기재한 것은 공동상속인이 연대하여 납부할 의무가 있는 총세액에 대하여 징수절차의 일환으로 그 이행을 청구하는 징수고지서로서의 효력을 가질 뿐이므로, 공동상속인이 있는 경우 상속세경정처분이 증액경정처분인지 감액경정처분인지의 여부는 각 공동상속인에 대하여 납부하도록 고지된 개별적인 세액을 기준으로 할 것이지 공동상속인 전체에 대한 총 상속세액을 기준으로 판단할 것은 아니다.

(이유) ……원심이, 증액경정처분인 이 사건 6차 처분이 제척기간을 도과한 후에 이루어진 무효의 처분인 이상, 이미 확정된 당초처분에 대하여 납세고지절차상에 하자가 있다거나 상속재산의 평가방법 및 납부불성실가산세 등에 위법이 있다는 원고들의 주장들은 더 나아가 살펴볼 필요 없이 이유 없다고 배척한 것은 정당하고, 거기에 상고이유에서 주장하는 바와 같은 심리미진이나 쟁송의 대상에 대한 법리오해 등의 위법이 없으며, 나아가 원고가 상고이유로 주장하는 바와 같이 당초처분에 관한 하자가 처분의 당연무효 사유라고 할 수도 없으므로 이에 관한 상고이유 주장은 받아들이지 아니한다.

……원심판결 이유에 의하면 원심은, 판시와 같은 사실을 인정한 다음, 이 사건 6차 처분의 경우 5차 처분에 비하여 총 상속세액은 감소하였지만 원고들이 부담하여야 할 고유의 상속세액이 각 증가하였기 때문에 이는 원고들에 관한 한 증액경정처분에 해당하는 것인데, 6차 처분은 이 사건 상속세의 부과제척기간이 만료되는 1997. 6. 11.이 지난 후에 이루어진 것이어서 무효이므로 원고별로 5차 처분에 비하여 증액된 세액 및 가산금 부분을 각 취소하여야 한다고 판단하였다.

그러나 기록에 의하면, 이 사건 5차 처분은 1998. 12. 7.에 이루어진 것으로서 당초처분인 1997. 5. 1.의 4차 처분에 비하여 총세액은 감소하였지만 원고들의 각 개별고지세액은 증가한 것이어서 5차 처분 역시 6차 처분과 마찬가지로 당초처분에 대한 증액경정처분이라 할 것인데, 이 또한 이 사건 상속세의 부과제척기간 만료일 후에 이루어진 것임이 역수상 명백하여 무효이므로 결국, 원고들에 관한 한 제척기간 도과 이전에 이루어진 4차 처분이 이 사건 6차 처분에 대한 당초처분이 되고, 6차 처분이 무효로 됨에 따라 취소되어야 할 범위도 6차 처분 중 4차 처분의 세액 및 그로 인하여 발생한 가산금을 초과하는 부분이라고 할 것이다.

　그럼에도 불구하고, 5차 처분이 4차 처분에 대한 감액경정이라는 전제하에 5차 처분을 유효하다고 보고 원고들에 대한 6차 처분 중 5차 처분의 세액 및 가산금을 초과하는 부분에 대하여만 취소를 명한 원심판결에는 증액경정처분에 대한 법리를 오해하여 판결 결과에 영향을 미친 위법이 있다 할 것이고, 이 점을 지적하는 상고이유의 주장은 이유 있다.

○　법개정 이후 판례의 입장
－ 병존설로 입장이 바뀌었나?
－ 소송물을 총액주의로 정하는 이상 흡수설이 필연인 까닭으로 흡수설에서 병존설로 바꾸는 것이 어려움. 당초처분과 증액경정처분을 병존하는 별개의 처분으로 각각 다툰다는 것은 각 처분이 옳은가를 다투는 쟁점주의가 될 수 있음.

　**[심판례] 병존설의 입장－ 경정처분에 대한 불복청구 시 당초 확정된 세액이 심리 대상이 될 수 있는지 여부(소극): 국심2003중556, 2003. 10. 18.**
　(요지) 경정의 효력에 관하여 납세의무의 확정행위가 되풀이되는 경우에 당초 확정된 세액을 증가시키거나 감액시키는 경정의 효력은 당초 확정된 세액에 관하여 국세기본법 또는 세법에서 규정한 권리·의무관계에 영향을 미치지 아니하므로 적법한 절차로서의 효력이 유지되며, 불복청구의 이유로서는 당초 확정행위의 하자를 포함한 모든 과세요건사실의 하자를 그 대상으로 하지만 **청구세액은 당초의 확정된 세액을 초과하는 부분만이 그 대상**이 되어야 할 것임.

　**[심판례] 병존설의 입장－ 과세표준 신고 시 누락하였다고 하는 쟁점 인건비를 부외경비로 인정하여 손금 산입하되 교부받은 가공매입세금계산서 해당액을 한도로 해야 한다고 본 사례: 조심2008중595, 2008. 08. 12.**
　(주문) ○○○세무서장이 2007. 11. 1. 청구법인에게 한 2003사업연도 법인세 63,502,470원 및 2004사업연도 법인세 39,649,390원의 부과처분은 2003 사업연도 201,265,261원 및 2004사업연도 142,040,135원을 청구법인의 인건비로 손금산입하여 각각 그 과세표준과 세액을 경정하되, 2003사업연도의 법인세 소득금액 계산 시 손금

에 산입하는 금액은 청구 외 ○○○로부터의 매입액 110,900,000원을 한도로 한다.

(처분개요) 청구법인은 경기도 ○○○에서 가정용잡화를 생산 또는 구입하여 대형 유통업체에 납품하는 회사로 2003년 제2기 부가가치세 과세기간 중 청구 외 ○○○로부터 공급가액 110,900천 원의 세금계산서를 교부받아 관련 매입세액을 공제하고 동 매입액을 손금산입하여 2003사업연도 법인세를 신고하였고, 2004년 제1기 부가가치세 과세기간 중 청구 외 ○○○로부터 공급가액 149,981천 원의 세금계산서를 교부받아 관련 매입세액을 공제하고 동 매입액을 손금산입하여 2004사업연도 법인세를 신고하였다.

처분청은 위 청구 외 ○○○로부터 교부받은 세금계산서(공급가액 110,900천 원) 및 청구 외 ○○○로부터 교부받은 세금계산서(공급가액 149,981천 원)를 가공매입세금계산서로 보아 2007. 11. 1. 청구법인에게 법인세 2003사업연도 63,502,470원 및 2004사업연도 39,649,390원을 각각 경정·고지하였다.

청구법인은 이에 대하여 위 가공매입세금계산서를 교부받은 사실에 대하여는 이를 인정하여 다툼이 없으나, 법인세 과세표준 신고 시 누락한 외국인 근로자 인건비 2003사업연도 지출분 201,265,261원 및 2004사업연도 지출분 142,040,135원(이하 "쟁점 인건비"라 한다)을 손금산입하여 법인세 과세표준과 세액을 경정하여야 한다는 취지로 2008. 2. 11. 이건 심판청구를 제기하였다.

(조세심판원 판단)

국세기본법 제22조의2(경정 등의 효력) 제1항에서 세법의 규정에 의하여 당초 확정된 세액을 증가시키는 경정은 당초 확정된 세액에 관한 권리·의무관계에 영향을 미치지 아니하는 것으로 규정하고 있어, **세액을 증액하는 경정이 있는 경우에도 납세의무자의 신고 또는 과세관청의 결정에 의하여 당초 확정된 세액에 그 경정의 효력이 미치지 못하도록 국한**하고 있으므로 **그 불복청구를 함에 있어서도 당초의 확정된 세액을 초과하는 범위의 세액만이 다툼의 대상이 된다**고 할 것인바 ○○○, 2003사업연도 청구법인의 인건비 신고누락액 201,265,261원을 손금산입하는 경우에도 2003사업연도 청구법인이 청구 외 한일로부터 교부받은 가공매입세금계산서 해당액 110,900,000원을 그 한도로 하여야 할 것으로 판단된다.

**[판례] 국세기본법 제22조의2 적용 이전의 경정처분에 대한 것임을 밝힘－대구고등법원 2003. 2. 13. 선고 2002누1657 판결 【상속세등부과처분취소】**

(이유) 원고는 청구취지 4항으로, 이 사건 상속세와 관련하여 피고가 징수한 가산금 및 중가산금은 당초처분에서 정해진 납부기한을 기준으로 하여 금액을 결정, 징수한 것인데, 증액경정처분이 있게 되면 그 처분 시에 부과세액 전부에 대하여 새로운 처분이 있게 되는 것이어서 당초의 과세처분에서 정한 납부기한을 전제로 한 가산금 징수처분 역시 효력을 상실하게 되므로, 피고의 그 같은 징수처분의 무효를 확인하는 뜻에서 이의 취소를 구한다고 주장한다.

살피건대, 조세부과처분의 증액경정이 있게 되면 당초처분에서 정하여진 납부기한은 그 효력이 소멸되는 것이고, 이에 따라 당초처분에서 정하여진 납부기한을 전제로 한 징수처분 역시 원인 없이 한 행위로 돌아가 소급하여 무효가 되는 것임은 원고의 주장과 같다( 대법원 1999. 5. 11. 선고 97누13139 판결 참조, 다만 국세기본법 제22조의2제1항은 '세법의 규정에 의하여 당초 확정된 세액을 증가시키는 경정은 당초 확정된 세액에 관한 이 법 또는 세법에서 규정하는 권리·의무관계에 영향을 미치지 아니한다'고 규정하고 있으나, 위 규정은 국세기본법이 2002. 12. 18. 법률 제6782호로 개정되면서 비로소 신설된 규정으로 부칙 제2조에 의하여 위 개정법률 시행 이후에 경정하는 분부터 적용될 뿐이므로, 이 사건 처분에는 적용이 없다).

그러나 이와 같이 징수처분이 무효로 돌아가게 되는 경우라고 하더라도 이미 당해 징수처분에 따른 가산금 및 중가산금이 모두 납입된 경우라면, 민사상 부당이득으로서 직접 이의 반환을 구할 수 있는 것이므로 행정소송으로서 그 무효확인을 구할 소송상의 이익은 없는 것이고, 이는 무효선언을 구하는 뜻에서 처분취소를 구하고 있다고 하여 달리 볼 것도 아니다(대법원 1995. 6. 9. 선고 94누15271 판결 참조).

그런데 원고가 취소를 구하고 있는 가산금 및 중가산금 모두를 납입하여 이 사건 변론종결일 현재로 미납된 세액이 없는 사실은 당사자 사이에 다툼이 없으므로, 결국 이 부분 소는 부적법하다.


# [21] 납세의무의 승계(제23조, 제24조)

○ 합병의 경우(제23조)
- 본래의 납세의무자: 합병으로 소멸하는 법인

- 승계납세의무자: 합병 후 존속하는 법인(존속법인) 또는 합병으로 인하여 설립된 법인(신설법인)
- 승계내용: (피합병법인의) 부과되거나 납부할 국세 · 가산금과 체납처분비
- 승계한도: 제한 없음


○ 상속의 경우(제24조)
- 본래의 납세의무자: 피상속인
- 승계납세의무자: 상속인(수유자 포함), 상속재산관리인
- 승계내용: (피상속인의) 부과되거나 납부할 국세 · 가산금과 체납처분비
- 승계한도: 상속으로 인하여 얻은 재산(상속으로 인하여 부과되거나 납부할 상속세노 공세한 가액임)
- 상속인이 피상속인의 소득세를 당초부터 자기 소득세와는 구분계산방법으로 과세받아 납부의무 짐(소득세법 제44조)
- 체납자가 사망한 후 상속등기가 되지 않고 있는 체납자 명의의 재산에 대하여 행한 압류는 당해 재산의 상속인에게 대하여 행한 것으로 간주(국세징수법 제37조제2항)


# [22] 연대납세의무(제25조, 제25조의2)


○ 연대납세의무의 의의와 내용(제25조)
- 2인 이상이 하나의 납세의무에 대하여 연대하여 납부할 의무를 부담하는 것
- 공유물(공유, 합류, 총유 포함)의 경우, 공동사업의 경우, 공동사업 소속재산의 경우, 납세의무를 승계한 복수 상속인의 경우, 법인 분할의 경우
- 개별세법: 청산인과 잔여재산수령자의 법인세 등 연대납세의무, 상속인 또는

수유자의 상속세 연대납세의무, 증여자의 증여세 연대납세의무
- 소득세법상 거주자별 납세의무에 관한 연대납부의무: 공동사업에 관한 소득금
액에 대해서는 분할채무. 가족기업 구성원을 합산 과세하는 경우에는 연대납세
의무 생김.

**[심판례] 실질과세의 원칙과 연대납세의무 - 청구인을 쟁점 사업장의 실지 공동사업
자로 보아 과세한 처분의 적법하지 않다는 입장: 국심2007서3194, 2008. 06. 18.**

(처분개요)

가. 청구인은 2006. 5. 25. 서울특별시 양천구 ○○동 904 - 5에 소재한 ○○이야
기 ○○5거리점(2001. 10. 13. 조○길이 단독명의로 사업자 등록한 것으로 나타나
고, 이하 "쟁점 사업장"이라 한다)이라는 상호의 성인용 릴게임장을 조○길과 50:50
의 지분으로 하여 공동사업자로 사업자 등록하였다가 2006. 7. 21. 폐업 신고하였다.

나. 처분청은 쟁점 사업장에 대한 조세범칙 조사결과, 2006년 1기 및 2기 과세기
간 중 매출 및 폐업 시 잔존재화에 대한 신고누락액이 각각 7,752,654천 원 및
97,500천 원인 사실을 확인하고 2007. 6. 13. 청구인을 쟁점 사업장의 연대납세의무
자로 지정하여 청구인에게 2006년 1기분 부가가치세 925,124,200원 및 2006년 2기
분 부가가치세 11,576,170원을 각각 경정 고지하였다.

다. 청구인은 이에 불복하여 2007. 6. 14. 이의신청을 거쳐 2007. 8. 9. 심판청구
를 제기하였다.

(심판원의 판단) 공동사업이라 함은 그 사업이 당사자 전원의 공동의 것으로서
공동으로 경영되고, 따라서 당사자 전원이 그 사업의 성공 여부에 대하여 이해관계
를 가지는 사업을 말하는 것이나(국세기본법 기본통칙 25 - 0……2, 참조), 이건의
경우 청구인이 비록 조○길과 동업계약서를 체결하고 쟁점 사업장의 공동사업자로
사업자 등록한 것은 사실이나, 쟁점 사업장의 다른 공동사업자등록 명의자 조○길
은 처분청의 조사 당시 진술한 전말서, 청구인이 증빙자료로 제출한 확인서에서 그
리고 이건 심판관회의(2008. 5. 15.)에 참고인으로 참석하여 쟁점 사업장은 조○길
과 황○자가 실지 운영하였고 청구인은 150,000천 원을 대여하고 채권확보를 위한
담보목적으로 공동사업자로 하여 사업자등록 정정 신고한 것이라고 일관되게 진술
또는 확인하고 있는 등으로 볼 때, 처분청은 위와 같은 형식적인 동업계약 및 사업

자등록사항 이외에 실질적으로 청구인이 동 사업장을 실제 공동으로 경영한 사실 및 배당금을 받은 사실 등을 입증할 만한 구체적인 과세근거는 제시하지 못하고 있다.

반면, 처분청의 과세자료 및 청구인이 제출한 증빙자료 등에 의하여 사실관계를 종합하여 보면, 처분청은 조○길과 황○자는 청구인이 공동사업자로 등록하기 이전부터 쟁점 사업장의 실지 공동사업자인 것으로 조사하고 있고, 2005. 11. 청구인은 황○자에게 150,000천 원을 대여하였고 조○길은 청구인에게 동 금액에 대한 차용증을 작성하여 준 사실이 확인되며, 청구인의 통장사본, 약속어음 공정증서 및 법원 판결문 등에 의하면, 청구인이 당시 미등록 금전대부업을 영위하고 있었던 것은 사실로 보이고, 2006. 4. 이후 쟁점 사업장의 게임기 등 유체동산이 압류된 사실과 2006. 5. 25. 청구인이 쟁점 사업장의 공동사업자로 등록하였고 그 다음 달 청구인이 동 대여금을 회수한 것으로 보이는 점 등으로 볼 때, 청구인이 대여금에 대한 채권의 확보목적으로 형식적으로 동업계약을 체결하고 쟁점 사업장의 공동사업자로 사업자 등록을 한 것이라는 청구인의 주장은 신빙성이 있어 보인다.

그렇다면, 처분청이 청구인을 쟁점 사업장의 실질적인 공동사업자로 보아 청구인에게 과세한 이건 처분은 부당하다고 판단된다(다만, 청구인이 2005. 11. 9. 조○길과 황○자에게 이자를 월 4%(6,000천 원)로 하고 변제기일을 2006. 5. 9.로 하여 150,000천 원을 대여한 데 대하여는 실제 금전대부업을 영위한 것으로 보아 소득세법 제16조제1항제12호 및 같은 법 시행령 제45조제9호의2의 규정에 정한 바에 따라 그 약정이자 상당액의 이자소득금액에 대하여 청구인에게 종합소득세를 부과하는 것은 별론으로 한다).

**[판례] 공동사업자로 보아 연대납세의무를 부여한 처분이 적법하다는 판례: 대법원2003두15133, 2004. 03. 12.**

(이유) 원심판결 이유에 의하면 원심은, 원고가 당초 소장의 진술로 원고와 남편 문○복이 이 사건 사업장을 공동으로 경영해 왔다고 주장하였고, 피고는 2001. 1. 15.자 답변서 및 2002. 3. 5.자 준비서면의 진술로 이 사건 사업장의 실질적인 사업주는 원고라고 주장하였음이 기록상 명백하므로, 적어도 원고가 이 사건 사업장의 공동사업주에 해당한다는 점에 관하여는 자백이 성립되었다고 본 다음, 원고의 2003. 3. 13.자 준비서면의 진술에 의한 자백취소에 대하여 상대방의 동의가 없을 뿐만 아니라, 종전의 주장이 진실에 반하고 착오로 인한 것이었다는 점에 대하여 이

를 인정할 증거가 없으므로, 위 자백취소는 효력이 없다고 판단하였다.

기록에 비추어 살펴보면, 원심의 위와 같은 판단은 정당한 것으로 수긍이 가고, 거기에 상고이유로 주장하는 바와 같이 자백의 성립과 자백의 취소에 있어서 입증의 정도 및 증거가치 판단 등에 대한 법리오해나 석명권불행사로 인한 심리미진 등의 위법이 있다고 할 수 없다.

또한 원심은 가정적으로 그 채용증거에 의하여 판시사실을 인정한 다음, 그 인정사실에 기하여 이 사건 사업장의 운영 자체는 문○복이 맡아서 하였다고 하더라도 원고 역시 공동사업주로 보아 연대납세의무를 지게 하는 것이 실질과세의 원칙이나 공평과세의 원칙에 부합한다고 판단하였는바, 기록에 비추어 살펴보면, 원심의 위와 같은 사실인정과 판단은 정당한 것으로 수긍이 가고, 거기에 채증법칙에 위반하여 사실을 잘못 인정하거나 논리모순 등의 위법이 있다고 할 수 없다.

그러므로 상고를 기각하고, 상고비용은 패소자가 부담하도록 하여 관여법관의 일치된 의견으로 주문과 같이 판결한다.

○ 연대납세의무에 대한 민법의 준용(제25조의2)

- 연대납세의무자 각자가 세액 전체를 납부할 의무가 있고 연대납세의무자 가운데 한 사람의 이행으로 다른 채무자도 그 의무를 면하게 됨. 납세의무를 이행한 연대납세의무자는 자기부담분을 초과하는 부분에 대하여 다른 연대납세의무자에게 구상권 행사

- 다만 납세의 고지와 독촉에 과한 서류는 연대납세의무자 모두에게 송달하여야 함

**[심판례] 청구인이 기납부한 세액이 연대납부의무 한도액 범위 내에 존재하므로 청구인은 공동상속인으로서 연대납부의무를 이행해야 한다고 본 사례: 국심2005서3230, 2006. 05. 24.**

(처분개요)

가. 청구인은 2002. 11. 12. 모 김○○의 사망으로 상속이 개시되어 피상속인이 소유하던 ○○○ 소재 여관 및 목욕탕(토지 373.60㎡, 건물 850.55㎡, 주택 234.57㎡으로, 이하 "쟁점 부동산"이라 한다)을 유증을 원인으로 단독으로 상속받아 2002. 11. 28. 청구인명의로 소유권이전등기를 하였으나, 이에 대한 상속세과세표준신고를

하지 아니하였다.

나. 처분청은 2004. 12. 6. 청구인에게 2002. 11. 12. 상속분 상속세 70,047,280 원을 결정 고지하는 한편, 피상속인이 쟁점 부동산 신축 후 1973. 6. 2.부터 특수관계자인 청구인에게 무상으로 임대하여 청구인이 여관 및 목욕업을 영위하여 왔음에도 피상속인이 임대소득에 대한 종합소득세를 신고하지 아니한 데 대하여 부당행위계산부인하여 피상속인이 부담하여야 할 종합소득세 1997년 귀속분 5,734,840원, 1998년 귀속분 4,853,800원, 1999년 귀속분 4,688,170원, 2000년 귀속분 2,583,430 원, 2001년 귀속분 1,533,740원, 2002년 귀속분 682,710원 합계 20,076,690원을 청구인이 납부하도록 납부통지서를 발송하였다.

다. 청구인은 이에 불복하여 2005. 3. 5. 이의신청을 거쳐, 2005. 8. 19. 심판청구를 제기하였다.

(본안심리대상인지 여부)

처분청은 청구인의 이의신청결정서 수령일자가 2005. 5. 21.이고, 심판청구서 접수일자는 2005. 8. 22.이므로 이건 심판청구는 불복청구기한 90일이 경과된 부적법한 청구에 해당되어 각하하여야 한다는 의견이므로 본안심리에 앞서 이건 심판청구가 적법한 청구인지 여부에 대하여 살펴본다.

가. 국세기본법 제5조의2, 제61조제3항 및 제81조의 규정에 의하면, 심판청구서를 불복청구기한 내에 우편으로 제출하였으나, 그 청구서가 불복청구기한을 경과하여 도달된 경우에는 그 청구기한 종료일에 적법한 청구가 있었던 것으로 보도록 규정하고 있다.

나. 이건의 경우, 청구인이 제출한 등기우편물 접수증에 의하면, 청구인은 이건 심판청구서를 불복청구기한 종료일인 2003. 8. 19. 등기우편으로 발송한 사실이 확인되므로 이건 심판청구는 불복청구기한 내에 제출된 적법한 청구에 해당되어 본안심리대상이라고 판단된다.

(청구인 주장) 쟁점 부동산은 당초 청구인이 유증에 의하여 단독으로 상속을 받았으나, 다른 상속인들이 청구인을 상대로 "유류분 반환 청구의 소"를 제기하여 2004. 6. 11. ○○○ 외 2인에게 각 1/8에 해당하는 유류분을 반환하라"는 취지의 판결을 받았으므로 이건 상속세와 상속으로 인하여 연대납부의무가 승계된 종합소득세 중 3/8에 해당되는 금액은 다른 상속인에게 과세하여야 함에도 처분청이 이건 상속세와 종합소득세를 전액 청구인에게 납부하도록 한 것은 부당하다.

(처분청 의견) 상속세는 피상속인의 전체재산에 대하여 과세하는 세목으로 유류분 반환 결정으로 상속인간에 지분변동이 있었다 하더라도 전체상속세 결정내용에는 아무런 변동이 있을 수 없으며, 상속인간에는 상속세 및 상속으로 인하여 납세의무가 승계된 국세의 연대납부의무가 있으므로 상속인 중 1인에게 한 납부고지 및 납부통지는 상속인 전원에게 효력을 미치며, 상속인 중 1인이 상속세 및 상속으로 인하여 연대납부의무가 승계된 국세를 전부 납부한 경우 연대납부의무를 이행한 것으로 보아야 하므로 상속세와 종합소득세를 전액 청구인에게 납부하도록 한 당초처분은 정당하다.

(심판원의 판단) 이건의 경우, 처분청은 당초 쟁점 부동산을 단독으로 유증받았던 청구인에게 이건 과세처분을 하였고, 과세처분 이후 서울고등법원의 조정에 의하여 청구인이 다른 상속인에게 유류분의 가액에 상당하는 현금 4억 5천만 원을 반환하게 됨에 따라 청구인의 실제 상속지분이 유류분 반환액만큼 줄어든 것은 사실이나, 청구인이 이미 납부한 상속세와 종합소득세는 그 합계액이 90,123,970원으로, 청구인의 연대납부의무 한도액 318,175,980원(상속재산가액 768,175,980원 - 유류분 반환액 450,000,000원)의 범위 내에 있을 뿐만 아니라, 상속인 중 1인에게 한 납부통지 및 상속인 중 1인에 의하여 납부된 상속세 등은 상속인 전원에게 효력이 있어 청구인은 공동상속인으로서 연대납부의무를 이행한 것으로 보아야 할 것이므로 상속인간 지분변동내역을 반영하여 이건 과세처분을 다시 하여야 한다는 청구주장은 받아들이기 어려운 것으로 판단된다.

## [23] 납부의무의 소멸(제26~28조)

○ 납부의무 소멸의 유형(제26조)
- 납부
- 충당
- 부과취소
- 부과에 관한 제척기간의 만료

- 징수권에 관한 소멸시효의 완성
- 민법상 민사채무와의 소멸원인과 비교: 변제( → 납부), 대물변제( → 물납), 경
개( → 인정 안 됨), 상계( → 충당), 면제( → 종전의 결손 처분, 지금은 소멸사
유 아님), 공탁( → 인정 안 됨)


○ 국세부과의 제척기간(제26조의2)
- 원칙: 국세를 부과할 수 있는 날부터 5년간. 상속세 및 증여세는 10년간.
- 예외(장기): 단순무신고의 경우 7년간, 사기 기타 부정한 행위의 경우 10년간.
상속세 및 증여세는 위 경우 15년간.
- 특례
(1) 쟁송 시 등 특례: 결정 노는 판결(납세자 유불리 불문, 판례의 입장)이 확정
되거나 상호합의가 종결된 날부터 1년이 지나기 전.
(세금을 깎아 달라는 소송에 대한 판결에 따라 납세의무자에게 새로이 부과
처분을 하는 경우의 판례상 예)
~ 세무서가 처음에 내보낸 납세고지서가 형식적인 잘못을 저지른 경우
~ 기간과세의 경우 귀속연도에 대한 다툼이 있는 경우
~ 과세처분 가운데 일부의 하자를 이유로 당해 처분을 전부 취소하는 경우
(2) 경정청구 시 특례: 경정청구일부터 2개월이 지나기 전
(3) 명의대여 시 특례: 결정 또는 판결에서 명의대여 사실이 확인된 경우에는 그
결정 또는 판결이 확정된 날부터 1년 이내에 명의대여자에 대한 부과처분을
취소하고 실제로 사업을 경영한 자에게 경정결정이나 그 밖에 필요한 처분을
할 수 있음
(4) 상속세 및 증여세 포탈 시(변칙상속) 특례: 당해 재산의 상속 또는 증여가
있음을 안 날부터 1년 이내(상속인 및 수유자나 증여자 및 수증자가 사망한
경우와 포탈세액산출의 기준이 되는 재산가액이 50억 원 이하인 경우에는
제외)

~제3자의 명의로 되어 있는 피상속인 또는 증여자의 재산을 상속인 또는 수증자가 보유하고 있거나 그 자의 명의로 실명전환을 한 경우

~계약에 의하여 피상속인이 취득할 재산이 계약이행 기간 중에 상속이 개시됨으로써 등기·등록 또는 명의개서가 이루어지지 아니하여 상속인이 취득한 경우

~국외에 소재하는 상속 또는 증여재산을 상속인 또는 수증자가 취득한 경우

~등기·등록 또는 명의개서가 필요하지 아니한 유가증권·서화·골동품 등 상속 또는 증여재산을 상속인 또는 수증자가 취득한 경우

- 기산일: "부과할 수 있는 날로부터"

(1) 원칙(국세기본법시행령 제12조의3제1항)

~과세표준과 세액을 신고하는 국세(「종합부동산세법」제16조제3항에 따라 신고하는 종합부동산세를 제외한다)에 있어서는 당해 국세의 과세표준과 세액에 대한 신고기한 또는 신고서제출기한(이하 "과세표준신고기한"이라 한다)의 다음날. 이 경우 중간예납·예정신고 및 수정신고기한은 과세표준신고기한에 포함되지 아니한다.

~부당이득세·종합부동산세 및 인지세에 있어서는 당해 국세의 납세의무가 성립한 날 ☞부당이득세는 폐지된 세목

(2) 예외(국세기본법시행령 제12조의3제2항)

~원천 징수의무자 또는 납세조합에 대하여 부과하는 국세에 있어서는 당해 원천 징수세액 또는 납세조합징수세액의 법정납부기한의 다음날

~과세표준신고기한 또는 법정납부기한이 연장되는 경우에는 그 연장된 기한의 다음날

~공제·면제·비과세 또는 낮은 세율의 적용 등에 따른 세액(소득공제를 받은 경우에는 공제받은 소득금액에 상당하는 세액을 말하고, 낮은 세율을 적용받은 경우에는 일반세율과의 차이에 상당하는 세액을 말한다. 이하 "공제세액등"이라 한다)을 의무불이행 등의 사유로 인하여 징수하는 경우에는 당

해 공제세액 등을 징수할 수 있는 사유가 발생한 날
- 제척기간 만료의 효과: 만료된 후에 행한 과세처분은 무효


○ 국세징수권의 소멸시효(제27조)
- 이를 행사할 수 있는 때로부터 5년간
- 기산일: "국세의 징수를 목적으로 하는 국가의 권리를 행사할 수 있는 때"
(1) 원칙(국세기본법시행령 제12조의4제1항)
  ~ 과세표준과 세액의 신고에 의하여 납세의무가 확정되는 국세에 있어서 신고한 당해 세액에 대하여는 그 법정신고 납부기한의 다음날
  ~ 과세표준과 세액을 정부가 결정·경정 또는 수시부과결정하는 경우에 고지한 당해 세액에 대하여는 그 납세고시에 의한 납부기한의 다음날
(2) 예외(국세기본법시행령 제12조의4제2항)
  ~ 원천 징수의무자 또는 납세조합으로부터 징수하는 국세의 경우 납세고지한 원천 징수세액 또는 납세조합징수세액에 대하여는 그 <u>납세고지에 의한 납부기한의 다음날</u>
  ~ 인지세의 경우 납세고지한 인지세액에 대하여는 그 납세고지에 의한 납부기한의 다음날
  ~ 법정신고 납부기한이 연장되는 경우에는 그 연장된 기한의 다음날
- 소멸시효 완성의 효과: 소멸시효 완성 이후 징수처분은 당연 무효. 시효이익의 포기 불가능.


○ 시효의 중단과 정지(제28조)
- 중단: 납세고지, 독촉 또는 납부최고, 교부청구, 압류
- 정지: 분납기간, 징수유예기간, 체납처분유예기간, 연부연납(年賦延納)기간 세무공무원이 사해행위취소의 소를 제기하여 그 소송이 진행 중인 기간(소송이 각하·기각 또는 취하된 경우에는 효력이 없다)

- 민법상 시효중단사유(민법 제168조)의 준용여부: 청구( → 납세고지), 압류( → 압류), 가압류( → 보전압류: 확정이 안 된 국세에 대한 압류), 가처분(?), 승인( → 징수유예, 물납신청)


## [24] 납세담보(제29~34조)

○ 조세채권의 확보방법
- 가산세제도
- 조세징수의 우선권
- 통정허위표시 담보권설정계약의 취소제도
- 납세보전제도: 납세의무의 이행을 간접적으로 확보. 납세관리인, 상속재산관리인, 징수유예에 관한 담보, 납세증명제도, 관허사업의 제한 등.
- 납세담보: 세법의 규정에 따라 제공되는 담보

○ 납세담보가 제공되어야 하는 경우
- 확정된 납세의무의 이행 담보: 임의적, 필요적(상속세 및 증여세의 연부연납 허가 시, 문화재등 상속세 및 증여세 징수유예 시, 세관장이 개별소비세 과세 물품의 신고수리전반출 승인 시)
- 미확정된 납세의무에 관한 징수권 보전: 임의적(주류제조자에 대한 납세보전을 위하여 필요하다고 인정하는 경우 등)
- 납세자의 자발적 담보제공: 확정 전 보전압류 시 피압류자에게 압류해제 요구 시

○ 납세담보의 종류(제29조)

[법령] 국세기본법 제29조

세법에 의하여 제공하는 담보(이하 "납세담보"라 한다)는 다음 각 호의 1에 해당하는 것이어야 한다.

1. 금전
2. 국채 또는 지방채
3. 세무서장(세법에 의하여 국세에 관한 사무를 세관장이 관장하는 경우에는 세관장. 이하 같다)이 확실하다고 인정하는 유가증권
4. 납세보증보험증권
5. 세무서장이 확실하다고 인정하는 보증인의 납세보증서
6. 토 지
7. 보험에 든 등기 또는 등록된 건물 · 공장재단 · 광업재단 · 선박 · 항공기나 건설기계

- 물적 담보목적물, 인적 담보목적물(납세보증서)

**[판례] 사법상계약에 의한 납세보증은 조세법상 무효: 대법원 1986. 12. 31. 83누715**

(판결요지) 폐업법인소유 공장건물, 기계, 기구를 채권은행으로부터 매수하여 신사업장 설개하고자 사업자 등록한 타법인으로부터 전법인의 체납국세에 의한 납세보증서를 제출받은 경우 조세법상 납세담보제공이 아닌 사법상의 보증계약에 의한 납세보증으로 무효

**[심판례] 체납자의 처벌을 면하기 위해 증여받은 부동산을 자진하여 납세담보로 제공한 행위가 적법한 납세담보의 제공인지 여부: 국심99전729, 2001. 11. 26.**

(요지)

1. 근저당권설정등기일로부터 적법한 불복청구기간 이내에 심사청구하지 아니하였지만 이하의 심리에서와 같이 무효인 처분이므로 이러한 경우에는 불복청구기간이 별도로 없는 것이므로 본안심리를 함.

2. 비록 체납자의 처벌을 면하게 하고자 체납자의 처 등이 체납자로부터 증여받은 부동산을 자진하여 처분청에 납세담보로서 제공하면서 일체의 민 · 형사상의 책

임을 묻지 않겠다는 확인서를 제출한 사실이 있다 하더라도, <u>체납자의 처 등이 한</u> <u>납세보증행위는 조세법상의 규정에 의한 납세담보의 제공이 아니라 체납자의 체납</u> <u>처분을 목적으로 하여 증여받은 부동산을 납세담보로 제공한 것이므로 이는 사법상</u> <u>의 보증계약에 의한 납세의 보증에 불과한 것으로 판단됨.</u> 따라서 세법의 근거 없이 납세담보를 제공한 것은 세무서장과 납세의무자의 사계약에 의한 납세담보의 제공 에 불과하며 납세담보로서의 효력이 없다 할 것임.

○ 납세담보의 평가(제30조, 시행령 제13조)
- 국채 또는 지방채: 시가
- 유가증권: 유가증권시장 또는 코스닥시장에 상장된 유가증권 중 매매사실이 있는 것은 담보로 제공하는 날의 전일에 유가증권시장 또는 코스닥시장에서 공표된 최종시세가액. 그 외 최종매입원가법에 의한 평가액.
- 납세보증보험증권: 보험금액
- 납세보증서: 보증액
- 토지 · 건물: 「상속세 및 증여세법」제61조의 규정을 준용하여 평가한 가액
- 공장재단 · 광업재단 · 선박 · 항공기 또는 건설기계: 「부동산 가격공시 및 감정 평가에 관한 법률」에 의한 감정평가업자의 평가액 또는 「지방세법」에 의한 시 가표준액

○ 납세담보의 제공방법(제31조)
- 담보가액의 한도: 담보할 국세의 100분의 120(현금 또는 납세보증보험증권의 경우에는 100분의 110) 이상의 가액에 상당하는 담보 제공. 그 국세가 확정되 지 아니한 경우에는 국세청장이 정하는 가액에 의함.

**[심판례] 청구인 명의로 제출된 납세보증서를 근거하여 청구인을 제2차납세의무 자로 지정하고 압류한 사례: 조심2008전641, 2008. 05. 20.**
(처분개요) 처분청은 청구 외 ○○○(이하 "청구 외 법인"이라 한다)에게 2007.

2. 28. 납기로 고지한 법인세 등 8건 370,791,820원(이하 "쟁점 세액"이라 한다)에 대해 청구인과 청구 외 법인의 대표자 ○○○의 납세보증서를 납세담보로 하여 징수유예 결정을 하였고, 청구 외 법인이 쟁점 세액을 납부하지 아니하자 청구인 명의로 제출된 납세보증서에 근거하여 청구인에게 체납세액을 납부하도록 납부통지서와 납부최고서를 발송하였으며, 청구인이 지정기한까지 체납세액을 납부하지 아니하자 2007. 12. 18. 청구인이 보유한 ○○○ 주식 3,200주 등을 압류하였다.

청구인은 이에 불복하여 2008. 1. 11. 이의신청을 거쳐 2008. 2. 20. 심판청구를 제기하였다.

(청구인 주장) 청구 외 법인의 대표자이면서 청구인의 사위인 ○○○가 청구인을 이사로 취임시킨다 하여 인감도장과 인감증명서를 맡겼을 뿐 청구인이 납세보증서에 인감도장을 찍은 사실이 없고 납세보증용으로 인감증명서를 처분청에 제출한 사실도 없는바, 처분청이 거액의 납세보증서를 청구인의 의사로 작성하였는지에 대해 아무런 확인이나 통지도 하지 않은 채 압류한 이건 처분은 조세보증채권에 대한 주의의무를 다하지 않은 부당한 처분이므로 취소되어야 한다.

(처분청 의견) 징수유예신청서 제출일(2007. 2. 21.), 인감증명서 및 주민등록등본·지방세납세증명서 등의 서류발급일(2007. 3. 5.), 징수유예 승인일(2007. 3. 6.), 청구인의 청구 외 법인 이사취임일(2007. 3. 30.) 간의 시간적 밀접성과 순서의 측면에서 볼 때 청구인이 인감증명서와 인감도장을 청구 외 법인의 이사취임을 위해 맡겼다기보다는 징수유예의 승인을 위해 맡겼다고 봄이 타당하고, 납세보증서에 청구인의 인감증명서가 첨부되어 있고 인감증명서와 동일한 도장이 찍혀 있는 점으로 볼 때 통상적으로 특단의 사정이 없는 한 청구인 도장의 날인행위가 청구인의 의사에 의한 것으로 추정되므로 처분청에 중대한 과실이 있다고 볼 수 없어 이건 처분은 적법하다.

(심판원의 판단) 청구인은 과거 청구 외 법인 및 ○○○의 감사 및 이사로 재직한 경험이 있는 사람으로 인감의 중요성을 알고 있었다고 볼 수 있어 청구 외 법인의 이사취임 시 인감을 날인한 의사록 및 취임승낙서·개인인감증명서만을 전달해 주면 되었을 것이고, 청구인과 ○○○는 같은 곳에 주소를 두고 있어 청구 외 법인의 세무조사 및 납부세액 등을 알고 있었을 가능성이 있으며, 청구인이 청구 외 법인의 이사취임을 위해 인감 및 인감증명서를 건네주었다고 하나 이사취임 등기일자는 2007. 4. 13.이고 청구 외 법인 측에서 납세보증을 위해 청구인 명의의 구비서류

를 발급받은 일자는 2007. 3. 5.로서 청구 외 법인이 청구인의 인감을 소지한 기간은 1개월 이상으로 나타나는 점, 또한 청구인은 2007. 3. 30. 청구 외 법인의 이사로 취임함으로써 청구 외 법인의 내부사정 및 체납세액, 납세보증 여부 등을 파악할 위치에 있었다고 볼 수 있는데도 그동안에는 이의를 제기치 아니하다가 2007. 11. 8. 청구인을 제2차납세의무자로 지정하고 압류조치를 함에 따라 이의신청을 제기하고 있고 청구 외 법인을 상대로 별다른 조치를 취하지 아니한 점 등을 고려해 볼 때 처분청이 청구인 명의로 제출된 납세보증서 등에 근거하여 청구인을 제2차납세의무자로 지정하고 압류한 이건 처분은 달리 잘못이 없는 것으로 판단된다.

○ 납세담보의 변경과 보충(제32조)
○ 납세담보에 의한 납부와 징수(제33조)
○ 납세담보의 해제(제34조)

# 제5장 국세와 일반채권과의 관계(국세기본법 제4장)

## [25] 국세의 우선권(제35~37조)

○ 국세우선의 원칙의 의의와 근거
- 의의: 조세채권이 징수에 있어 공과금이나 민사채권보다 우선변제권이 인정되는 것
- 근거: 조세의 공익성, 공시성(과세요건을 정한 조세법은 공포되어 있는데 이 공포는 조세채권의 공시와 같다), 무대가성 등

○ 조세채권의 일반적 우선권
- 조세채권(국세, 가산금, 체납처분비) 〉 담보 없는 공과금, 일반채권

○ 조세채권의 일반우선권에 대한 예외(제35조)
- 가산금, 체납처분비: 지방세 또는 공과금에 대한 압류 및 공매처분절차에 국세 등을 교부 청구한 경우에 적용
- 공익비용우선
- 주택임대차보호법상 소액보증금, 상가건물임대차보호법상 상가임대보증금

- 임금채권: 특히 최종 3월분의 임금·재해보상금, 최종 3년간의 퇴직금
- 전세권 등이 담보하는 채권


○ 조세채권과 피담보채권의 우선순위(제35조제1항제3호)


[법령] 국세기본법 제35조제1항
3. 다음 각 목의 1에 해당하는 기일(이하 "법정기일"이라 한다) 전에 전세권·질권 또는 저당권의 설정을 등기 또는 등록한 사실이 대통령령이 정하는 바에 의하여 증명되는 재산의 매각에 있어서 그 매각금액 중에서 국세 또는 가산금(그 재산에 대하여 부과된 국세와 가산금을 제외한다)을 징수하는 경우의 그 전세권·질권 또는 저당권에 의하여 담보된 채권


- 전세권 등이 법정기일 전에 설정된 경우에 한하여 담보권의 피담보채권이 국세보다 우선
- 법정기일:


가. 과세표준과 세액의 신고에 의하여 납세의무가 확정되는 국세(중간예납하는 법인세와 예정신고 납부하는 부가가치세를 포함한다)에 있어서 신고한 당해 세액에 대하여는 그 신고일
나. 과세표준과 세액을 정부가 결정·경정 또는 수시부과결정하는 경우에 고지한 당해 세액에 대하여는 그 납세고지서의 발송일
다. 원천 징수의무자 또는 납세조합으로부터 징수하는 국세와 인지세에 있어서는 가목 및 나목의 규정에 불구하고 그 납세의무의 확정일
라. 제2차납세의무자(보증인을 포함한다)의 재산에서 국세를 징수하는 경우에는 「국세징수법」 제12조의 규정에 의한 납부통지서의 발송일
마. 양도담보재산에서 국세를 징수하는 경우에는 「국세징수법」 제13조의 규정에 의한 납부통지서의 발송일
바. 「국세징수법」 제24조제2항의 규정에 의하여 납세자의 재산을 압류한 경우에

그 압류와 관련하여 확정된 세액에 대하여는 가목부터 마목까지의 규정에 불구하고 그 압류등기일 또는 등록일

**[판례] 국세기본법 제35조제1항제3호의 위헌심판 - 위헌결정: 1990. 9. 3. 89헌가95 전원재판부**

(판시사항) 국세기본법 제35조제1항제3호 중(中) "으로부터 1년"이라는 부분의 위헌여부

(결정요지) 국세기본법 제35조제1항제3호 중 "으로부터 1년"이라는 부분은 헌법 제23조제1항이 보장하고 있는 재산권의 본질적인 내용을 침해하는 것으로서 **헌법 전문, 제1조, 제10조, 제11조제1항, 제23조제1항, 제37조제2항 단서, 제38조, 제 59조의 규정에 위반된다.**

<재판관 조규광, 한병채의 반대의견>

국세기본법(國稅基本法) 제35조제1항제3호 중(中) "납부기한(納付期限)으로부터 1 년 전"이라는 규정(規定)의 절대적(絶對的) 합리성(合理性)에 대한 의심(疑心)은 유보 (留保)한 채로 입법재량(立法裁量)에 속하는 문제(問題)를 들어 이것이 위헌(違憲)이 라는 명백(明白)한 논증(論證)이 미흡(未洽)한 이상 위헌(違憲)이라고까지 단정(斷定) 할 수는 없다.

**[판례] 법정기일에 대해 위헌이 아니라는 결정 - 국세기본법 제35조제1항제3호 가목 위헌소원: 2007. 5. 31. 2005헌바60 전원재판부**

(판시사항) 신고납세방식의 국세에서 납세의무자가 이를 신고한 경우 그 조세채 권과 담보권과의 우선순위를 국세 신고일을 기준으로 정한 국세기본법 제35조제1항 제3호 가목[다만 "가산금 또는 체납처분비" 및 "또는 가산금(그 재산에 대하여 부과 된 국세와 가산금을 제외한다)" 부분 각 제외](이하 '이 사건 법률조항'이라 한다)이 담보권자의 재산권을 부당하게 침해하는지 여부(소극)

(결정요지) 이 사건 법률조항이 신고납세방식의 국세에서 납세의무자가 이를 신 고한 경우 그 **조세채권과 담보권과의 우선순위를 국세 신고일을 기준**으로 하도록 규정한 것은 **조세의 우선권과 담보권자의 우선변제청구권을 조화적으로 보장**하기 위한 것으로서 이는 결국 '조세징수의 확보'와 '사법질서의 존중'이라는 두 가지 공 익목적의 합리적인 조정을 도모하고자 한 것이라고 볼 수 있다. 따라서 위 조항은,

담보권자의 예측가능성을 현저히 해한다거나 또는 과세관청의 자의가 개재될 소지를 허용하는 것이 아니고, 달리 그 기준시기의 설정이 현저히 불합리하다고 볼 수도 없으므로, 입법재량의 범위를 벗어난 것이라고 할 수 없다.

<재판관 조대현의 보충의견> 조세채권은 법률에 규정된 과세요건이 충족될 때에 법률상 당연히 성립하고 집행력을 가지므로, 조세채권의 우선권이 미칠 수 있는 범위도 납세의무자가 납세의무가 성립된 이후에 가지고 있는 모든 책임재산이라고 할 수 있다. 따라서 국세와 담보권의 우선권은 각 성립시기의 선후에 따라 결정함이 합리적이다. 결국 이 사건 법률조항은 조세입법권의 한계를 벗어나거나 납세의무자의 재산에 설정된 담보권자의 권리를 침해하는 것이라고 볼 수는 없다.


**[판례] 법정기일 이전에 설정된 피담보채권이 가산금에 우선하는지 여부: 대법원 2003. 03. 11. 판결 2002다74374 선고**

(판결요지) **가산금·중가산금의 법정기일은 국세기본법 제35조제1항제3호 (다)목의 규정을 유추적용**하여 가산금·중가산금 자체의 납세의무가 확정되는 때, 즉 납부고지에서 고지된 납부기한이나 그 이후의 소정의 기한을 도과할 때로 보아야 할 것인바, 근저당권이 이○균의 1999년 제2기 정기분 부가가치세에 대한 가산금 1,064,230원의 법정기일 이전에 설정되어 그 피담보채권이 위 가산금에 우선한다고 한 원심의 판단은 정당함.


**[판례] 의료보험료의 징수절차에 국세기본법 제35조제1항 단서 제3호가 준용되는지 여부: 대법원 1988. 9. 27. 선고 87다카428 판결 【부당이득금반환】**

(판결요지)

의료보험법 제55조제3항, 제56조의 규정 이외에는 의료보험료의 징수에 관하여 아무런 규정이 없으므로 **국세징수법이 의료보험료 등의 징수절차에는 준용될 수 있다 할 것이나 국세징수법 제2조에 의하여 국세기본법 제35조제1항 단서 제3호 또는 지방세법 제31조제3호도 준용된다고 볼 것이 아니다.**

☞ 의료보험법은 국민의료보험법과 함께 1999. 2. 8. 국민건강보험법에 통합됨(시행은 2000. 1. 1). 그러면서 입법적으로 해결함.

<관련법령> 현행 국민건강보험법

제73조 (보험료 등의 징수순위) 보험료 등은 국세 및 지방세를 제외한 기타의 채

권에 우선하여 징수한다. 다만, 보험료 등의 납부기한 전에 전세권·질권 또는 저당권의 설정을 등기 또는 등록한 사실이 증명되는 재산의 매각에 있어서 그 매각대금 중에서 보험료 등을 징수하는 경우의 그 전세권·질권 또는 저당권에 의하여 담보된 채권에 대하여는 그러하지 아니하다.

○ 당해세와 피담보채권의 우선순위(제35조제1항제3호, 제5항)

[법령] 국세기본법 제35조
⑤ 제1항제3호 각목 외의 부분 및 제2항 단서에서 "그 재산에 대하여 부과된 국세"라 함은 국세 중 상속세 및 증여세를 말한다. (2003. 12. 30. 신설)
⑤ 제1항제3호 각목 외의 부분 및 제2항 단서에서 "그 재산에 대하여 부과된 국세"라 함은 국세 중 상속세, 증여세 및 종합부동산세를 말한다. (2005. 1. 5. 개정)
- 현행규정
- 2003년 12월 개정취지: 당해세의 범위를 시행령에서 법률로 상향조정(안 제35조제5항)

출처: 국회 재정경제위원회, "國稅基本法中改正法律案審査報告書", 2003. 12., p.12.

1) 개정내용

| 현 행 | 당해세의 범위를 시행령에 규정 |
|---|---|
| 개 정 안 | 당해세는 '상속세 및 증여세'임을 법률에 규정 |
| 개정이유 | 시행령에 규정된 사항을 법률로 상향조정 |

2) 검토의견
국세와 담보물권 또는 가등기담보권에 의해 담보되는 채권의 우선관계는 국세의 법정기일과 담보권의 등기·등록일의 선후에 의해 결정되는 것이 원칙이나 '그 재산에 대하여 부과된 국세'만은 당해세로서 법정기일과 무관하게 우선권을 부여하고 있음.[23] 이러한 당해세의 범위는 담보채권자의 재산권에 영향을 미치므로 국세기본

법시행령 제18조에 규정된 당해세의 범위를 법률로 상향조정하는 개정안은 타당하다고 사료됨.

- 당해세: "그 재산에 대하여 부과된 국세"
- 법정기일 전 설정된 피담보채권보다 조세채권이 우선하는 상속세, 증여세, 종합부동산세

**[판례] 국세기본법 제35조제5항 신설 전 상속세가 당해세에 해당하지 않음: 대법원 2003. 01. 10. 판결 2001다44376 선고**

(판결요지)

[1] 국세기본법 제35조제1항제3호는 공시를 수반하는 담보물권과 관련하여 거래의 안전을 보장하려는 사법적(私法的) 요청과 조세채권의 실현을 확보하려는 공익적 요청을 적절하게 조화시키려는 데 그 입법의 취지가 있으므로, 당해세가 담보물권에 의하여 담보되는 채권에 우선한다고 하더라도 이로써 담보물권의 본질적 내용까지 침해되어서는 아니 되고, 따라서 같은 법 제35조제1항제3호 단서에서 말하는 "그 재산에 대하여 부과된 국세"라 함은 <u>담보물권을 취득하는 사람이 장래 그 재산에 대하여 부과될 것을 상당한 정도로 예측할 수 있는 것으로서 오로지 당해 재산을 소유하고 있는 것 자체에 담세력을 인정하여 부과되는 국세만</u>을 의미하는 것으로 보아야 한다.

[2] **부동산등기부 기재상 상속재산임이 공시되어 있지 아니한 부동산의 경우, 담보물권자가 당해 부동산에 상속세가 부과되리라는 점을 예측할 수 없었다는 이유로 상속세가 당해세에 해당하지 아니한다**고 한 사례.

<참조조문>

[1] 국세기본법 제35조제1항제3호, 구국세기본법시행령(1998. 12. 31. 대통령령 제15968호로 개정되기 전의 것) 제18조제1항

[2] 국세기본법 제35조제1항제3호

○ 압류에 의한 우선(제36조)

---

23) 대법원 2003. 1. 10. 선고 2001다44376 판결

- 압류선착주의

[판례] 압류와 당해세의 우선순위: 대법원 2007. 5. 10. 선고 2007두2197 판결
【공매의매각불허결정취소】
　(판결요지) 1개 부동산에 대하여 체납처분의 일환으로 압류가 행하여졌을 때 그 압류에 관계되는 조세는 국세나 지방세를 막론하고 교부 청구한 다른 조세보다 우선하고 이는 선행압류 조세와 후행압류 조세 사이에도 적용되지만(압류선착주의 원칙), 이러한 압류선착주의 원칙은 공매대상 부동산 자체에 대하여 부과된 조세와 가산금(당해세)에 대하여는 적용되지 않는다.

○ 담보 있는 국세의 우선(제37조)


# [26] 제2차납세의무(제38~41조)

○ 청산인 등의 제2차납세의무(제38조)
○ 출자자의 제2차납세의무(제39조)
○ 법인의 제2차납세의무(제40조)
○ 사업양수인의 제2차납세의무(제41조)


# [27] 물적 납세의무(제42조)

○ 양도담보권자의 물적 납세의무(제42조)

# 제6장 과세(국세기본법 제5장)

## [28] 관할관청(제43~44조)

○ 과세표준신고의 관할(제43조)
- 과세표준신고서는 그 신고 당시 당해 국세의 납세지를 관할하는 세무서장에게 제출. 세무서장 이외의 세무서장에게 제출된 경우에도 당해 신고의 효력에는 영향이 없음.
- 전자신고를 하는 경우에는 지방국세청장 또는 국세청장에게 제출할 수 있음.

**[심사례] 관할을 잘못 찾은 경우 국세와 지방세의 취급 차이: 행심2004-158, 2004. 06. 28.**

국세에서 국세기본법 제43조제2항 및 동법시행령 제24조에서 관할세무서장 이외의 세무서장에게 제출된 경우에도 당해 신고의 효력을 인정하고 있는 것과는 달리, 주민세의 경우는 그 납세지를 주소지관할지방자치단체로 규정하고 있으며 납세지에 대한 예외규정을 두고 있지 아니한 것을 보면, 이는 주민세가 국세와 달리 지방자치단체 각각이 독립된 과세권의 주체이기 때문인 것이며, 이러한 주민세를 신고 납부기한 내에 과세권이 있는 지방자치단체에 신고 납부하지 아니한 경우에는 가산세부과대상이 된다고 할 것임.

**[심판례] 본점과 지점 관련 관할: 국심2006서3176, 2006. 12. 27.**

- 쟁점 건물 공급에 대한 세금계산서 발행·교부 및 부가가치세 신고·납부를 본점명의로 이행한 데 대해 매출처별세금계산서합계표부실기재가산세를 부과하고, 지점에 대해 매출처별세금계산서합계표미제출가산세를 부과한 사례

(처분개요) 청구법인은 ○○○에 본점을 두고 건물관리업을 영위하면서 ○○○에 지점사업자등록을 하고 부동산임대업을 영위하였다.

청구법인은 2005. 8. 4. 김○○에게 위 지점사업장(이하 "쟁점 건물"이라 한다)을 양도하고 본점명의로 매출세금계산서 1매(공급가액 9,910,790,712원으로서 이하 "쟁점 세금계산서"라 한다)를 발행·교부하여 부가가치세를 신고·납부하였다가 2005. 6. 20. 쟁점 건물의 양도대금을 매출에서 제외하는 것으로 하여 부가가치세 경정청구를 하였다.

처분청은 쟁점 세금계산서의 공급가액(9,910,790,712원)을 매출에서 제외하고, 세금계산서합계표부실기재가산세 99,107,907원을 부과하여 2006. 6. 26. 청구법인에게 891,971,160원을 환급 결정하였다.

청구법인은 이에 불복하여 2006. 9. 19. 심판청구를 제기하였다.

(청구법인 주장)

지점에서 쟁점 건물을 양도하고 폐업하면서 매출세금계산서를 지점이 아닌 본점에서 발행·교부하였으나 전체정황으로 볼 때 경리실무자의 단순착오임이 명백하고, 이건의 경우는 「국세기본법」 제43조제2항의 규정을 준용하면 세금계산서 발행착오로 다른 세무서에 접수된 것으로 보아 신고의 효력을 인정해 줄 수 있다고 보이며, 「부가가치세법」 제22조제3항제2호의 "거래처"는 "공급받는 자"임에도 처분청이 확대 해석하여 "공급자"까지 포함하였다. 따라서 공급자가 착오로 기재된 쟁점 세금계산서는 사실과 다른 세금계산서가 아닐 뿐 아니라 「부가가치세법 시행령」 제70조의3 제1항에서도 세금계산서의 필요적 기재사항 중 일부가 착오로 기재되었으나 거래사실이 확인되는 경우에는 사실과 다른 세금계산서로 보지 아니하고 있으므로 처분청이 세금계산서합계표부실기재가산세를 부과한 처분은 부당하다.

또한 쟁점 세금계산서의 발행과 관련하여 지점에는 매출처별세금계산서합계표미제출가산세를 부과하면서 본점에 세금계산서합계표 부실기재가산세를 부과한 처분은 이중과세로써 부당하다.

(심판원 입장) 청구법인은 본점과 지점 2개의 법인을 관리하면서 쟁점 건물 양도

이전까지의 임대료에 대하여는 지점명의로 세금계산서를 발행·교부하고 2005년 제
2기분 부가가치세를 신고·납부하였음에도 쟁점 건물의 양도와 관련하여서는 본점
에서 쟁점 세금계산서를 발행·교부하고 부가가치세를 신고·납부하였다.

　이건 쟁점 세금계산서 교부와 관련하여 청구법인이 지점명의의 세금계산서를 교
부하여야 할 것을 본점명의로 교부하였다고 하여 청구법인에게 어떠한 이익이 발생
하는 것은 아닌 것으로 보아 청구법인의 경리담당 직원의 착오가 있었던 것으로 보
이기는 하나, 청구법인이 지점의 부동산임대업에 사용되던 건물의 공급가액을 본점
의 공급가액에 포함시키고 본점의 공급가액으로 계산한 부가가치세신고를 본점관할
세무서장에게 하였다면 이러한 신고는 부가가치세의 신고 및 납부에 대하여 납세의
무자의 인적 사항을 고려함이 없이 각 사업장마다 하는 것을 원칙으로 하고 있고,
부동산임대업의 납세지 판정은 당해 임대용 부동산에 대한 등기부상의 소재지를 기
준으로 하는 것임에 비추어 볼 때, <u>본점과 별개의 사업장인 지점의 신고로서는 효력
이 없다 하겠다.</u>


○ 결정 또는 경정결정의 관할(제44조)
－그 처분 당시 당해 국세의 납세지를 관할하는 세무서장.


　**[심판례] 관할 아닌 과세관청의 납세고지: 국심2006광2667, 2006. 10. 18.**
　－소멸법인이 합병등기되어 소멸되어 합병등기일 이후에는 납세고지서 명의를 합
병 후 존속하는 법인인 청구법인명의로 하여야 함에도 소멸법인명의로 발행하여 송
달한 처분은 부과절차상 흠결로 취소대상이라고 본 사례


# [29] 수정신고(제45조)


○ 수정신고의 의의와 취지
－과세표준과 세액에 관한 신고서를 법정신고기한 내에 제출한 자가 일정한 법
　정사유에 해당하는 때에 법정사항을 보완 또는 수정한 과세표준 및 수정신고

서를 제출하는 것. 증액의 경우 인정, 감액의 경우는 감액경정청구제도 이용.

－자기보정: 과세관청의 행정력 절감, 납세의무자의 가산세 감면혜택.


○ 수정신고의 요건

－수정신고자적격: 법정신고기한 내 제출. 신고주의 국세, 부과주의 국세 다 허용.

－수정신고사유: 선택적

(1) 과세표준 및 납부세액의 과소신고: 과세표준신고서에 기재된 과세표준 및 세액이 세법에 의하여 신고하여야 할 과세표준 및 세액에 미달하는 때

(2) 결손금액 또는 환급세액의 과다신고: 과세표준신고서에 기재된 결손금액 또는 환급세액이 세법에 의하여 신고하여야 할 결손금액 또는 환급세액을 초과하는 때

(3) 원천 징수의무자의 정산과정에서의 누락, 세무 조정과정에서의 누락(세무 조정과정에서 국고보조금 등[국고보조금 등으로 취득한 사업용자산가액의 손금산입], 공사부담금[공사부담금으로 취득한 고정자산가액의 손금산입] 및 토지의 재평가차액[토지의 재평가차액상당액의 손금산입 / 2001. 12. 31. 삭제]에 상당하는 금액을 익금과 손금에 동시에 산입하지 아니한 경우) 등으로 인하여 불완전한 신고를 한 때(제45조의2의 규정에 의하여 경정 등의 청구를 할 수 있는 경우를 제외한다)

－수정신고사항 범위: 실제로 신고한 금액이 신고필요금액에 미달한 차액

－수정신고기한: 관할세무서장이 각 세법의 규정에 의하여 당해 국세의 과세표준과 세액을 결정 또는 경정하여 통지를 하기 전까지.

－수정신고서의 제출

－추가자진납부는 필요 없음

**[세법개정] 2007년 12월 개정: 근로소득만 있는 자 등의 수정신고 제도 신설(국세기본법 제45조제1항)**

출처: 국세청, 개정세법 해설 - 국세기본법, 2008, p.10.

가. 개정취지
- 원천 징수대상자의 수정신고를 허용하여 가산세감면 혜택부여
- 현행법상 근로소득 등만 있어 연말 정산하는 자는 확정신고 의무가 없고, 확정신고를 하지 않을 경우 수정신고 불가
- 원천 징수의무자의 정산과정에서 누락이 발생하였음에도 수정신고를 하지 아니할 경우 발생하는 불이익 방지 필요

나. 개정내용

| 종 전 | 개 정 |
|---|---|
| □ 수정신고 대상자 | □ 수정신고 대상자 추가 |
| ○ 과세표준신고서를 법정신고 기한 내에 제출한 자 | ○ 근로소득, 퇴직소득, 연금소득만 있는 자 등 |
| * 원천징수의무자만 가능 | |

다. 적용시기 및 적용례
- 2008. 1. 1. 이후 수정신고분부터 적용

○ 수정신고의 효과
- 당초처분과 수정신고의 관계
- 가산세 50% 감면: 법정신고기한 경과 후 6개월 이내. 경정이 있을 것을 미리 알고 제출한 경우는 제외.

- 기수가 된 조세포탈행위에는 영향을 미치지 못함.


**[심판례] 과세자료 소명안내문 발송일 이후 수정신고한 사실에 대하여 쟁점 금액을 상여로 소득 처분하여 과세한 사례: 조심2008중1239, 2008. 07. 21.**

(처분개요) 가. 청구법인은 경기도 이천시 ○○면 ○○리 97번지(이하 "쟁점 사업장"이라 한다)에서 라미네이트·제조업을 영위하면서 2003사업연도에 주식회사○○○(이하 "청구 외 법인"이라 한다)에 가그린을 공급하고 공급가액 59,656,705원(이하 "쟁점 매출액"이라 한다)의 매출세금계산서 1매(이하 "쟁점 세금계산서"라 한다)를 교부하였으나, 부가가치세 및 법인세신고를 누락하였다.

나. 처분청은 위 신고누락금액에 대해 2007. 4. 10. 청구법인에게 소명안내문을 발송하였고, 청구법인은 2007. 5. 10. 쟁점 매출액을 익금산입하고 공급대가 65,622,372원(이하 "쟁점 금액"이라 한다)을 기타사외유출로 소득처분하여 처분청에 법인세과세표준 수정신고를 하였다.

다. 처분청은 쟁점 금액이 사외로 유출된 것으로 보고 그 귀속이 불분명하다고 보아 대표자에 대한 상여처분하여 소득금액변동통지하였다가, 청구법인이 갑종근로소득세를 원천 징수하여 납부하지 아니하자, 법인세법 제71조제3항의 규정에 의하여 2008. 2. 9. 청구법인에게 2003년 귀속 원천분 갑종근로소득세 11,730,870원을 경정고지하였다.

라. 청구법인은 이에 불복하여 2008. 4. 7. 심판청구를 제기하였다.

(심판원의 입장) 법인세법시행령 제106조제4항에서 국세기본법 제45조 규정에 의한 수정신고기한 내에 매출누락 등 부당하게 사외유출된 금액을 회수하고 세무 조정으로 익금에 산입하여 신고하는 경우의 소득처분은 사내유보로 처분하나, 다만 세무조사의 통지를 받거나 세무조사에 착수된 것을 알게 된 경우 등 경정이 있을 것을 미리 알고 사외유출된 금액을 익금 산입하는 경우에는 그러하지 아니한다고 규정하고 있는바, 청구법인이 2007. 5. 10. 한 수정신고는 처분청의 2007. 4. 10.자 소명안내문을 받고 한 것으로 이는 경정이 있을 것을 미리 안 경우에 해당한다고 할 것이므로 청구법인이 소명안내문을 받은 후에 수정신고한 데 대하여 처분청이 쟁점 금액을 청구법인의 대표자에 대한 상여로 소득처분하여 소득금액변동통지 및 갑종근로소득세를 과세한 처분은 타당한 것으로 보인다.

[비교표] 수정신고, 통상의 감액경정청구, 후발적 경정청구, 기한 후 신고

| 법정신고기한 내 신고여부 | 법정신고기한 후 과세표준의 신고 및 경정 | |
|---|---|---|
| | 과세표준 및 세액 증액 | 과세표준 및 세액 감액 |
| 유 | 수정신고 | 감액경정청구 |
| 무 | 기한 후 신고 | 후발적 경정청구 |

# [30] (감액)경정 등의 청구(제45조)

○ 경정청구제도의 의의
- 신고·결정 또는 경정을 거친 과세표준 및 세액이 과다하거나 신고·결정 또는 경정을 거친 결손금액 또는 환급세액이 과소한 경우에 그것을 정정하는 결정 또는 경정을 납세의무자가 관할과세관청에 청구하는 것
- 정부의 경정·경정권에 대응한 납세의무자의 권리
- 경정청구의 기각에 대해 불복 인정
- 다른 권리구제수단 배척. 관할관청의 직권정정은 가능.

○ 경정청구제도의 유형
(1) 일반적 경정청구(국세기본법 제45조의2제1항): 법정신고기간 경과 후 3년 이내
(2) 후발적 원인에 의한 경정청구(국세기본법 제45조의2제2항): 사유 발생한 것을 안 날로부터 2월 이내
(3) 원천 징수에 대한 경정청구(국세기본법 제45조의2제4항)
(4) 상속세 및 증여세법상 경정청구 특례(상속세 및 증여세법 제79조)
   <사유발생한 날로부터 6월 이내>
   - 상속재산에 대한 피상속인 또는 상속인과 그 외의 제3자와의 분쟁으로 인

한 상속회복청구소송의 확정판결로 인하여 상속개시일 현재 상속인간 상속재산가액의 변동이 있는 경우

- 상속개시 후 1년이 되는 날까지 상속재산의 수용 등 일정한 사유로 인하여 상속재산의 가액이 현저히 하락한 경우: 상속세과세표준신고기한부터 6월 이내 상속재산이 수용·경매(「민사집행법」에 의한 경매를 말한다) 또는 공매된 경우로서 그 보상가액·경매가액 또는 공매가액이 상속세과세가액보다 하락한 경우, 주식 등을 할증 평가하였으나 상속세과세표준신고기한부터 6월 이내 일괄하여 매각(피상속인 및 상속인의 친족에게 일괄하여 매각한 경우를 제외한다)함으로써 최대주주 등의 주식 등에 해당되지 아니하는 경우

<사유발생한 날로부터 3월 이내>

증여세를 결정 또는 경정받은 자가 부동산무상사용이익의 계산방법에 따라 부동산무상사용기간 중 부동산소유자로부터 당해 부동산을 상속 또는 증여받거나 일정한 사유로 당해 부동산을 무상으로 사용하지 아니하게 되는 경우


○ 일반적 경정청구

- 청구인적격: 법정신고기한 내에 과세표준신고서를 제출한 납세의무자. 신고주의국세이든 부과주의국세이든 인정. 상속 또는 합병 시 경정청구권도 승계.

- 경정청구사유

(1) 과세표준신고서에 기재된 과세표준 및 세액(각 세법의 규정에 의하여 결정 또는 경정이 있는 경우에는 당해 결정 또는 경정 후의 과세표준 및 세액을 말한다)이 세법에 의하여 신고하여야 할 과세표준 및 세액을 초과하는 때

(2) 과세표준신고서에 기재된 결손금액 또는 환급세액(각 세법의 규정에 의하여 결정 또는 경정이 있는 경우에는 당해 결정 또는 경정 후의 결손금액 또는 환급세액을 말한다)이 세법에 의하여 신고하여야 할 결손금액 또는 환급세액에 미달하는 때

- 청구대상기관: 관할세무서장
- 경정청구기간: 법정신고기간 경과 후 3년(각 세법에 따른 결정 또는 경정이 있는 경우에는 이의신청 · 심사청구 또는 심판청구기간을 말한다)
- 결정기간: 그 청구를 받은 날부터 2월 이내에 과세표준 및 세액을 결정 또는 경정하거나 결정 또는 경정하여야 할 이유가 없다는 뜻을 그 청구를 한 자에게 통지하여야 함.

**[심판례] 경정청구의 예 – 가공 매출세금계산서에 의해 신고 · 납부한 부가가치세액을 경정을 통하여 환급신청한 데 대하여 그 환급을 거부함은 부당하다는 사례: 국심2007중2063, 2007. 08. 31.**

(주문) ○○세무서장이 2006. 2. 10. 청구인의 2003년 1기 부가가치세 6,300,000원을 환급하여 달라는 <u>경정청구에 대하여</u> 기간 내 통지하지 아니한 (부작위)거부처분은 이를 취소한다.

(처분개요) 청구인은 경기도 파주시 탄현면 ○○리 665 – 1번지에서 2002. 8. 20.자로 "○○종합가설"이라는 상호로 도매 · 가설재업을 영위하는 계속사업자이다.

△△세무서장은 청구인의 거래처인 (주)△△건설(이하 "청구 외 법인"이라 한다)에 대한 법인제세 통합조사결과 청구 외 법인이 가공노무비 3,386,521천 원 및 원재료비 과다계상분 723,910천 원에 대해 실물거래 없이 자료상 거래를 하였다 하여 법인세 · 소득세 1,501백만 원 및 부가가치세 91백만 원을 경정 고지하였다.

처분청은 위 △△세무서장으로부터 청구인이 2003년 1기에 실물거래 없이 가공으로 공급가액 70,000천 원에 상당하는 매출세금계산서(이하 "쟁점 세금계산서"라 한다)를 발행한 것으로 과세자료 통보받았다.

이에 대해, 청구인은 가공으로 쟁점 세금계산서를 발행한 사실이 확인되므로, 2006. 2. 10. <u>쟁점 세금계산서에 상당하는 매출세액인 2003년 1기 부가가치세 6,300천 원(가산세 700천 원 포함)을 환급해 달라는 경정청구를 하였는바, 처분청은 실물거래 없이 가공세금계산서에 의해 신고 · 납부한 부가가치세는 환급받을 수 없다는 국세청 예규(부가46015 – 3935)를 들어 위 경정청구에 대하여 그 청구를 받은 날로부터 2월 이내에 통지하지 아니하였다(부작위처분).</u>

청구인은 이에 불복하여 2007. 5. 29. 이건 심판청구를 제기하였다.

(청구인 주장) 청구인의 경우는 공사발주업체인 청구 외 법인의 요구에 의하여 부득이하게 당초 공사금액 이외에 추가로 쟁점 세금계산서를 발행해 주었으나, 법정 신고기한 내 부가가치세과세표준에 합산하여 이를 신고하였으므로, 실물거래 없이 세금계산서만을 가공으로 발행한 경우(즉 자료상 거래)가 아니며, 계속적으로 재화 와 용역을 공급해 온 거래처에 해당한다.

서울지방국세청장은 청구 외 법인에 대한 2002~2004사업연도 법인제세 통합조 사 시 추가로 발행해 준 쟁점 세금계산서상의 공급가액을 가공원가로 확인하여, 추 가공사금액에 대한 부가가치세매입세액을 불공제하는 경정결정을 하였다.

이에 따라, 청구인도 동 추가공사금액으로 인하여 추가납부한 부가가치세에 대해 국세기본법 제45조의2 규정 및 관련예규(부가46015-1937)에 따라 법정기한 내 경 정청구를 하였다.

(처분청 의견) 실물거래 없이 세금계산서만을 가공으로 교부하는 자료상 행위자 가 가공세금계산서에 의해 신고·납부한 부가가치세는 환급받을 수 없다(국세청예 규 부가46015-3935, 1999. 9. 9.).

(심판원 입장) 처분청은 자료상 행위자가 가공세금계산서를 수수하고 이에 근거 하여 신고·납부한 부가가치세는 환급할 수 없다는 입장이나, 이는 오납액·초과납 부액 또는 환급세액을 국세환급금으로 결정하여 결정일로부터 30일 내에 환급하도 록 규정하고 있는 국세기본법 제51조의 규정을 위반한 해석이라고 하겠다(국심2001 구443, 2001. 8. 29. 같은 뜻임).

따라서 청구인이 2003년 1기분 부가가치세 과세기간 중 가공매출액 70,000천 원 (공급가액)을 과세표준에서 차감하여 그 과세표준과 세액을 경정함이 타당하다고 할 것이므로 청구인의 경정청구(환급)에 대하여 거부한 처분은 적법하지 않은 것으로 판단된다(2006서1089, 2007. 1. 17. 같은 뜻임).

**[심판례] 기간과세의 경우 경정청구 시 결손금 이월공제 가능 사업연도: 국심 2007중243, 2007. 07. 11.**

- 경정청구를 한 대상 사업연도 개시일 전 5년 이내에 개시한 사업연도의 결손금 을 2002사업연도의 이월결손금으로 공제하여야 함에도 이를 공제하지 아니한 것은 부당하다는 사례

(주문) ○○○세무서장이 2006. 12. 8. 청구법인에게 한 2002사업연도의 법인세

과세표준 및 세액의 경정청구에 대한 거부처분은 이를 취소하고 1998사업연도 109,344,374,120원과 1999사업연도 97,204,105,404원을 이월결손금으로 공제하여 2002사업연도의 과세표준과 세액을 경정한다.

(처분개요) 청구법인은 1956. 3. 24. 설립된 이래 종합상품도매업(종합무역상사)을 영위하고 있는 법인으로, 당초 신고한 2002사업연도의 법인세과세표준 및 세액에 대하여 2005. 3. 31. 처분청에 경정청구를 하였으며, 그 주요 내용을 보면, 당초 신고한 2002사업연도의 과세표준은 214,475,390,276원, 산출세액은 57,896,355,375원이며, 경정청구한 2002사업연도의 과세표준과 산출세액은 이월결손금 227,928,345,549원(1997사업연도 7,203,915,000원, 1998사업연도 113,880,608,735원, 1999사업연도 70,730,418,474원, 2000사업연도 36,113,403,340원)을 공제하여 없는 것으로 되어 있다.

처분청은 2005. 5. 20. 청구법인이 2003. 3. 31. 당초 신고한 법인세과세표준 및 세액에 대해 경정청구(1997, 1999사업연도: 오류정정 신고, 2000, 2001사업연도: 경정청구)를 한 데 대하여 2003. 5. 19. 청구법인에게 경정거부로 통보한 사건이 심판청구(○○○, 2003. 8. 14. 청구) 중에 있고, 이건 2002사업연도분에 대한 경정청구는 동 심판청구사건과 연관이 있으므로 심판청구결과에 따라 처리하고자 하며 심판청구의 결과가 있기까지는 경정청구의 처리를 보류한다고 청구법인에게 통지하였다.

처분청은 2006. 12. 8. 위 심판청구사건(○○○, 2006. 8. 17.) 결정에 따라 2000, 2001사업연도 이외의 청구에 대하여는 각하하고 2000, 2001사업연도에 대하여만 경정하였다는 내용의 통지를 청구법인에 하였다.

청구법인은 이에 불복하여 2006. 12. 14. 이건 심판청구를 제기하였다.

(청구법인 주장) 2002사업연도 법인세과세표준 및 세액경정 시 이월결손금으로 인정받지 못한 1998사업연도 결손금 109,344,374,120원과 1999사업연도 결손금 97,204,105,404원은 회계감독기관인 금융감독원이 조사적출하고, 이에 대한 검찰 수사과정에서 사실로 인정되었으며, 국세심판관 합동회의에서도 처분청에 확인조사를 의뢰하여 그 결과를 통보받아 확정된 금액이므로 2002사업연도 소득금액에서 위 결손금을 이월결손금으로 공제하여 과세표준 및 세액을 경정하여야 한다.

(처분청 의견)

청구법인이 한 이건 경정청구는 ○○○지방국세청장의 조사종결시점에 제출되어 실지조사에 대한 불복청구로 판단되고 조사내용에도 사실과 다른 회계처리내용을 인정한 사실이 없어 정당한 경정청구로 볼 수 없으며, 처분청이 국세심판원의 심판청구에 대한 협조요청에 따라 현지 확인하여 회신한 내용은 사실과 다른 회계처리 내용 및 계수의 정당성 여부만 확인한 것으로 실지조사권을 행사한 것이 아니며, 심판결정에서도 1998, 1999사업연도에 대해 청구기간이 경과하였다 하여 각하결정하여 당해 사업연도에 대한 법인세를 경정하지 아니하여 결손금이 존재하지 아니하므로 2000, 2001사업연도의 결손금만 공제하여 2002사업연도 과세표준과 세액을 경정한 당초처분은 정당하다.

**(쟁점) 결손금 이월공제 가능 사업연도를 적용함에 있어서 경정청구대상 사업연도(2002)로부터 소급하여 5년간의 사업연도에서 발생한 결손금을 이월공제할 수 있는지(1997사업연도분까지 공제 가능) 아니면 경정청구한 날(2005. 3. 31.)을 기준으로 소급하여 부과제척기간 이내의 5년간의 사업연도에서 발생한 결손금만을 이월공제할 수 있는지 여부(1999사업연도분까지 공제 가능)**

(심판원의 입장) 법인이 특정 사업연도분에 대한 손금 등이 차후에 추가 확인되어 증가된 결손금을 경정청구가 가능한 그 후의 사업연도 과세표준 계산 시 공제 가능한 이월결손금으로 하여 경정청구하는 경우 처분청은 경정청구가 가능한 그 후의 사업연도 과세표준 계산 시 당해 증가된 결손금을 공제 가능한 이월결손금으로 하여 경정하여야 하는 것인바, <u>이건 경정청구(2005. 3. 31.) 당시 경정청구대상 사업연도(2002)는 부과제척기간이 경과하지 않았고 증가된 결손금의 귀속사업연도(1997, 2001)는 대상 사업연도(2002) 개시일 전 5년 이내에 개시한 사업연도이므로 1997, 2001사업연도에서 발생한 결손금은 이월공제가 가능한 결손금</u>이라 할 것이다.

한편, 위 (3)의 (표 2)에 기재된 결손금은 우리원에서 처분청으로 하여금 사실과 다른 회계처리에 대해 조사확인을 의뢰하여 처분청이 조사 확인한 금액이며, 처분청이 심판청구결정(○○○, 2006. 8. 17.)에 의거 위 (3)의 (표 2)에 기재된 2000, 2001사업연도분의 결손금을 인정하여 경정을 하였는바, 위 (3)의 (표 2)에 기재된 1998, 1999사업연도의 결손금을 2000, 2001사업연도의 결손금과 달리 볼 이유도 없으므로 확인되지 아니한 1997사업연도의 결손금은 인정할 수 없다 하더라도 확인된 결손금 206,548,479,524원(1998사업연도 109,344,374,120원, 1999사업연도 97,204,105,404원)은 그 후 5년 이내의 사업연도의 과세표준에서 공제하는 것이 타당하다고 판단된다.

따라서 <u>처분청이 경정청구를 한 대상 사업연도(2002) 개시일 전 5년 이내에 개시한 사업연도인 1998 및 1999사업연도의 결손금을 2002사업연도의 이월결손금으로</u>

공제하여야 함에도 이를 공제하지 아니하고 경정청구를 거부한 처분은 잘못이 있다 할 것이다.

○ 후발적 원인에 의한 경정청구
- 후발적 사유

[법령] 국세기본법 제45조의2【경정 등의 청구】
② 과세표준신고서를 법정신고기한 내에 제출한 자 또는 국세의 과세표준 및 세액의 결정을 받은 자는 다음 각 호의 1에 해당하는 사유가 발생한 때에는 제1항에서 규정하는 기간에 불구하고 그 사유가 발생한 것을 안 날부터 2월 이내에 결정 또는 경정을 청구할 수 있다. (2000. 12. 29. 개정)
　1. 최초의 신고 · 결정 또는 경정에 있어서 과세표준 및 세액의 계산근거가 된 거래 또는 행위 등이 그에 관한 소송에 대한 판결(판결과 동일한 효력을 가지는 화해 기타 행위를 포함한다)에 의하여 다른 것으로 확정된 때
　2. 소득 기타 과세물건의 귀속을 제3자에게로 변경시키는 결정 또는 경정이 있은 때
　3. 조세조약의 규정에 의한 상호합의가 최초의 신고 · 결정 또는 경정의 내용과 다르게 이루어진 때
　4. 결정 또는 경정으로 인하여 당해 결정 또는 경정의 대상이 되는 과세기간 외의 과세기간에 대하여 최초에 신고한 국세의 과세표준 및 세액이 세법에 의하여 신고하여야 할 과세표준 및 세액을 초과한 때
　5. 제1호부터 제4호까지와 유사한 사유로서 대통령령이 정하는 사유가 당해 국세의 법정신고기한 경과 후에 발생한 때

국세기본법시행령 제25조의2【후발적 사유】
법 제45조의2제2항제5호에서 "대통령령이 정하는 사유가 당해 국세의 법정신고기한 후에 발생한 때"라 함은 다음 각 호의 1에 해당하는 때를 말한다. (94. 12. 31. 신설)
　1. 최초의 신고 · 결정 또는 경정에 있어서 과세표준 및 세액의 계산근거가 된 거래 또는 행위 등의 효력에 관계되는 관청의 허가 기타의 처분이 취소된 때

2. 최초의 신고·결정 또는 경정에 있어서 과세표준 및 세액의 계산근거가 된 거래 또는 행위 등의 효력에 관계되는 계약이 해제권의 행사에 의하여 해제되거나 당해 계약의 성립 후 발생한 부득이한 사유로 인하여 해제되거나 또는 취소된 때

3. 최초의 신고·결정 또는 경정에 있어서 장부 및 증빙서류의 압수 기타 부득이한 사유로 인하여 과세표준 및 세액을 계산할 수 없었으나 그 후 당해 사유가 소멸한 때

4. 기타 제1호 내지 제3호에 준하는 사유에 해당하는 때

**[세법개정] 2007년 12월 국세기본법 개정: 후발적 사유에 의한 경정청구 시 부과제척기간 특례 신설(국세기본법 제26조의2)**

출처: 개정세법 해설 - 국세기본법, 2008

가. 개정취지

- 부과제척기간이 경과한 경우에도 후발적 사유에 의한 경정청구 시에는 과세관청이 경정이 가능하도록 함으로써 납세 권익제고

- 법 제26조의2제2항은 불복에 대한 결정 또는 판결 등의 경우에는 부과제척기간 경과 후에도 경정이 가능하도록 명시한 반면 후발적 사유에 의한 경정청구 시에는 제척기간 경과 후 처분청이 경정할 수 있는 근거 규정이 없어 납세자에게 불리한 사례 발생

나. 개정내용

| 종 전 | 개 정 |
|---|---|
| □ **부과제척기간** | □ **부과제척기간 예외 사유 신설** |
| ○ (원칙) 일반세목 5년, 상증 10년 | ○ 후발적 사유*에 의한 경정청구 시 경정청구일로부터 2월 이내에 경정 등 처분 가능 |
| ○ (연장) 무신고 7년, 국세포탈 등 10년(상증 15년) | <후발적 사유 예시> |

| 종 전 | 개 정 |
|---|---|
| ○ (예외) 불복 결정 또는 판결, 상호합의 종료일로부터 1년 이내에 경정 등 처분 가능 | ● 최초의 신고·결정(경정) 시 과세표준과 세액의 계산근거가 된 거래 또는 행위 등이 소송에 의해 다른 것으로 확정된 때<br>● 소득 기타 과세물건의 귀속을 제3자로 결정 또는 경정된 때<br>● 조세조약에 의한 상호합의가 최초 신고·결정(경정)과 달라진 때<br>● 결정(경정)으로 인하여 다른 과세기간의 과세표준 및 세액이 세법에 의하여 신고하여야 할 과세표준 및 세액을 초과한 때 |

**[세법개정] 2007년 12월 국세기본법 개정: 불복기간이 경과한 과세처분에 대한 경정청구 배제(국세기본법 제45조의2, 제55조)**

가. 개정취지

－불복청구기간의 경과 또는 쟁송을 통해 확정된 과세처분에 대하여는 경정청구가 허용되지 않음을 명확히 함.

－국세기본법(제55조)에서 위법 또는 부당한 처분을 받은 납세자는 90일 이내 불복 청구하도록 규정하고 있고, 동 기간 경과 시 과세처분이 확정되는 바

－동법(제45조의2)상 법정신고기한 내에 신고한 자는 법정신고기한 경과 후 3년 이내 경정청구가 가능하도록 규정하고 있어 양 규정 간에 상호 모순 발생

※ 불복기간(90일)은 불변기간으로 기간도과 시 불가쟁력이 발생하여 과세관청의 과세처분 변경이 불가능

나. 개정내용

| 종 전 | 개 정 |
|---|---|
| □ **신고세목 (소득세 · 법인세 등)**<br>○ 자진신고(수정신고 포함)<br>- 신고 후 3년 내 경정청구 | □ **신고세목(소득세 · 법인세 등)**<br>○ 자진신고: 좌 동 |
| ○ 조사결정<br>- 3월 내 불복청구 또는<br>- 신고 후 3년 내 경정청구<br>* 불복청구와 경정청구 중복적용소지 | 불복청구와 불복기간(90일) 이내 경정청구 허용 |
| □ **부과세목 (상속 · 증여세)**<br>○ 3월 내 불복청구 또는<br>○ 신고 후 3년 내 경정청구 | * 경정청구 거부 시 불복절차 속행 |

다. 적용시기 및 적용례
- 2008. 1. 1. 이후 경정 또는 결정하는 분부터 적용


**[예규] 세무조사로 대손액이 발생한 경우 이는 후발적 사유로 경정청구를 할 수 없는 것임: 서면1팀-1671, 2007. 12. 06.**

【질의】

- 당사는 도소매업체로서 2007. 11.에 2005년도 귀속 세무조사로 인해 추징세액이 발생하였으며, 2003년도 및 2004년도 매출누락 자료파생으로 수정신고를 권고받았음. 2003년도 및 2004년도에 대손액이 있어 이를 반영하여야 할 경우 2003년에는 환급이 발생하고 2004년도에는 납부세액이 발생함.

2003년도 종합소득세에 대하여 대손액을 반영하여 후발적 사유로 경정청구를 할 수 있는지.

【회신】

귀 질의의 대손금은 국세기본법 제45조의2제2항 및 같은 법 시행령 제25조의2 각 호에서 열거하고 있는 사유("후발적 경정청구사유")에 해당되지 않음.

○ 원천 징수대상자의 경정청구
- 근로소득, 퇴직소득, 연금소득 및 특정사업소득만 있는 자 또는 분리과세되는 국내원천소득이 있는 비거주자 및 외국법인은 원천 징수 또는 연말정산에 의하여 세액을 납부하고 과세표준확정신고를 하지 아니하는 것이 원칙.
- 이렇게 과세표준확정신고를 하지 아니한 경우에도 원천 징수의무자 또는 해당 소득이 있는 자는 연말정산세액 또는 원천 징수세액의 납부기한이 지난 후 3년 이내에 일반적 경정청구를 할 수 있고 후발적 사유에 해당하는 경우에는 이로 인한 경정을 청구할 수 있음.

## [31] 기한후신고, 납부(제45조의3, 제46조, 제46조의2)

○ 기한후신고(제45조의3)
- 신고자격: 법정신고기한 내에 과세표준신고서를 제출하지 아니한 자로서 세법에 의하여 납부할 세액이 있는 자
- 기한후신고의 기한: 당해 국세의 과세표준과 세액을 결정하여 통지하기 전까지
- 관할세무서장에게 제출
- 그 자체만으로 납세의무의 확정력은 없음. 반드시 정부의 결정에 의하여 납세의무 확정
- 법정신고기한 후 1월 내 신고 시 신고불성실가산세 50% 감면(국세기본법 제48조제2항제2호, 2006년 12월 법개정으로 추가: 무신고자의 조기신고를 유도하고, 의무위반과 가산세 제재 사이에 적정한 비례관계 유지) cf. 6개월 이내 수정신고 경우에도 가산세 50% 감면

**[심판례]** 조세특례제한법 제117조에서 규정하는 증권거래세감면대상주식의 경우에는 기한후신고를 하더라도 그 감면을 배제하지 않음: 국심2004서1886, 2004. 12. 09.

(처분개요) 청구조합은 기업구조조정전문회사로서, 2003. 12. 19. 보유 중이던 ○○금속 주식 4,000,000주(이하 "쟁점 주식"이라 한다)를 (주)△△에 양도하고 증권거래세 신고기한인 2004. 1. 10. 이후인 2004. 2. 7. 처분청에 과세표준신고와 조세특례제한법 제117조의 규정에 의한 증권거래세 세액면제신청을 하였는바, 처분청은 청구조합이 신청한 세액감면을 배제하고 2004. 3. 2. 청구조합에게 2003년도 4기분 증권거래세 및 동 가산세 합계 33,044,000원을 결정 고지하였다. 청구조합은 이에 불복하여 2004. 5. 25. 심판청구를 제기하였다.

(청구주장) 청구조합이 과세표준 신고기한을 경과하여 신고한 것은 국세기본법 제45조의3의 규정에 의한 기한후신고요건에 해당하므로 적법한 신고이며, 기한후신고를 하여도 조세특례제한법 제117조제1항제12호에 의하여 증권거래세를 면제받을 수 있으므로 처분청이 청구조합에게 한 이건 증권거래세의 과세처분은 부당하다.

(처분청 의견) 청구조합이 한 주식의 양도는 조세특례제한법 제117조제1항제2의2 호 규정에 의한 증권거래세 면제대상이기는 하나, 증권거래세의 과세표준신고 및 세액감면 신청기한인 양도일 익월 10일까지 이를 이행하지 아니하여 법정신고기한 내에 신고하지 않았으므로, 조세특례제한법상의 면제규정을 적용받을 수 없으므로 당초처분은 정당하다.

(심판원 입장) 청구조합은 국세기본법에서 규정하는 기한후신고를 하였으므로 과세표준 신고기한 내에 신고하는 것과 다를 것이 없다는 주장이나, 기한후신고는 무신고에 따른 가산세부담을 줄일 수 있는 기회를 부여함으로써 납세자의 편의를 도모하기 위하여 법정신고기한 내에 세무신고를 하지 아니한 자도 세무서장이 납세고지를 하기 전까지 가산세와 함께 본세를 신고 납부할 수 있도록 한 제도로서, 이는 법정신고기한이 경과한 후 추가적으로 신고기회를 준 것에 불과하기 때문에 법정신고기한 내의 신고와 같은 납세의무의 확정력이 없는 것이어서 법정기한 내의 과세표준신고와 동일한 효력을 인정하기는 어렵다.

다만, 이건 관련법령의 규정인 조세특례제한법 제117조제4항에서 "제1항의 증권거래세 면제규정을 적용받고자 하는 자는 세액면제신청을 하여야 한다"고 규정하고 있고, 세액면제신청의 방법으로 같은 법 시행령 제115조제3항에서 "과세표준신고서와 함께 세액면제신청서를 제출하여야 한다"고 규정하고 있으나, <u>조세특례제한법 제 128조제2항에서 규정하는 기한후신고를 하는 경우에 있어서의 감면배제대상에 증권 거래세 면제조항인 조세특례제한법 제117조가 포함되지 않는 점에 비추어 볼 때, **조세특례제한법 제117조에서 규정하는 증권거래세 감면대상 주식의 경우에는 기한 후신고를 하더라도 그 감면을 배제하지 않은 것으로 해석**</u>된다. 따라서 쟁점 주식의 양도가 조세특례제한법 제117조에서 규정하는 증권거래세 감면대상에 해당하는 사 실에 대하여는 다툼이 없고, 청구법인이 쟁점 주식을 양도하고 증권거래세 과세표준 신고기한인 2004. 1. 10.까지는 과세표준신고 및 세액면제신청을 하지는 않았으나, 증권거래세 결정고지 이전인 2004. 2. 7. 기한후신고와 함께 세액면제신청을 한 이 건의 경우는, 당해 증권거래세를 면제하는 것이 타당한 것으로 판단된다.


○ 추가자진납부(제46조)

– 가산세와 함께


**[심판례] 수정신고 후 추가자진납부하여야 할 세액 중 일부만 추가자진납부한 경 우 가산세감면규정 적용 여부: 국심2003서1081, 2003. 07. 24.**

(요지) 처분청은 청구법인이 수정신고와 동시에 추가 납부할 세액을 납부하지 아 니하였다 하여 수정신고로 인한 가산세감면을 배제하였으나, 청구법인이 법정신고기 한경과 후 6월 이내에 수정신고하였고, 정당하게 계산된 추가납부세액도 납부하였으 므로 국세기본법 제46조제3항(1999. 8. 31. 신설)에서 과세표준의 신고 후 과세표준 신고액에 상당하는 세액의 일부 또는 전부를 납부하지 아니한 경우에도 세무서장이 고지하기 전까지는 납부할 수 있도록 규정하고 있는 점, 추가자진납부하여야 할 세 액 중 일부만 추가자진납부한 경우에는 일부 추가자진납부에 의하여 수정된 범위 안에서 가산세를 감면하는 것이 타당하다는 점에서 청구법인이 이건 처분 전에 납 부한 세액을 수정신고와 동시에 납부되지 아니하였다 하여 수정신고와 무관하게 임 의납부된 세액으로 보는 것은 타당하지 아니한바, <u>청구법인이 2002. 11. 27. 추가납 부한 세액의 범위 안에서 국세기본법 제49조에 규정하는 수정신고에 의한 가산세감 면규정을 적용하는 것이 타당한 것임.</u>

○ 신용카드 등에 의한 국세납부(제46조의2)

출처: www.nts.go.kr [2008. 10. 15. 방문]

- 적용대상 세목 및 세액: 개인사업자가 납부하는 부가가치세, 소득세, 종부세, 주세, 개별소비세 중 건별 200만 원 이하의 세액(국세기본법시행령 제26조의2).
- 고지세액의 경우 200만 원 이하로 고지된 세액만 납부 가능(고지세액이 200만 원 초과 시 신용카드납부 불가)
- 신고분 자납세액의 경우 200만 원을 초과해도 200만 원까지는 납부 가능(부가가치세를 신고하고 납부할 세액이 3백만 원인 경우, 2백만 원까지는 카드납부 가능)

| 세금종류 | 부과방법 | 금액제한 | 사용가능 결제수단 |
|---|---|---|---|
| 내국세 | 조회납부 (과세관청이 고지한 경우) | 총 세액이 200만 원 이하 | 신용카드, 계좌이체 |
| | | 총 세액이 200만 원 초과 | 계좌이체 |
| | 자진납부 (납세의무자가 신고하는 경우) | 총 세액이 200만 원 이하 | 신용카드, 계좌이체 |
| | | 총 세액이 200만 원 초과 | 계좌이체, 복합결제(신용카드 + 계좌이체) |
| 관 세 | 조회납부 | 총 세액이 200만 원 이하 | 신용카드 |

- 납부수수료: 납부세액의 1.5%(국세기본법시행규칙 제12조의3, "해당 납부세액의 1천분의 15를 초과할 수 없다"), 납세자가 부담(동법시행령 제26조의2제4항)
- 납부방법: 인터넷을 통한 납부(금융결제원 홈페이지 www.cardrotax.or.kr), 전국 세무관서에서 신용카드단말기를 통한 납부 중 선택
- 납부일: 국세납부대행기관의 승인일
- 시행일: 2008년 10월 1일(부칙 제1조 단서 "제46조의2의 개정규정은 2008년 10월 1일부터 시행하며" / 부칙 제3조 "제46조의2의 개정규정은 2008년 10월

1일 이후 최초로 신고·납부 또는 고지하는 분부터 적용한다.")

# [32] 가산세의 부과와 감면(제47~50조)

○ 가산세의 의의
- 세법에 규정하는 의무에 성실한 이행을 확보하기 위하여 세법이 요구하는 의
  무를 이행하지 아니한 경우에 당해 개별세법에 의하여 산출된 세액에 가산하
  여 징수하는 금액
- 가산금 포함하지 않음

○ 가산세의 성질
- 형식적으로는 조세
- 이자성격의 것, 행정질서벌의 것
- 본세와의 관계: 가산세는 법의 부과요건에 해당하면 따로 부과. 가산세의 부가
  요건은 본세와 다름. 본세를 감면하는 경우에도 가산세는 감면되지 않음. 독립
  된 불복대상이 되어 가산세의 당부만 다툴 수 있음.

  **[판례] 가산세의 법적 성질 및 부과요건: 대법원2003두4089, 2005. 04. 15.**
  (판결요지) 세법상 가산세는 과세권의 행사 및 조세채권의 실현을 용이하게 하기
  위하여 납세자가 정당한 이유 없이 법에 규정된 신고, 납세 등 각종 의무를 위반한
  경우에 개별세법이 정하는 바에 따라 부과되는 <u>행정상의</u> 제재로서 납세의무자가 그
  의무를 알지 못한 것이 무리가 아니었다고 할 수 있어 그를 정당시할 수 있는 사정
  이 있거나 그 의무의 이행을 당사자에게 기대하는 것이 무리라고 하는 사정이 있을
  때 등 그 의무해태를 탓할 수 없는 정당한 사유가 있는 경우에는 그 부과를 면할
  수 있다.

[판례] 채권자취소권의 피보전채권과 가산세채권: 대법원 2007. 6. 29. 선고 2006다66753 판결

(판시사항)

[1] 사해행위 당시 아직 성립하지 않은 채권이 예외적으로 채권자취소권의 피보전채권이 되기 위한 요건

[2] **사해행위 직전에 채무자가 소유 부동산을 양도한 경우, 양도소득세에 따른 신고불성실 및 납부불성실 가산세 채권도 본세 채권과 함께 채권자취소권의 피보전채권이 될 수 있다**고 한 사례

[3] 양도소득세 채권이 채권자취소권의 피보전채권으로 인정되는 경우, 그 채권액에 사해행위 이후 사실심 변론종결 시까지 발생한 가산금과 중가산금도 포함되는지 여부(적극)

(판결이유)

1. 가산세에 관한 상고이유에 대하여

채권자취소권에 의하여 보호될 수 있는 채권은 원칙적으로 채무자가 채권자를 해함을 알고 재산권을 목적으로 한 법률행위를 하기 전에 발생된 것이어야 하지만, 그 법률행위 당시에 이미 채권성립의 기초가 되는 법률관계가 성립되어 있고, 가까운 장래에 그 법률관계에 기하여 채권이 발생하리라는 점에 대한 고도의 개연성이 있으며, 실제로 가까운 장래에 그 개연성이 현실화되어 채권이 발생한 경우에는, 그 채권도 채권자취소권의 피보전채권이 될 수 있다(대법원 2001. 3. 23. 선고 2000다37821 판결 참조).

원심이 인정한 사실관계에 따르더라도, 소외 1이 피고에게 이 사건 증여계약을 하기 직전에 자신의 소유였던 이 사건 부동산을 소외 2에게 양도함으로써 이 사건 양도소득세에 따른 소득세법 제115조 소정의 신고불성실 및 납부불성실 가산세 채권(이하 '이 사건 가산세 채권'이라 한다)의 발생의 기초가 되는 법률관계가 이미 성립되어 있다고 볼 수 있고, 이 사건 증여계약 후에 소외 1에게 별다른 재산이 없었던 점, 소외 1이 이 사건 양도소득과세표준 예정신고는 물론 확정신고 및 확정신고 자진납부 절차 등을 전혀 이행하지 아니한 점 등에 비추어, 소외 1이 양도소득세과세표준 확정신고 및 확정신고 자진납부를 하지 아니함으로써 가까운 장래에 이 사건 가산세 채권이 성립되리라는 점에 대한 고도의 개연성이 있었을 뿐만 아니라, 실제로 가까운 장래에 그 개연성이 현실화되어 이 사건 가산세 채권이 성립하였다

154

고 볼 수 있으므로, 이 사건 가산세 채권도 원심이 인정한 이 사건 본세 채권과 함께 채권자취소권의 피보전채권이 될 수 있다 할 것이다.

그럼에도 불구하고, 원심은 가까운 장래에 이 사건 가산세 채권이 확정되리라는 점에 대한 고도의 개연성이 없다는 이유로 이 사건 가산세 채권이 채권자취소권의 피보전채권이 될 수 없다고 판단하였으니, 결국 원심판결에는 채권자취소권의 피보전채권에 관한 법리를 오해하여 판결 결과에 영향을 미친 위법이 있고, 이를 지적하는 상고이유의 주장은 이유 있다.


○ 가산세의 유형: 국세기본법상 통일적인 규정

(1) 무신고가산세(제47조의2): 20%, 부당～40%

(2) 과소신고가산세(제47조의3): 10%, 부당～40%

(3) 초과환급신고가산세(제47조의4): 10%, 부당～40%

(4) 납부·환급불성실가산세(제47조의5): 금융기관 연체대출이자율 등을 고려한 이자상당액(국세기본법시행령 제27조의4에서는 1일 1만분의 3의 율로)

　－납부불성실가산세＝미납부·미달납부세액 × 납부기한의 다음날부터 자진납부일 또는 납세고지일까지의 기간의 일수 × 1일 0.03%

　＊ 인지세의 납부불성실가산세＝미납부·미달납부세액 × 300%

　＊ 미납부·미달납부세액에는 납부하여야 할 이자상당가산액을 포함

　－환급불성실가산세＝초과환급받은 세액 × 환급받은 날의 다음날부터 자진납부일 또는 납세고지일까지의 기간의 일수 × 1일 0.03%

　－적용 제외

① 원천 징수납부불성실가산세, 납세조합불납가산세, 부가가치세법상의 대리납부불성실가산세가 적용되는 경우에는 납부불성실가산세는 적용하지 아니함.

② 납부·환급불성실가산세를 적용하는 경우 부가가치세법상 예정신고 납부와 관련하여 가산세가 부과되는 부분에 대하여는 납부·환급과 관련한 가산세를 부과하지 아니함.

③ 부가가치세법상 대손처분받은 세액을 매입세액에서 차감하는 관할세무서장의

경정이 있는 경우에는 납부·환급과 관련한 가산세를 부과하지 아니함.

**[세법개정] 가산세 관련 2006년 12월 국세기본법 개정**
출처: 국세청, 2007년 개정세법해설 - 국세기본법, 2007

1. 신고불성실가산세 통일 및 부당한 신고위반에 대한 가산세 중과(국세기본법 제47조의2 내지 제47조의4)

가. 개정취지
 - 신고불성실가산세를 신고세목 전체에 공통적으로 적용할 수 있도록 국세기본법에 통일적·체계적으로 규정하여 세목 간 가산세 형평 및 입법의 효율화 도모
 - 소득·법인·상속세 이외의 다른 세목도 부당한 신고위반과 일반 신고위반으로 구분하여 부당한 신고위반에 대하여는 가산세를 중과(40%)함으로써 성실신고 유도 및 탈세 방지

나. 개정내용

| 종 전 | 개 정 |
|---|---|
| □ **개별세법별로 신고불성실가산세를 달리 규정** | □ **국세기본법에 일률적으로 규정** |
| ① 소득세 | |
| ○ 무신고: 산출세액의 20%와 수입금액의 0.07% 중 큰 금액 | ○ 적용대상 세목: 모든 세목 <br> * 교육세·농특세 포함 |
| ○ 과소신고: 산출세액의 10%. 부당과소신고는 산출세액의 20% | ○ 부당한 신고위반에 대한 가산세율 인상 |
| ② 법인세 | |
| ○ 무신고: 산출세액의 20%와 수입금액의 0.07% 중 큰 금액. <br> 단, 무신고소득금액 50억 원 초과 시 산출세액의 30%와 수입금액의 0.1% 중 큰 금액 | - 부당한 무신고: 부당세액의 40%. <br> 단, 소득세·법인세는 부당세액의 40%와 수입금액의 0.14% 중 큰 금액 <br> - 부당한 과소신고: 부당세액의 40%. <br> 단, 소득세·법인세는 부당세액의 40%와 수입금액의 0.14% 중 큰 금액 |
| ○ 과소신고: 산출세액의 10%. | |

| 종 전 | 개 정 |
|---|---|
| 단, 과세표준 1/3 이상 누락·부당<br>과소신고금액 50억 원 초과 시 산<br>출세액의 30%와 수입금액의 0.1%<br>중 큰 금액<br>③ 상속·증여세<br>○ 무신고: 산출세액의 20%<br>○ 과소신고: 산출세액의 10%.<br>단, 부당과소신고 시 20%<br>④ 부가세 등 기타 세목*<br>○ 무신고·과소신고 구분 없이 산출세<br>액의 10%<br><br>*농특세·교육세를 제외한 전 신고<br>세목 | ‒부당한 환급신고: 부당한 초과환급신<br>고세액의 40%<br>‒일반 무신고: 일반과소세액의 20%.<br>단, 소득세·법인세는 일반과소세액<br>의 20%와 수입금액의 0.07% 중 큰<br>금액<br>‒일반 과소신고: 일반과소세액의 10%<br>‒일반 초과환급신고: 일반초과환급세<br>액의 10% |

다. 적용시기 및 적용례
‒2007. 1. 1. 이후

2. 가산세가 중과되는 부당한 신고위반 유형(국세기본법 제47조의2제2항)

가. 개정취지
‒현행 세법상의 부당한 신고의무 위반유형과 외국의 가산세가 중과되는 신고의
무 위반유형을 감안하여 모든 세목에 공통적으로 적용될 수 있는 부당한 방법
에 의한 신고위반유형을 체계적으로 규정

나. 개정내용

| 종 전 | 개 정 |
|---|---|
| □ 법인세법, 소득세법, 상속세·증여세법상 부당신고 위반유형 | □ 가산세가 중과되는 부당한 방법에 의한 신고의무위반 유형 |
| ○ 고의성이 있는 경우<br>- 실물거래 없이 비용 과다계상<br>- 매출금액을 고의 미계상 또는 과소계상한 금액<br>- 기타 익금 고의누락 및 손금 허위계상 금액<br>- 매매거래가액·재산평가와 관련하여 허위증빙 제출<br>- 통모에 의한 저가 평가 | ○ 과세표준 및 세액계산의 기초가 되는 사실의 전부 또는 일부를 은폐 또는 가장한 것에 기초하여 과세표준 신고의무를 위반한 경우로서 대통령령으로 정하는 방법 |
| ○ 고의성 여부 불문<br>- 부당행위계산 부인금액<br>- 과다경비 등 손금불산입액<br>- 업무무관비용 손금불산입액<br>- 지급이자의 손금불산입액<br>- 감면배제법인이 감면적용하여 익금산입한 금액 | ○ 부당한 방법<br>- 이중장부의 작성 등 장부의 허위기장<br>- 허위증빙 또는 허위문서(이하 "허위증빙 등")의 작성<br>- 허위증빙 등의 수취(허위임을 알고 수취한 경우에 한함)<br>- 장부와 기록의 파기<br>- 재산을 은닉하거나 소득·수익·행위·거래의 조작 또는 은폐<br>- 그 밖에 국세를 포탈하거나 환급·공제받기 위한 사기 기타 부정한 행위 등 |

다. 적용시기 및 적용례
- 2007. 1. 1. 이후


3. 납부·환급불성실가산세의 개편(국세기본법 제47조의5)

가. 개정취지
- 세목마다 다른 납부불성실가산세율을 국세기본법에 통일적·체계적으로 규정하여 세목 간 가산세 형평 및 입법의 효율화 도모

- 법인세 · 소득세 등 신고를 통해 환급받을 수 있는 모든 세목에 대하여 환급불성실가산세를 적용하기 위함

나. 개정내용

| 종 전 | 개 정 |
|---|---|
| □ **납부불성실가산세**<br><br>① 소득세 · 법인세 등 대부분의 세목<br>- 미납세액 × 경과일수 × 가산세율(연 10.95)<br>② 농어촌특별세 · 교육세<br>- 미납세액의 10%<br>③ 인지세<br>- 인지첩부대상 과세문서: 미첩부세액의 300%<br>- 기타 과세문서: 미납세액 × 경과일수 × 5 / 10,000<br>□ 환급불성실 가산세* 적용대상 세목<br><br>ㅇ 부가가치세 · 특별소비세 · 교통세 · 주세<br>* (신고한 환급세액 - 세법에 따른 환급세액) × 경과일수 × 가산세율(연 10.95) | □ **세목 구분 없이 국세기본법에 일률적으로 규정**<br>ㅇ 원칙: 미납세액 × 경과일수 × 가산세율(연 10.95)<br>ㅇ 예외: 인지첩부대상 과세 문서는 미첩부 인지세액의 300%<br><br><br><br><br>□ 모든 세목*으로 확대<br><br>* 추가세목: 법인세 · 소득세 등 |

다. 적용시기 및 적용례
- 2007. 1. 1. 이후


ㅇ 가산세의 감면 등(제48조)
- 정당화 사유 입법화: 대법원 판례에 의해 가산세가 부과되지 아니하는 정당한 사유를 국세기본법에 법제화하여 가산세 감면의 법적 근거를 마련(제48조 제1항)

**[판례] 정당한 사유가 부정된 경우: 대법원 2008. 2. 1. 선고 2007두2524 판결**

건축물이 있는 토지를 취득하여 그 건축물을 철거하고 토지를 신축건물의 부지로 사용하면서 기존 건축물의 취득가액, 철거비용, 소유권이전비용에 관한 매입세액을 환급받은 것은 부가가치세법 시행령 제60조제6항제2호 **규정에 대한 착오나 오해에 기인한 것으로서 가산세를 부과할 수 없는 정당한 사유에 해당하지 않는다**고 한 사례.

**[판례] 정당한 사유가 인정된 경우: 대법원 2005. 11. 25. 선고 2004두930 판결**

(판시사항)

[1] 가산세의 법적 성질 및 부과요건

[2] 상속세 납세의무자에게 상속세 과소신고·납부를 탓할 수 없는 정당한 사유가 있다고 한 사례

(판결요지)

[1] 세법상 가산세는 과세권의 행사 및 조세채권의 실현을 용이하게 하기 위하여 납세자가 정당한 이유 없이 법에 규정된 신고, 납세 등 각종 의무를 위반한 경우에 법이 정하는 바에 따라 부과되는 행정상 제재로서 그 의무의 이행을 납세의무자에게 기대하는 것이 무리인 사정이 있을 때 등 그 의무해태를 탓할 수 없는 정당한 사유가 있는 경우에는 이를 부과할 수 없다.

[2] 상속세 신고가 납세의무자들이 아닌 유언집행자들에 의하여 행해졌고, 유언집행을 위하여 필요한 범위 내에서는 유언집행자의 상속재산에 대한 관리처분권이 상속인의 그것보다 우선할 뿐만 아니라 위 상속세 신고 당시 상속재산의 일부를 장학기금으로 출연하라는 망인의 유언의 효력이 미확정인 상태에 있었던 점 등에 비추어, 위 상속세 신고 당시 납세의무자들에게 유언집행자들의 상속재산에 대한 관리처분권을 배제시키고 망인의 유언취지에 반하여 장학기금으로 출연하라는 재산도 자신들이 상속받는 것을 전제로 하여 이를 상속세과세가액에 포함시켜 상속세를 신고·납부할 것을 기대하는 것은 무리가 있으므로 상속세 납세의무자들에게 상속세 과소신고·납부를 탓할 수 없는 정당한 사유가 있다고 한 사례.

- 과세전적부심사 지연결정에 대한 납부불성실가산세 감면(제48조제2항제3호): 과세관청의 과세전적부심사 결정(청구일부터 30일) 지연기간에 대하여는 납부

불성실가산세를 50% 감면함으로써 납세자의 가산세 부담 경감
- 기한 경과 후 1월 내 지연협력에 대한 가산세 감면(제48조제2항제4호): 세법 상의 의무이행기한이 있는 의무에 대하여는 당해 의무이행기한 경과 후 1월 내 지연이행 시 가산세를 50% 감면하여 가산세 부담을 완화

○ 가산세 한도(제49조)
- 취지: 고의성 없는 단순협력의무 위반에 대하여는 가산세 한도제를 도입하여 위반정도에 비해 가산세가 지나치게 높지 않도록 개선(2006년 12월 도입)
- 한도적용대상: 고의성 없는 단순협력의무 위반(지급조서제출불성실가산세, 계산서불성실가산세, 주식변동상황명세서제출불성실가산세 등)에 대해 가산세 한도제 도입
- 한도적용대상 제외: 신고불성실 · 납부불성실가산세
- 한도: 최고 1억 원

# 제7장 국세환급금과 국세환급가산금(국세기본법 제6장)

## [33] 국세환급금과 국세환급가산금(제51~54조)

○ 국세환급금의 충당과 환급(제51조)

- 국세환급금의 의의: 조세채권자가 납세자에게 반환하여야 할 과오납금과 환급
세액.

- 과오납금: 납부하여야 할 금액을 초과하여 납부한 과납금과 착오에 의하여 납
부한 오납금.

- 환급세액:

① 중간예납 또는 원천 징수에 의한 납부세액 등 기납부세액이 결정세액을 초과
하는 경우

② 부가가치세 매입세액이 매출세액을 초과하는 경우

③ 적법하게 납부된 후 감면 또는 세법의 개정으로 세액이 감소된 경우

④ 중소기업이 결손금을 소급공제하는 경우

- 환급절차: 결정 → 충당 → 지급

○ 물납재산의 환급(제52조)

- 해당 물납재산의 환급: 납세자가 상속세, 증여세, 소득세, 법인세 또는 종합부동산세를 물납한 후 그 부과의 전부 또는 일부를 취소하거나 감액하는 경정결정에 의하여 환급하는 경우
- 예외적 금전환급: 해당 물납재산이 매각되었거나 다른 용도로 사용되고 있는 경우 등

○ 국세환급가산금(제53조)
- 국세환급금의 법정이자

○ 국세환급금에 관한 권리의 양도(제54조)
- 세무서장이 국세환급금통지서를 발급하기 전에 일정사항을 적은 문서로 소관 세무서장에게 요구하여야 함.

○ 국세환급금의 소멸시효(제55조)
- 행사할 수 있는 때로부터 5년간

# 제8장 심사와 심판(국세기본법 제7장)

## [34] 국세행정불복(제55~81조)

○ 조세심판원의 연혁, 조직구성

- 신설(2008. 02. 29.): 국무총리 소속(행자부 지방세심의위원회 이관통합). 국세
  와 지방세 일부 행정불복기관.

|  |  |  |  |  |
|---|---|---|---|---|
| 국세심판소 | ⇒ | 국세심판원 | ⇒ | 조세심판원 |
| (재무부 소속, '75. 4. 1.) |  | (재경부 소속, '00. 1. 1.) |  | (총리실 소속, '08. 2. 29.) |

- 조직: 6 심판관(내국세 5, 지방세 1), 행정실 및 12 조사관 (108인)
- 심판관회의(심판결정의 주체) 구성: 총 7개 심판관회의 운영(내국세 5, 지방세
  1, 관세 1). 각 심판관회의는 심판관 4인(주심 심판관 1인, 배석 심판관 1인,
  배석 비상임심판관 2인)으로 구성

○ 불복단계별 인용률 비교

(단위: %)

| 1. 구분 | 국세 심사청구 | 심판청구 | 행정소송 | 지방세 심사청구 |
|---|---|---|---|---|
| '07년 | 23.9 | 32.5 | 15.7 | 9.6 |
| '06년 | 32.0 | 26.4 | 13.5 | 9.9 |
| '05년 | 42.7 | 30.4 | 13.3 | 14.2 |

○ 조세불복제도 간의 비교

| | | 국세 | 지방세 | 관세 |
|---|---|---|---|---|
| 행정심 | 과세전 적부심사 | ○ 임의적 절차<br>○ 대상: 국세청 · 지방국세청<br>○ 통지 후 30일 이내에 신청<br>○ 과세청은 30일 이내에 결정 | ○ 임의적 절차<br>○ 대상: 시장 · 군수 / 도지사<br>○ 통지 후 30일 이내에 신청<br>○ 30일 이내에 결정 | ○ 임의적 절차<br>○ 대상: 본부세관장, 관세청장<br>○ 통지 후 30일 이내에 신청<br>○ 30일 이내에 결정 |
| | 이의신청 | ○ 임의적 절차<br>○ 대상: 세무서장 또는 지방 국세청장<br>○ 처분을 안 날로부터 90일 이내에 제기<br>○ 과세청은 30일 이내에 결정 | ○ 임의적 절차<br>○ 대상: 시장 · 군수 / 도지사<br>○ 처분을 안 날로부터 90일 이내에 제기<br>○ 90일 이내에 결정 | ○ 임의적 절차<br>○ 대상: 세관장<br>○ 고지를 받은 날 또는 처분을 안 날로부터 90일 이내에 제기<br>○ 과세청은 30일 이내에 결정 |
| | 심사청구 | ○ 선택적 필수주의<br>○ 대상: 관할세무서장을 거쳐 국세청장<br>○ 처분을 안 날 또는 이의 신청의 결정을 받은 날로부터 90일 이내에 제기<br>○ 청구를 받은 날로부터 90일 이내에 결정 | ○ 임의적 절차<br>○ 대상: 도지사<br>○ 이의신청의 결정통지를 받은 날로부터 90일 이내에 제기<br>○ 청구를 받은 날로부터 90일 이내에 결정 | ○ 선택적 필수주의<br>○ 대상: 관세청장<br>○ 처분을 안 날 또는 이의 신청의 결정을 받은 날로부터 90일 이내에 제기<br>○ 청구를 받은 날로부터 90일 이내에 결정 |

| | 국세 | 지방세 | 관세 |
|---|---|---|---|
| 행정심 심판청구 | ○ 선택적 필수주의<br>○ 대상: 조세심판원<br>○ 통지받은 날로부터 90일 이내에 제기<br>○ 청구받은 날로부터 90일 이내에 결정 | 임의적 절차(도세 및 특별시세, 광역시세)<br>○ 대상: 조세심판원<br>○ 통지받은 날로부터 90일 이내에 제기<br>○ 청구받은 날로부터 90일 이내에 결정 | ○ 선택적 필수주의<br>○ 대상: 조세심판원<br>○ 처분을 안 날로부터 90일 이내에 청구<br>○ 청구받은 날로부터 90일 이내에 결정 |
| 행정심 감사원 심사청구 | ○ 선택적 필수주의<br>○ 처분을 안 날(처분의 통지를 받은 때에는 그 통지를 받은 날)부터 90일, 처분행위가 있은 날로부터 90일 이내에 제기<br>○ 감사원은 특별한 이유가 없는 한 3개월 이내에 결정을 하여야 함. | | |
| 사법심 제1심 | ○ 서울행정법원 또는 지방법원<br>○ 심사·심판결정서를 받은 날로부터 90일 이내에 행정소송 제기 가능 | | |
| 사법심 제2심 | 고등법원 | | |
| 사법심 제3심 | 대법원 | | |

주: * 음영부분은 사전구제제도를 의미함.
자료: 각 기관 홈페이지 및 법제처 법령자료, 2008.

○ 지방세 심사청구와 지방세 심판청구 비교

| 구 분 | 종 전 | 변 경 |
|---|---|---|
| 불복유형 | 심사청구 | 심판청구 |
| 불복기관 | 행정자치부장관 | 국무총리 소속 조세심판원 |
| 불복절차 | ① 시군세<br>이의신청(선택적) →<br>도지사 심사청구 또는 행자부 심사청구(선택적) → 행정소송<br>② 도세<br>이의신청(선택적) → 행자부 심사청구(선택적) → 행정소송 | ① 시군세<br>이의신청(선택적) →<br>도지사 심사청구 또는 심판원 심판청구(선택적) → 행정소송<br>② 도세<br>이의신청(선택적) → 심판원 심판청구(선택적) → 행정소송 |

| 구 분 | 종 전 | 변 경 |
|---|---|---|
| 결정기구 | 지방세심의위원회(7인) | 심판관회의(4인)<br>합동회의(필요시) |
| 결정절차 | 지방세심의위원회 의결(월1회)<br>→ 결정통지 | 지방세 심판관회의 결정(주1회)<br>→ 조정검토 → (합동) → 결정통지 |

☞ 행정안전부의 경우 2008년 9월 지방세법개편안에 불복절차 개선안 포함함(현행) 불복청구 방법으로 이의신청, 심사청구, 심판청구 등 가능

| 구 분 | 심사청구 | 심판청구 |
|---|---|---|
| 국 세 | 국세청, 감사원 | 조세심판원 |
| 시군세 | 도지사, 감사원 | |
| 도 세 | 감사원 | |

– 도세의 경우, 국세에 비해 심사청구 대상기관이 적음 (행정안전부 개선안) 납세자 불복청구 선택권 확대를 위해 행안부에 지방세 심사청구 기능 설치 추진

# 제9장 납세자의 권리(국세기본법 제7장의2)

## [35] 납세자의 권리(제81조의2~제81조의12)

○ 제81조의2【납세자권리헌장의 제정 및 교부】
- 납세자권리헌장이 수록된 문서를 납세자에게 교부.
- "조사연기 신청 시 통지받을 권리", "세무조사 기간 연장 시 통지받을 권리", "사전 구제받을 권리"를 반영하여 '97년 헌장 제정 이후 2007. 3. 개정

○ 제81조의3【납세자의 성실성 추정】

○ 제81조의4【세무조사권 남용금지】
- 같은 세목 및 같은 과세기간에 대하여 재조사할 수 있는 예외적 경우
① 조세탈루의 혐의를 인정할 만한 명백한 자료가 있는 경우
② 거래상대방에 대한 조사가 필요한 경우
③ 2 이상의 사업연도와 관련하여 잘못이 있는 경우
④ 부동산투기·매점매석·무자료거래 등 경제질서교란 등을 통한 탈세혐의가 있는 자에 대하여 일제조사를 하는 경우

⑤ 과세자료처리목적의 재조사, 국세환급금의 결정을 위한 확인조사 또는 부과처분을 위한 실지조사에 의하지 아니하고 재경정하는 경우

⑥ 불복청구에 대한 인용결정에 따른 필요한 처분의 결정에 따라 조사를 하는 경우

○ 제81조의5【세무조사에 있어서 조력을 받을 권리】

- 조력자: 변호사·공인회계사·세무사 또는 조세에 관하여 전문지식을 갖춘 자

- 조력을 받을 세무조사: 범칙사건의 조사, 국세의 과세표준과 세액을 결정하거나 경정하기 위한 조사

○ 제81조의6【세무조사 대상자 선정】

- 세무조사를 정기조사와 수시조사로 유형 구분(제81조의6제1항, 제2항): 세무조사를 정기선정과 수시선정으로 나누고 그 선정기준을 규정함으로써 세무조사에 대한 신뢰성과 예측가능성을 제고(2006년 12월 개정)

| 종 전 | 개 정 |
|---|---|
| □ 세무조사 대상 | □ 세무조사 대상을 유형화 |
| ○ 세법이 정하는 신고, 세금계산서 등 납세협력의무 불이행 | ○ 정기선정: 정기적으로 신고의 적정성 검증을 위한 조사대상 선정 |
| ○ 거래내용이 사실과 다른 혐의 | - 성실도 분석 결과 불성실 혐의가 있다고 인정하는 경우 |
| ○ 구체적 탈세제보 | - 4과세기간 이상 세무조사를 받지 아니한 경우 |
| ○ 신고내용의 탈루·오류에 대한 명백한 자료 | - 무작위추출에 의한 표본조사 |
| ○ 성실도 분석 결과 불성실 혐의 포착 | ○ 수시선정: 정기선정 이외에 탈세제보 등에 의해 수시로 대상을 선정 |
| ○ 4과세기간에 세무조사를 받지 아니한 경우 | - 세법이 정하는 신고, 세금계산서 등 납세협력의무 불이행 |
| ○ 무작위추출 표본 선정 시 | - 거래내용이 사실과 다른 혐의 |
| ○ 상속·증여세 등의 부과결정을 위해 세무조사가 필요한 경우 | - 구체적 탈세제보 |
| | - 신고내용의 탈루·오류에 대한 명백한 자료 |

- 소규모 성실사업자에 대한 정기세무조사 면제(제81조의6제4항): 성실 영세사업

자・중소기업을 세무조사 선정대상에서 제외함으로써 성실신고를 유도하고 세무조사의 실효성을 제고하고 조사부담 경감(2006년 12월 개정)

| 종 전 | 개 정 |
|---|---|
| <신 설> | □ **소규모 성실사업자**<br>○ 정기선정에 의한 세무조사 대상에서 제외<br>－ 다만, 탈세혐의가 명백한 경우는 제외<br><br>□ **소규모 성실사업자 요건 (①・② 모두 충족)**<br>① 업종별 수입금액 요건<br>－ 개인: 간편장부대상자* 규모 이하<br>* 도・소매, 광업 등은 3억 원, 제조・건설, 음식・숙박업 등은 1.5억 원, 서비스업 등은 0.75억 원<br>－ 법인: 수입금액 1억 원 이하<br>② 성실성 요건(아래 요건 모두 충족)<br>㉠ 복식부기장부 기장・비치<br>㉡ 국세청장이 정하는 성실신고기준 충족<br>㉢ 신용카드・현금영수증 가맹점으로 모두 가입하고 발급거부 등이 없을 것 (현금영수증 가입 의무자에 한함)<br>㉣ 사업용계좌 개설・이용할 것(개인에 한함)<br>㉤ 최근 3년간 조세범 처벌받은 사실 없을 것<br>㉥ 납부기한 현재 국세체납사실이 없을 것 |

○ 제81조의7【세무조사의 사전통지와 연기신청】

－ 세무조사 사전통지기간 연장: 세무조사 사전통지 기간을 종전 7일에서 10일로 연장(2006년 12월 개정)

－ 연기신청 승인여부 통지: 세무조사 연기신청에 대한 결과를 통보하도록 함으로써 납세자의 권익 증진 도모(2006년 12월 개정)

○ 제81조의8【세무조사 기간】

- 세무조사 기간 최소화: 세무조사는 원칙적으로 최소한의 기간 동안 실시하도록 하여 납세자의 세무조사 부담 완화. 조사대상 세목·업종·규모, 조사 난이도 등을 고려하여 세무조사 기간 최소한.
- 기간 연장·통지: 불가피한 사유로 세무조사를 연장하는 경우에는 납세자에게 연장기간과 사유를 통지하도록 함으로써 납세자의 세무조사에 대한 신뢰도와 예측가능성을 제고

○ 제81조의9【세무조사에 있어서의 결과통지】
- 결과통지하는 경우: 범칙사건의 조사, 법인세의 결정 또는 경정을 위한 조사 등 대통령령이 정하는 부과처분을 위한 실지조사를 마친 때
- 의무 배제: 폐업한 경우, 납세관리인을 정하지 아니하고 국내에 주소·거소를 두지 아니한 경우

○ 제81조의10【비밀유지】
○ 제81조의11【정보의 제공】
○ 제81조의12【과세전적부심사】

# 제10장 보칙(국세기본법 제8장)

## [36] 보칙(제82~86조)

○ 제82조【납세관리인】

- 납세관리인 두어야 하는 경우: 납세자가 국내에 주소 또는 거소를 두지 아니하거나 국외로 주소 또는 거소를 이전하려는 때
- 납세관리인이 될 수 있는 자: 변호사, 세무사 또는 「세무사법」제20조의2제1항의 규정에 따라 등록한 공인회계사
- 개별세법상 중복된 납세관리인 규정 통합(2007년 12월): 종전 국세기본법, 상속세및증여세법, 부가가치세법, 종합부동산세법에 각각 규정. 현재는 국세기본법, 부가가치세법에 존치.

○ 제83조【고지금액의 최저한】

- 고지할 국세(인지세 제외)·가산금·체납처분비의 합계액이 1만 원 미만인 때에는 그 금액은 없는 것으로 봄

○ 제84조【국세행정에 대한 협조】
○ 제84조의2【포상금의 지급】

- 신고포상금지급 대상 신용카드가맹점 범위 변경: 국세청장이 신용카드 가맹점 가입대상자로 지정한 신용카드가맹점으로 축소
- 포상금 한도: 1억 원의 범위 안
- 포상금 지급제외: 조세범처벌절차법에 의하여 포상금을 지급받는 경우, 탈루세액 또는 부당하게 환급·공제받은 세액이 1억 원 미만인 경우 및 공무원이 그 직무와 관련하여 자료를 제공하는 경우

[심판례] 포상금 지급 인정: 국심2007서1397, 2007. 09. 28.
 - 청구인의 제보자료가 중요한 자료인지 여부가 불분명하다는 이유로 탈세정보포상금지급을 거부한 처분은 부당하다는 사례

(처분개요)

가. 청구인은 ○○○번지에서 컴퓨터주변기기 도매업을 영위하던 주식회사 ○○○에 근무하던 중, 2005. 10. 20.경 처분청을 방문하여 조사2과 근무 조사관에게 세금계산서 등의 증빙을 제시하면서 (주)○○○가 가공매입세금계산서를 수취하여 비용에 포함하는 방식으로 탈세하였다는 내용의 제보를 하면서 익명으로 접수해 줄 것을 요청하였다.

나. 처분청은 2006. 1. 13. (주)○○○에 대하여 법인세 정기조사를 실시하여 2006. 2. 6. (주)○○○에 2004사업연도 법인세 탈루세액 120백만 원을 고지하였다.

다. 청구인은 처분청이 탈세 증빙자료에 대하여는 조사하지 않고 임원보수 과다지급 등에 대하여만 추징금을 부과하였다는 이유로 2006. 2. 13.청와대 참여마당신문고에 같은 내용으로 다시 제보하였다.

라. 처분청은 2006. 8. 11. ○○○경찰서로부터 (주)○○○에 대한 조세범처벌법위반 고발의뢰를 받고, 조사에 착수하여 2006. 8. 18. (주)○○○ 대표자 등을 조세포탈혐의로 직고발하고 2006. 10. 16. (주)○○○에 법인세 등 733백만 원을 고지하였다.

마. 청구인은 2007. 4. 10. 국세청장과의 대화방에 당초 탈세제보와 관련하여 포상금을 지급해 줄 것을 요구하는 민원을 제기하였다.

바. 국세청장은 이에 대하여 2007. 4. 24. 청구인이 익명으로 제보하였으며, 제보내용이 중요한 자료에 해당하는지 여부를 판단할 수 없으므로 지급을 거부한다고

답변하였다.

사. 청구인은 이에 불복하여 2007. 4. 25. 심판청구를 제기하였다.

(청구인 주장) 2005. 10. 20.경 처분청 조사과를 직접 방문하여 세금계산서 및 거래명세표 등 증빙과 함께 고발하면서 신분노출을 염려하여 익명으로 처리한 것일 뿐이며 당시 조사관에게 이름과 연락처를 남겼으나, 당초 약속과는 달리 조사결과를 알려주지 않아 처분청을 다시 방문하여 문의한 결과 당초 제보 시 제출한 증빙자료에 대하여는 조사하지 않은 것을 확인한 후, 당초처분청에 제출한 자료와 같은 내용으로 청와대 참여마당신문고를 통해 다시 실명으로 제보하였고, 이를 이첩받은 ○○○경찰서 등의 수사에 자료 제출 등을 통해 협조하여 (주)○○○의 탈세혐의가 대부분 사실로 밝혀졌고, 처분청은 이를 토대로 (주)○○○에 세금을 추징한 것이므로 포상금을 지급하여야 한다.

(처분청 의견) 청구인이 당초 (주)○○○의 탈세에 관하여 제보 시에는 신분노출 등의 우려로 익명으로 하여 탈세제보서류, 법인세 및 조세범칙 조사 등의 관계서류에 공식적으로 인적 사항이 기재되어 있지 않았으며, 청구인의 인적 사항은 2007. 4. 10. 청장과의 대화방에 포상금 지급의 건으로 민원을 제기한 후에야 알게 되었는바, 청구인은 탈세정보포상금지급규정 제2조에서 규정하는 포상금 지급대상에 해당되지 않으며, 당초 탈세제보 시 제출한 서류로는 법인세 조사 시 탈세여부를 확인하지 못하였고, 이후 ○○○경찰서에서 조세포탈 등의 사유로 고발의뢰 시 첨부한 범죄인지보고서상의 내용이 청구인이 제출한 자료에 의한 것인지 아니면 수사기관에서 압수·수색하여 확보한 자료 등 수사결과에 의한 것인지 확인할 수 없는바, 같은 규정 제3조에서 규정하는 중요한 자료에 해당되는 것인지 판단할 수 없으므로 청구인의 주장을 받아들일 수 없다.

(심판원 입장)

(다) 탈세정보포상금지급규정 제2조제1항은 포상금 지급대상을 규정하면서, 그 단서에서 본인의 신원을 명확히 밝히지 아니하고 가명 또는 제3자 명의로 자료를 제공한 자에 대하여는 예외로 하고 있는바, 위 사실관계 및 관련법령 등을 종합해 보면, 당초 외형상 익명제보로 처리되었음에도 처분청이 그 신빙성을 인정하였으며, 이후 청구인이 청와대 참여마당신문고에 실명으로 같은 내용의 민원을 제기하였고, 이를 이첩받은 ○○○경찰서로부터 조세범처벌법위반 고발의뢰를 받아 조사에 착수한 사실이 확인되는바, 비록 처분청이 이건 관련 탈세제보를 익명으로 처리하였다고

하더라도 청구인의 신원을 이미 확인하였다고 보는 것이 더 설득력이 있다 할 것이다. 따라서 처분청이 청구인의 익명제보를 이유로 탈세정보포상금지급을 거부한 처분은 잘못이 있는 것으로 판단된다.

(3) 처분청은 청구인의 탈세제보내용이 국세기본법 제84조의2제1항에서 규정하고 있는 "중요한 자료"에 해당하는지 여부가 불분명하다는 의견인바, 이에 대하여 본다. …… 위 관련법령 및 사실관계 등을 종합해 보면, 청구인은 당초에 실제 기업회계 관련 불법행위와 그 근거 및 의심이 가는 행위 등에 대하여 구분하여 금액 및 거래처 등의 구체적인 내용을 제보한 사실이 인정되며, 처분청도 제보문서의 신빙성을 인정하여 조사 후 법인세 탈루세액을 추징하였을 뿐만 아니라, 당초 제보내용을 근거로 한 청구인의 재조사 요청노력에 따른 사법기관의 수사결과를 토대로 부가가치세 등의 탈루세액을 재차 추징한 사실이 확인되며, 서울동부지방법원 제11형사부의 확정판결에 의하여 (주)○○○의 대표이사 등이 조세범처벌법위반 등의 혐의로 유죄가 확정된 사실 및 탈세제보의 활성화를 위한 제도적 취지 등에 비추어 볼 때, 청구인이 제보한 자료가 이건 탈루세액 추징에 중요한 자료에 해당한다고 할 것이다. 따라서 처분청이 청구인의 제보자료가 국세기본법 제84조의2제2항에서 규정하는 중요한 자료인지 여부가 불분명하다는 이유로 탈세정보포상금지급을 거부한 처분은 잘못이 있는 것으로 판단된다.


○ 제85조【과세자료의 제출과 그 수집에 대한 협조】
○ 제85조의2【지급명세서 자료의 이용】
○ 제85조의3【장부 등의 비치와 보존】
- 법정신고기한이 지난 날부터 5년간


○ 제85조의4【서류접수증 교부】
○ 제85조의5【고액·상습체납자 등의 명단공개】
- 체납발생일부터 2년이 지난 국세(결손 처분한 국세로서 징수권 소멸시효가 완성되지 아니한 것을 포함한다)가 10억 원 이상인 체납자
- 불성실기부금 단체에 대한 명단공개제도 도입(2007년 12월)

[심판례] 고액·상습체납자 등의 명단공개의 절차적 하자: 국심2006서1824, 2006. 10. 12.

－청구인을 고액·상습체납자로 보아 명단을 공개한 행위는 절차적 하자가 발생한 것이므로 청구인 명단을 고액·상습체납자 명단에서 제외해야 한다고 본 사례

(처분개요)

가. ○○○주식회사의 과점주주(청구인과 청구인의 동생 유○○의 지분 합계는 89.4%임)로 위 법인의 제2차납세의무자로 지정되었으나 2005. 10. 30. 현재 국세 1,911,752,850원(이하 "체납국세"라 한다)을 납부하지 않았다.

나. 국세청장은 2005. 12. 22. 청구인을 고액·상습체납자 명단공개대상자로 선정하여 국세청 홈페이지 및 관보 등에 공개하였다.

다. 청구인은 이에 불복하여 2006. 2. 3. 이건 심판청구를 제기하였다.

(청구인 주장)

(1) 청구인이 주주로 등재된 ○○○이 경기불황에 따른 아파트형공장의 분양부진 등으로 2000. 5. 20. 부도가 발생하고 2000. 6. 30. 화의개시 신청하여 동년 7. 10. 재산보전처분과 동년 11. 18. 화의인가 확정결정을 받아 회사 정상화를 위하여 노력하였으나 조세채권자를 비롯한 채권자들의 압류 등으로 사업진행이 불가능하게 되었고, 결국 2004. 1. 20. 화의가 취소됨에 따라 회사는 파산하게 되었다. ○○○이 2001. 12. 28. 현재 체납한 국세에 대하여 ○○○세무서장은 과점주주인 청구인에게 제2차세의무자로 지정한 후 청구인의 전 재산을 압류 및 공매하여 체납세금에 충당하였다.

(2) 그 후 청구인이 2005. 3. 12. ○○○세무서장에게 청구인 소유의 모든 부동산 및 기타 재산이 채권단의 임의경매, 공매 등으로 법인의 채무액에 충당되어 현재 무재산상태에 있어 도저히 세금을 납부할 수 없음을 이유로 체납자 명단공개대상에서 제외하여 줄 것을 소명자료로 제출하였음에도 불구하고, 국세청장은 2005. 12. 22. 청구인을 고액·상습체납자로 선정하여 국세청 홈페이지 및 관보 등에 공개하였다.

(3) 그러나 「국세기본법」제85조의5제1항은 고액체납자 명단공개 제외대상으로 "체납된 국세가 이의신청·심사청구 등 불복청구 중에 있거나 그 밖에 대통령령이 정하는 사유가 있는 경우"를 규정한 데 이어 같은 법 시행령 제66조제1항제2호는 "재산상황 및 그 밖의 사정 등을 고려할 때 법 제85조의5제2항의 규정에 의한 국세

정보공개심의위원회가 공개할 실익이 없거나 공개하는 것이 부적절하다고 인정하는 경우"에 공개하지 아니하도록 규정하고 있다. 청구인이 밝힌 바와 같이 제2차납세의무자인 청구인의 전 재산을 압류 및 공매하여 지금은 무재산상태로서 명단공개를 한다고 하여 체납세액 징수에 실익이 있다고 볼 수 없으며, 청구인은 ○○○의 체납세액으로 인해 신용불량자ㆍ사업허가규제ㆍ개인재산 압류 및 공매 등으로 충분한 제재를 받았는데도 불구하고 현재 명단공개의 불이익까지 받고 있다. 따라서 청구인의 개인재산을 압류 및 공매하여 소유재산이 전혀 없는 상태임에도 불구하고 명단공개를 하는 것은 과잉금지원칙 등에 비추어 부당하므로 이를 취소함이 타당하다.

(처분청 의견)「국세기본법」에서는 고액ㆍ상습체납자에 대한 명단공개대상자로 선정된 자에 대하여는 공개 6개월 전에 사전예고를 실시하여 소명기회를 부여한 후 최종적으로 명단공개대상자를 선정하여 국세청 홈페이지 및 관보 등에 명단을 공개하도록 하고 있는데, 청구인은 명단공개 제외요건에 해당되지 않으므로 청구인 명단을 공개한 것은 적법하다.

(쟁점) **관할세무서장이 청구인 재산에 대하여 압류 및 공매를 실시함에 따라 무재산상태에 있는 청구인을 고액ㆍ상습체납자로 보아 명단을 공개한 것**은 국민의 기본권을 과도하게 제한한 것이므로 체납자 명단공개 처분을 취소하여야 한다는 주장의 인정 여부

(심판원 입장) ○○○세무서장은 청구인에게 2005. 3. 2.과 2005. 4. 25. 두 번에 걸쳐 명단공개 안내문을 통지하였지만, 청구인이 2005. 3. 12.과 2005. 4. 4. 두 번에 걸쳐 청구인 재산이 채권단의 압류 및 경매ㆍ공매 등으로 체납법인의 채무액에 충당됨에 따라 무재산상태에 있어 도저히 세금을 납부할 수 없다는 이유로 명단공개대상에서 제외하여 줄 것을 요청한 데에 대하여, ○○○에서 체납자가 소명자료를 제출한 경우 소명서 접수 후 3일 이내에 처리결과를 회신하도록 지시하였음에도 불구하고 그 처리결과를 회신하지 아니한 것으로 인정된다. 또한 2005. 11. 3. 국세정보공개심의위원회에 제출한 체납자 명단공개대상자 선정을 위한 관리카드에도 청구인의 소명일시ㆍ소명내용을 기재하지 않았음은 물론, 관서장 의견란인 소명자료 검토 및 확인내용에도 "해당 없음"으로 기재함에 따라 동 위원회가 2005. 12. 16. 무재산 선처요망 등 탄원성 민원에 대하여 명단공개대상에서 제외하기로 결정하였음에도 불구하고 청구인의 소명내용이 누락되어 명단공개대상자로 선정되는 절차적 하자가 발생한 것으로 보인다. 따라서 ○○○이 2005. 12. 22. 청구인을 고액ㆍ상

습체납자로 보아 청구인 명단을 공개한 행위는 절차적 하자가 있으므로 청구인 명단을 고액·상습체납자 명단에서 제외함이 타당하다고 판단된다.

○ 제85조의6【통계자료의 작성 및 공개】
○ 제86조【시행령】

# [부록 1] 국세기본법

ㅣ국세기본법
[일부개정 2008. 9. 26. 법률 제9131호]

# 제1장 총칙

## 제1절 통칙

제1조 (목적) 이 법은 국세에 관한 기본적인 사항 및 공통적인 사항과 위법 또
는 부당한 국세처분에 대한 불복절차를 규정함으로써 국세에 관한 법률관계
를 확실하게 하고, 과세의 공정을 도모하며, 국민의 납세의무의 원활한 이행
에 기여함을 목적으로 한다.

제2조 (정의 <개정 2007. 12. 31.>) 이 법에서 사용하는 용어의 정의는 다음 각
호와 같다. <개정 1976. 12. 22., 1978. 12. 5., 1981. 12. 31., 1984. 8. 7.,

1989. 12. 30., 1993. 12. 31., 1994. 3. 24., 1995. 12. 6., 1996. 12. 30., 1998. 12. 28., 1999. 8. 31., 2000. 12. 29., 2002. 12. 18., 2003. 12. 30., 2005. 1. 5., 2006. 12. 30., 2007. 12. 31.>

1. "국세"라 함은 국가가 부과하는 조세 중 다음에 규정하는 것을 말한다.

　가. 소득세

　나. 법인세

　다. 삭제 <1998. 12. 28.>

　라. 상속세와 증여세

　마. 삭제 <2003. 12. 30.>

　바. 삭제 <2007. 7. 19.>

　사. 부가가치세

　아. 개별소비세

　자. 주　세

　차. 삭제 <2000. 12. 29.>

　카. 인지세

　타. 증권거래세

　파. 교육세

　하. 교통세

　거. 농어촌특별세

　너. 종합부동산세

2. "세법"이라 함은 국세의 종목과 세율을 정하고 있는 법률과 「국세징수법」·「조세특례제한법」·「국제조세조정에관한법률」·「조세범처벌법」 및 「조세범처벌절차법」을 말한다.

3. "원천 징수"라 함은 세법에 의하여 원천 징수의무자가 국세(이에 관계되는 가산세를 제외한다)를 징수함을 말한다.

4. "가산세"라 함은 세법에 규정하는 의무의 성실한 이행을 확보하기 위하여

그 세법에 의하여 산출한 세액에 가산하여 징수하는 금액을 말한다. 다만, 가산금은 이에 포함하지 아니한다.

5. "가산금"이라 함은 국세를 납부기한까지 납부하지 아니한 때에 「국세징수법」에 의하여 고지세액에 가산하여 징수하는 금액과 납부기한 경과 후 일정기한까지 납부하지 아니한 때에 그 금액에 다시 가산하여 징수하는 금액을 말한다.

6. "체납처분비"라 함은 「국세징수법」 중 체납처분에 관한 규정에 의한 재산의 압류·보관·운반과 매각에 소요된 비용(매각을 대행시키는 경우 그 수수료를 포함한다)을 말한다.

7. "지방세"라 함은 「지방세법」이 규정하는 과세를 말한다.

8. "공과금"이라 함은 「국세징수법」에 규정하는 체납처분의 예에 의하여 징수할 수 있는 채권 중 국세·관세·임시수입부가세 및 지방세와 이에 관계되는 가산금 및 체납처분비 이외의 것을 말한다.

9. "납세의무자"라 함은 세법에 의하여 국세를 납부할 의무(국세를 징수하여 납부할 의무를 제외한다)가 있는 자를 말한다.

10. "납세자"라 함은 납세의무자(연대납세의무자와 납세자에 갈음하여 납부할 의무가 생긴 경우의 제2차납세의무자 및 보증인을 포함한다)와 세법에 의하여 국세를 징수하여 납부할 의무를 지는 자를 말한다.

11. "제2차납세의무자"라 함은 납세자가 납세의무를 이행할 수 없는 경우에 납세자에 갈음하여 납세의무를 지는 자를 말한다.

12. "보증인"이라 함은 납세자의 국세·가산금 또는 체납처분비의 납부를 보증한 자를 말한다.

13. "과세기간"이라 함은 세법에 의하여 국세의 과세표준의 계산에 기초가 되는 기간을 말한다.

14. "과세표준"이라 함은 세법에 의하여 직접적으로 세액산출의 기초가 되는 과세물건의 수량 또는 가액을 말한다.

15. "과세표준신고서"라 함은 국세의 과세표준과 국세의 납부 또는 환급을 위하여 필요한 사항을 기재한 신고서를 말한다.

15의2. "과세표준수정신고서"라 함은 당초에 제출한 과세표준신고서의 기재사항을 수정하는 신고서를 말한다.

16. "법정신고기한"이라 함은 세법에 의하여 과세표준신고서를 제출할 기한을 말한다.

17. "세무공무원"이라 함은 국세청장·지방국세청장·세무서장 또는 그 소속 공무원, 세법에 의하여 국세에 관한 사무를 세관장이 관장하는 경우의 당해 세관장 또는 그 소속공무원과 「국세징수법」에 의하여 국세를 시장·군수·구청장(자치구의 구청장을 말한다. 이하 같다)에게 위탁하여 징수하는 경우의 당해 시장·군수·구청장 또는 그 소속공무원을 말한다.

18. "정보통신망"이라 함은 「전기통신기본법」제2조제2호의 규정에 의한 전기통신설비를 활용하거나 전기통신설비와 컴퓨터 및 컴퓨터의 이용기술을 활용하여 정보를 수집·가공·저장·검색·송신 또는 수신하는 정보통신 체계를 말한다.

19. "전자신고"라 함은 과세표준신고서 등 이 법 또는 세법에 의한 신고관련 서류를 국세청장이 정하여 고시하는 정보통신망(이하 "국세정보통신망"이라 한다)에 의하여 신고하는 것을 말한다.

제3조 (세법 등과의 관계) ① 이 법은 세법에 우선하여 적용한다. 다만, 세법이 이 법 제2장제1절, 제3장제2절·제3절 및 제5절, 제4장제2절(「조세특례제한법」제104조의7제4항의 규정에 따른 제2차납세의무에 한한다), 제5장제1절·제2절제45조의2·제3절(「조세특례제한법」제100조의10 및 같은 법 제100조의34에 따른 가산세에 한한다), 제6장제51조 및 제52조와 제8장에 대한 특례규정을 두고 있는 경우에는 그 세법이 정하는 바에 의한다. <개정 1984. 8. 7., 1996. 12. 30., 1998. 12. 28., 2003. 12. 30., 2006. 12. 30., 2008. 9. 26.>

② 「관세법」 및 「수출용원재료에대한관세등환급에관한특례법」에서 세관장이 부과·징수하는 국세에 관하여 이 법에 대한 특례규정을 두고 있는 경우에는 동법이 정하는 바에 의한다. <신설 1984. 8. 7., 2006. 12. 30.>

## 제2절 기간과 기한

제4조 (기간의 계산) 이 법 또는 세법에 규정하는 기간의 계산은 이 법 또는 그 세법에 특별한 규정이 있는 것을 제외하고는 「민법」에 의한다. <개정 2006. 12. 30.>

제5조 (기한의 특례) ① 이 법 또는 세법에 규정하는 신고·신청·청구 기타 서류의 제출·통지·납부 또는 징수에 관한 기한이 공휴일·토요일 또는 「근로자의날제정에관한법률」에 따른 근로자의 날에 해당하는 때에는 공휴일·토요일 또는 근로자의 날의 다음 날을 기한으로 한다. <개정 2006. 4. 28.>
② 삭제 <2006. 4. 28.>
③ 이 법 또는 세법에서 규정하는 신고 또는 납부기한일에 국세정보통신망이 대통령령이 정하는 장애로 가동이 정지되어 전자신고 또는 전자납부(이 법 또는 세법에 의하여 납부할 국세 및 가산금을 정보통신망에 의하여 납부하는 것을 말한다)를 할 수 없는 경우에는 그 장애가 복구되어 신고 또는 납부할 수 있게 된 날의 다음날을 기한으로 한다. <개정 2002. 12. 18.>

제5조의2 (우편신고 및 전자신고 <개정 1999. 8. 31.>) ① 우편으로 과세표준신고서, 과세표준수정신고서, 경정청구서 또는 과세표준신고·과세표준수정신고·경정청구와 관련된 서류를 제출한 경우 「우편법」에 따른 통신일부인이 찍

힌 날(통신일부인이 찍히지 아니하였거나 분명하지 아니한 때에는 통상 소요되는 우송일수를 기준으로 발송한 날에 상당하다고 인정되는 날)에 신고된 것으로 본다. <개정 2006. 4. 28.>

② 제1항의 신고서 등을 국세정보통신망에 의하여 제출하는 경우에는 국세정보통신망에 입력된 때에 신고된 것으로 본다. <신설 1999. 8. 31., 2002. 12. 18.>

③ 제2항의 규정에 의하여 전자신고된 경우 과세표준신고 또는 과세표준수정신고와 관련된 서류 중 대통령령이 정하는 서류에 대하여는 대통령령이 정하는 바에 따라 10일의 범위 이내에서 제출기한을 연장할 수 있다. <신설 2002. 12. 18.>

④ 전자신고에 의한 과세표준 등의 신고절차 등에 관한 세부적인 사항은 기획재정부령으로 정한다. <신설 2000. 12. 29., 2008. 2. 29.>

[본조신설 1984. 8. 7.]


제6조 (천재 등으로 인한 기한의 연장) ① 천재·지변 기타 대통령령이 정하는 사유로 인하여 이 법 또는 세법에 규정하는 신고·신청·청구 기타 서류의 제출·통지·납부를 정하여진 기한까지 할 수 없다고 인정하거나 납세자의 신청이 있는 경우에는 관할세무서장은 대통령령이 정하는 바에 의하여 그 기한을 연장할 수 있다. <개정 1994. 12. 22., 2002. 12. 18.>

② 제1항의 규정에 의하여 납부기한을 연장하는 경우 관할세무서장은 납부할 금액에 상당하는 담보의 제공을 요구할 수 있다. 다만, 대통령령이 정하는 사유가 발생한 때에는 그러하지 아니하다. <신설 1994. 12. 22., 2002. 12. 18.>


제6조의2 (납부기한 연장의 취소) ① 세무서장은 제6조의 규정에 의하여 납부기한을 연장한 경우에 당해 납세자가 다음 각 호의 1에 해당하게 된 때에는 그 납부기한의 연장을 취소하고, 당해 연장된 국세를 즉시 징수할 수 있다. <개

정 2006. 12. 30.>

1. 담보의 제공 등 세무서장의 요구에 응하지 아니한 때
2. 「국세징수법」 제14조제1항 각 호의 1의 사유에 해당되어 그 연장한 납부기한까지 당해 연장된 국세 전액을 징수할 수 없다고 인정되는 때
3. 재산상황의 변동 등 대통령령이 정하는 사유로 인하여 그 연장의 필요가 없다고 인정되는 때

② 세무서장은 제1항의 규정에 의하여 납부기한의 연장을 취소한 때에는 납세자에게 그 뜻을 통지하여야 한다.

[본조신설 2003. 12. 30.]

제7조 (송달지연에 따른 납부기한의 연장 <개정 2007. 12. 31.>) 납세고지서·납부통지서·독촉장 또는 납부최고서를 송달한 경우에 도달한 날에 이미 납부기한이 지났거나 도달한 날로부터 14일 이내에 납부기한이 도래하는 것에 대하여는 도달한 날로부터 14일이 지나는 날을 납부기한으로 한다. 다만, 「국세징수법」 제14조제2항의 규정에 따른 고지의 경우 당해 고지서가 도달한 날에 이미 납부기한이 지난 때에는 그 도달한 날을 납부기한으로 하고, 당해 고지서의 도달 후 납부기한이 도래하는 때에는 그 도래하는 날을 납부기한으로 한다. <개정 1981. 12. 31., 2006. 12. 30., 2007. 12. 31.>

# 제3절 서류의 송달

제8조 (서류의 송달) ① 이 법 또는 세법에 규정하는 서류는 그 명의인(당해 서류에 수신인으로 지정되어 있는 자를 말한다. 이하 같다)의 주소·거소·영업소 또는 사무소[정보통신망을 이용한 송달(이하 "전자송달"이라 한다)인 경우

에는 명의인의 전자우편주소(국세정보통신망에 저장하는 경우에는 명의인의 사용자확인기호를 이용하여 접근할 수 있는 곳을 말한다)를 말하며, 이하 "주소 또는 영업소"라 한다]에 송달한다. <개정 2002. 12. 18.>

② 연대납세의무자에게 서류를 송달하고자 할 때에는 그 대표자를 명의인으로 하며, 대표자가 없는 때에는 연대납세의무자 중 국세징수상 유리한 자를 명의인으로 한다. 다만, 납세의 고지와 독촉에 관한 서류는 연대납세의무자 모두에게 각각 송달하여야 한다. <개정 1996. 12. 30.>

③ 상속이 개시된 경우에 상속재산관리인이 있는 때에는 그 상속재산관리인의 주소 또는 영업소에 송달한다.

④ 납세관리인이 있는 때에는 납세의 고지와 독촉에 관한 서류는 그 납세관리인의 주소 또는 영업소에 송달한다.

제9조 (송달을 받을 장소의 신고) 제8조의 규정에 의한 서류의 송달을 받을 자가 주소 또는 영업소 중에서 송달을 받을 장소를 대통령령이 정하는 바에 의하여 정부에 신고한 때에는 그 신고된 장소에 송달하여야 한다. 이를 변경한 때에도 또한 같다.

제10조 (서류송달의 방법 <개정 2007. 12. 31.>) ① 제8조의 규정에 의한 서류의 송달은 교부·우편 또는 전자송달에 의한다. <개정 2002. 12. 18.>

② 납세의 고지·독촉·체납처분 또는 세법에 의한 정부의 명령에 관계되는 서류의 송달을 우편에 의하고자 할 때에는 등기우편에 의하여야 한다. 다만, 「소득세법」 제65조제1항의 규정에 의한 중간예납세액의 납세고지서 및 「부가가치세법」 제18조제2항의 규정에 의하여 징수하기 위한 납세고지서로서 대통령령이 정하는 금액 미만에 해당하는 납세고지서는 일반우편으로 송달할 수 있다. <개정 2003. 12. 30., 2006. 12. 30.>

③ 교부에 의한 서류의 송달은 당해 행정기관의 소속공무원이 이를 송달할 장

소에서 그 송달을 받아야 할 자에게 서류를 교부함으로써 행한다. 다만, 송달을 받아야 할 자가 송달받기를 거부하지 아니하면 다른 장소에서 교부할 수 있다.

④ 제2항 및 제3항의 경우에 송달할 장소에서 서류의 송달을 받아야 할 자를 만나지 못한 때에는 그 사용인 기타 종업원 또는 동거인으로서 사리를 판별할 수 있는 자에게 서류를 송달할 수 있으며, 서류의 송달을 받아야 할 자 또는 그 사용인 기타 종업원 또는 동거인으로서 사리를 판별할 수 있는 자가 정당한 사유 없이 서류의 수령을 거부한 때에는 송달할 장소에 서류를 둘 수 있다. <개정 1996. 12. 30.>

⑤ 제1항부터 제4항까지의 규정에 따라 서류를 송달하는 경우에 그 송달을 받아야 할 자가 주소 또는 영업소를 이전한 때에는 주민등록표 등에 의하여 이를 확인하고 그 이전한 장소에 송달하여야 한다. <개정 2007. 12. 31.>

⑥ 서류를 교부한 때에는 송달서에 수령인으로 하여금 서명 날인하게 하여야 한다. 이 경우 수령인이 서명 날인을 거부한 때에는 그 사실을 송달서에 부기하여야 한다.

⑦ 통상우편에 의하여 서류를 송달한 때에는 당해 행정기관의 장은 다음 각 호의 사항을 확인할 수 있는 기록을 작성·비치하여야 한다.

1. 서류의 명칭
2. 송달을 받아야 할 자의 성명
3. 송달장소
4. 발송년월일
5. 서류의 주요내용

⑧ 제1항의 규정에 의한 전자송달은 대통령령이 정하는 바에 따라 서류의 송달을 받아야 할 자가 신청하는 경우에 한하여 이를 행한다. <신설 2002. 12. 18., 2006. 4. 28.>

⑨ 제8항의 규정에 불구하고 국세정보통신망의 장애로 인하여 전자송달이 불

가능한 경우 그 밖에 대통령령이 정하는 사유가 있는 경우에는 교부 또는 우편에 의하여 송달할 수 있다. <신설 2002. 12. 18.>

⑩ 제8항의 규정에 의하여 전자송달할 수 있는 서류의 구체적인 범위 및 송달방법 등에 관하여 필요한 사항은 대통령령으로 정한다. <신설 2002. 12. 18.>

제11조 (공시송달 <개정 2007. 12. 31.>) ① 서류의 송달을 받아야 할 자가 다음 각 호의 1에 해당하는 경우에는 서류의 요지를 공고한 날부터 14일이 지나면 제8조의 규정에 의한 서류의 송달이 있은 것으로 본다. <개정 1981. 12. 31., 1996. 12. 30., 1998. 12. 28., 2007. 12. 31.>

1. 주소 또는 영업소가 국외에 있고 그 송달이 곤란한 경우

2. 주소 또는 영업소가 분명하지 아니한 경우

3. 제10조제4항에서 규정한 자가 송달할 장소에 없는 경우로서 등기우편으로 송달하였으나 수취인의 부재로 반송되는 경우 등 대통령령이 정하는 경우

② 제1항의 규정에 의한 공고는 국세정보통신망, 세무서, 당해 서류의 송달장소를 관할하는 시·군·구(자치구를 말한다. 이하 같다)의 게시판 기타 적절한 장소에 게시하거나 관보 또는 일간신문에 게재하여야 한다. 이 경우 국세정보통신망을 이용하여 공시송달을 하는 때에는 다른 공시송달방법과 함께하여야 한다. <개정 1981. 12. 31., 1996. 12. 30., 2003. 12. 30.>

제12조 (송달의 효력발생) ① 제8조의 규정에 의하여 송달하는 서류는 그 송달을 받아야 할 자에게 도달한 때로부터 효력이 발생한다. 다만, 전자송달의 경우에는 송달받을 자가 지정한 전자우편주소에 입력된 때(국세정보통신망에 저장하는 경우에는 저장된 때)에 그 송달을 받아야 할 자에게 도달된 것으로 본다. <개정 2002. 12. 18.>

② 삭제 <2003. 12. 30.>

# 제4절 인격

제13조 (법인으로 보는 단체 <개정 2007. 12. 31.>) ① 법인격이 없는 사단·재단 기타 단체(이하 "법인격이 없는 단체"라 한다) 중 다음 각 호의 1에 해당하는 경우로서 수익을 구성원에게 분배하지 아니하는 것은 법인으로 보아 이 법과 세법을 적용한다. <개정 2007. 12. 31.>

1. 주무관청의 허가 또는 인가를 받아 설립되거나 법령에 의하여 주무관청에 등록한 사단·재단 기타 단체로서 등기되지 아니한 것
2. 공익을 목적으로 출연된 기본재산이 있는 재단으로서 등기되지 아니한 것

② 제1항의 규정에 의하여 법인으로 보는 사단·재단 기타 단체 외의 법인격이 없는 단체 중 다음 각 호의 요건을 갖춘 것으로서 대표자 또는 관리인이 관할세무서장에게 신청하여 승인을 얻은 것에 대하여도 이를 법인으로 보아 이 법과 세법을 적용한다. 이 경우 당해 사단·재단 기타 단체의 계속성 및 동질성이 유지되는 것으로 본다.

1. 사단·재단 기타 단체의 조직과 운영에 관한 규정을 가지고 대표자 또는 관리인을 선임하고 있을 것
2. 사단·재단 기타 단체 자신의 계산과 명의로 수익과 재산을 독립적으로 소유·관리할 것
3. 사단·재단 기타 단체의 수익을 구성원에게 분배하지 아니할 것

③ 제2항의 규정에 의하여 법인으로 보는 법인격이 없는 단체는 그 신청에 대하여 관할세무서장으로부터 승인을 얻은 날이 속하는 과세기간과 그 과세기간 종료일부터 3년이 되는 날이 속하는 과세기간까지는 거주자로 변경할 수 없다. 다만, 제2항 각 호의 요건을 갖추지 못하게 되어 승인취소를 받는 경우에는 그러하지 아니하다.

④ 제1항 및 제2항의 규정에 의하여 법인으로 보는 법인격이 없는 단체(이하

"법인으로 보는 단체"라 한다)의 국세에 관한 의무는 그 대표자 또는 관리인이 이행하여야 한다.

⑤ 법인으로 보는 단체는 국세에 관한 의무의 이행을 위하여 대표자 또는 관리인을 선임 또는 변경한 경우에는 대통령령이 정하는 바에 의하여 관할세무서장에게 신고하여야 한다.

⑥ 관할세무서장은 제5항의 규정에 의한 신고가 없는 때에는 그 구성원 또는 관계인 중 1인을 국세에 관한 의무를 이행하는 자로 지정할 수 있다.

⑦ 법인으로 보는 단체의 신청·승인과 납세번호 등의 교부 및 승인취소에 관하여 필요한 사항은 대통령령으로 정한다.

[전문개정 1994. 12. 22.]

# 제2장 국세부과와 세법적용

## 제1절 국세부과의 원칙

제14조 (실질과세 <개정 2007. 12. 31.>) ① 과세의 대상이 되는 소득·수익·재산·행위 또는 거래의 귀속이 명의일 뿐이고 사실상 귀속되는 자가 따로 있는 때에는 사실상 귀속되는 자를 납세의무자로 하여 세법을 적용한다.

② 세법 중 과세표준의 계산에 관한 규정은 소득·수익·재산·행위 또는 거래의 명칭이나 형식에 불구하고 그 실질내용에 따라 적용한다.

③ 제3자를 통한 간접적인 방법이나 2 이상의 행위 또는 거래를 거치는 방법으로 이 법 또는 세법의 혜택을 부당하게 받기 위한 것으로 인정되는 경우

에는 그 경제적 실질내용에 따라 당사자가 직접 거래를 한 것으로 보거나 연속된 하나의 행위 또는 거래를 한 것으로 보아 이 법 또는 세법을 적용한다. <신설 2007. 12. 31.>

제15조 (신의·성실) 납세자가 그 의무를 이행함에 있어서는 신의에 좇아 성실히 하여야 한다. 세무공무원이 그 직무를 수행함에 있어서도 또한 같다.

제16조 (근거과세) ① 납세의무자가 세법에 의하여 장부를 비치·기장하고 있는 때에는 당해 국세의 과세표준의 조사와 결정은 그 비치·기장한 장부와 이에 관계되는 증빙자료에 의하여야 한다.
  ② 제1항의 규정에 의하여 국세를 조사·결정함에 있어서 기장의 내용이 사실과 다르거나 기장에 누락된 것이 있는 때에는 그 부분에 한하여 정부가 조사한 사실에 따라 결정할 수 있다.
  ③ 정부는 제2항의 규정에 의하여 기장의 내용과 상이한 사실이나 기장에 누락된 것을 조사하여 결정한 때에는 정부가 조사한 사실과 결정의 근거를 결정서에 부기하여야 한다.
  ④ 행정기관의 장은 당해 납세의무자 또는 그 대리인의 요구가 있는 때에는 제3항의 결정서를 열람 또는 등초하게 하거나 그 등본 또는 초본이 원본과 상위 없음을 확인하여야 한다.
  ⑤ 제4항의 요구는 구술에 의한다. 다만, 당해 행정기관의 장이 필요하다고 인정하는 때에는 그 열람 또는 등초한 자의 서명을 요구할 수 있다.

제17조 (조세감면의 사후관리) ① 정부는 국세를 감면한 경우에 그 감면의 취지를 성취시키거나 국가정책을 수행하기 위하여 필요하다고 인정하는 때에는 세법이 정하는 바에 의하여 감면한 세액에 상당하는 자금 또는 자산의 운용범위를 정할 수 있다.

② 제1항의 규정에 의한 운용범위에 따르지 아니한 자금 또는 자산에 상당하는 감면세액은 세법이 정하는 바에 의하여 감면을 취소하고 징수할 수 있다.

## 제2절 세법적용의 원칙

제18조 (세법해석의 기준, 소급과세의 금지 <개정 2007. 12. 31.>) ① 세법의 해석·적용에 있어서는 과세의 형평과 당해 조항의 합목적성에 비추어 납세자의 재산권이 부당히 침해되지 아니하도록 하여야 한다.

② 국세를 납부할 의무(세법에 징수의무자가 따로 규정되어 있는 국세의 경우에는 이를 징수하여 납부할 의무. 이하 같다)가 성립한 소득·수익·재산·행위 또는 거래에 대하여는 그 성립 후의 새로운 세법에 의하여 소급하여 과세하지 아니한다. <신설 1984. 8. 7.>

③ 세법의 해석 또는 국세행정의 관행이 일반적으로 납세자에게 받아들여진 후에는 그 해석 또는 관행에 의한 행위 또는 계산은 정당한 것으로 보며, 새로운 해석 또는 관행에 의하여 소급하여 과세되지 아니한다.

④ 삭제 <1993. 12. 31.>

⑤ 세법 이외의 법률 중 국세의 부과·징수·감면 또는 그 절차에 관하여 규정하고 있는 조항은 제1항부터 제3항까지의 규정의 적용에 있어서 이를 세법으로 본다. <개정 1984. 8. 7., 2007. 12. 31.>

제19조 (세무공무원의 재량의 한계) 세무공무원이 그 재량에 의하여 직무를 수행함에 있어서는 과세의 형평과 당해 세법의 목적에 비추어 일반적으로 적당하다고 인정되는 한계를 엄수하여야 한다.

제20조 (기업회계의 존중) 국세의 과세표준을 조사·결정함에 있어서 당해 납세의무자가 계속하여 적용하고 있는 기업회계의 기준 또는 관행으로서 일반적으로 공정·타당하다고 인정되는 것은 이를 존중하여야 한다. 다만, 세법에 특별한 규정이 있는 것은 그러하지 아니하다.

# 제3장 납세의무

## 제1절 납세의무의 성립과 확정

제21조 (납세의무의 성립시기 <개정 2007. 12. 31.>) ① 국세를 납부할 의무는 다음 각 호의 시기에 성립한다. <개정 1976. 12. 22., 1978. 12. 5., 1981. 12. 31., 1984. 8. 7., 1989. 12. 30., 1993. 12. 31., 1994. 12. 22., 1998. 12. 28., 2000. 12. 29., 2005. 1. 5., 2006. 12. 30., 2007. 12. 31.>

1. 소득세 또는 법인세는 과세기간이 종료하는 때. 다만, 청산소득에 대한 법인세에 있어서는 당해 법인이 해산(분할 또는 분할합병으로 인한 해산을 포함한다) 또는 합병을 하는 때

2. 상속세는 상속이 개시되는 때

3. 증여세는 증여에 의하여 재산을 취득하는 때

4. 삭제 <1976. 12. 22.>

5. 삭제 <2003. 12. 30.>

6. 삭제 <2007. 7. 19.>

7. 부가가치세는 과세기간이 종료하는 때. 다만, 수입재화의 경우에는 세관장

에게 수입신고를 하는 때

8. 개별소비세·주세 또는 교통세는 과세물품을 제조장으로부터 반출하거나 판매장에서 판매하는 때 또는 과세장소에 입장하거나 과세유흥장소에서 유흥음식행위를 한 때. 다만, 수입물품의 경우에는 세관장에게 수입신고를 하는 때

9. 삭제 <2000. 12. 29.>

10. 인지세는 과세문서를 작성하는 때

10의2. 증권거래세는 당해 매매거래가 확정되는 때

10의3. 교육세는 다음 각 목의 어느 하나에 해당하는 때

　가. 국세에 부과되는 교육세는 당해 국세의 납세의무가 성립하는 때

　나. 삭제 <2000. 12. 29.>

　다. 금융·보험업자의 수익금액에 부과되는 교육세는 과세기간이 종료하는 때

10의4. 농어촌특별세는 「농어촌특별세법」 제2조제2항의 규정에 의한 본세의 납세의무가 성립하는 때

10의5. 종합부동산세는 과세기준일

11. 가산세는 이를 가산할 국세의 납세의무가 성립하는 때

② 다음 각 호의 국세를 납부할 의무는 제1항의 규정에 불구하고 당해 각 호의 시기에 성립한다. <개정 1976. 12. 22., 1978. 12. 5., 1981. 12. 31., 1990. 12. 31., 1993. 12. 31., 1998. 12. 28., 2007. 12. 31.>

1. 원천 징수하는 소득세 또는 법인세는 소득금액 또는 수입금액을 지급하는 때

2. 납세조합이 징수하는 소득세 또는 예정신고 납부하는 소득세는 그 과세표준이 되는 금액이 발생한 달의 말일

3. 중간예납하는 소득세·법인세 또는 예정신고기간에 대한 부가가치세는 중간예납기간 또는 예정신고기간이 종료하는 때

4. 수시부과에 의하여 징수하는 국세는 수시부과할 사유가 발생하는 때

5. 삭제 <2000. 12. 29.>

제22조 (납세의무의 확정) ① 국세는 당해 세법에 의한 절차에 따라 그 세액이 확정된다. <개정 1976. 12. 22.>

② 다음 각 호의 국세는 제1항의 규정에 불구하고 납세의무가 성립하는 때에 특별한 절차 없이 그 세액이 확정된다. <개정 1976. 12. 22.>

1. 삭제 <1976. 12. 22.>

2. 인지세

3. 원천 징수하는 소득세 또는 법인세

4. 납세조합이 징수하는 소득세

5. 중간예납하는 법인세(세법에 의하여 정부가 조사 결정하는 경우를 제외한다)

제22조의2 (경정 등의 효력) ① 세법의 규정에 의하여 당초 확정된 세액을 증가시키는 경정은 당초 확정된 세액에 관한 이 법 또는 세법에서 규정하는 권리·의무관계에 영향을 미치지 아니한다.

② 세법의 규정에 의하여 당초 확정된 세액을 감소시키는 경정은 그 경정에 의하여 감소되는 세액 외의 세액에 관한 이 법 또는 세법에서 규정하는 권리·의무관계에 영향을 미치지 아니한다.

[본조신설 2002. 12. 18.]

## 제2절 납세의무의 승계

제23조 (법인의 합병으로 인한 납세의무의 승계) 법인이 합병한 때에 합병 후 존속하는 법인 또는 합병으로 인하여 설립된 법인은 합병으로 인하여 소멸된 법인에게 부과되거나 그 법인이 납부할 국세·가산금과 체납처분비를 납부할 의무를 진다.

제24조 (상속으로 인한 납세의무의 승계) ① 상속이 개시된 때에 그 상속인(수유 자를 포함한다. 이하 같다) 또는 「민법」 제1053조에 규정하는 상속재산관리 인은 피상속인에게 부과되거나 그 피상속인이 납부할 국세·가산금과 체납 처분비를 상속으로 인하여 얻은 재산을 한도로 하여 납부할 의무를 진다. <개정 2006. 12. 30.>

② 제1항의 경우에 상속인이 2인 이상인 때에는 각 상속인은 피상속인에게 부 과되거나 그 피상속인이 납부할 국세·가산금과 체납처분비를 「민법」 제 1009조·제1010조·제1012조 및 제1013조의 규정에 의한 그 상속분에 따 라 안분하여 계산한 국세·가산금과 체납처분비를 상속으로 인하여 얻은 재산을 한도로 연대하여 납부할 의무를 진다. 이 경우 각 상속인은 당해 상속인 중에서 피상속인의 국세·가산금 및 체납처분비를 납부할 대표자를 정하여 대통령령이 정하는 바에 따라 관할 세무서장에게 신고하여야 한다. <개정 1994. 12. 22., 1998. 12. 28., 2006. 12. 30.>

③ 제1항의 경우에 상속인의 존부가 분명하지 아니한 때에는 상속인에게 하여 야 할 납세의 고지·독촉 기타 필요한 사항은 상속재산관리인에게 이를 하 여야 한다.

④ 제1항의 경우에 상속인의 존부가 분명하지 아니하고 상속재산관리인도 없 는 때에는 세무서장은 상속개시지를 관할하는 법원에 상속재산관리인의 선 임을 청구할 수 있다.

⑤ 제1항의 경우에 피상속인에 대하여 행한 처분 또는 절차는 상속인 또는 상 속재산관리인에 대하여도 효력이 있다.

# 제3절 연대납세의무

제25조 (연대납세의무) ① 공유물·공동사업 또는 당해 공동사업에 속하는 재산에 관계되는 국세·가산금과 체납처분비는 공유자 또는 공동사업자가 연대하여 납부할 의무를 진다. <개정 2006. 12. 30.>

② 법인이 분할 또는 분할합병되는 경우 분할되는 법인에 대하여 분할일 또는 분할합병일 이전에 부과되거나 납세의무가 성립한 국세·가산금 및 체납처분비는 다음 각 호의 법인이 연대하여 납부할 책임을 진다. <신설 1998. 12. 28.>

1. 분할되는 법인
2. 분할 또는 분할합병으로 인하여 설립되는 법인
3. 분할되는 법인의 일부가 다른 법인과 합병하여 그 다른 법인이 존속하는 경우 그 다른 법인(이하 "존속하는 분할합병의 상대방 법인"이라 한다)

③ 법인이 분할 또는 분할합병으로 인하여 해산되는 경우 해산되는 법인에 대하여 부과되거나 그 법인이 납부할 국세·가산금 및 체납처분비는 다음 각 호의 법인이 연대하여 납부할 책임을 진다. <신설 1998. 12. 28.>

1. 분할 또는 분할합병으로 인하여 설립되는 법인
2. 존속하는 분할합병의 상대방법인

④ 법인이 「채무자회생및파산에관한법률」 제215조에 따라 신회사를 설립하는 경우 기존의 법인에 대하여 부과되거나 납세의무가 성립한 국세·가산금 및 체납처분비는 신회사가 연대하여 납부할 책임을 진다. <신설 2006. 4. 28.>

[적용 2006. 4. 1.부터]

제25조의2 (연대납세의무에 관한 「민법」의 준용 <개정 2007. 12. 31.>) 이 법 또는 세법에 의하여 국세·가산금과 체납처분비를 연대하여 납부할 의무에

관하여는 「민법」 제413조부터 제416조까지, 제419조, 제421조, 제423조 및 제425조부터 제427조까지의 규정을 준용한다. <개정 2006. 12. 30., 2007. 12. 31.>

[본조신설 1994. 12. 22.]


## 제4절 납부의무의 소멸


제26조 (납부의무의 소멸) 국세·가산금 또는 체납처분비를 납부할 의무는 다음 각 호의 1에 해당하는 때에는 소멸한다. <개정 1984. 8. 7., 1994. 12. 22., 1996. 12. 30.>

1. 납부·충당 또는 부과의 취소가 있은 때
2. 제26조의2의 규정에 의하여 국세를 부과할 수 있는 기간 내에 국세가 부과되지 아니하고 그 기간이 만료된 때
3. 제27조의 규정에 의하여 국세징수권의 소멸시효가 완성한 때

제26조의2 (국세부과의 제척기간 <개정 2007. 12. 31.>) ① 국세는 다음 각 호에 규정하는 기간이 만료된 날 후에는 부과할 수 없다. 다만, 조세의 이중과세방지를 위하여 체결한 조약(이하 "조세조약"이라 한다)의 규정에 의하여 상호합의절차가 진행 중인 경우에는 「국제조세조정에관한법률」 제25조에서 정하는 바에 따른다. <개정 1994. 12. 22., 1996. 12. 30., 2006. 12. 30., 2007. 12. 31.>

1. 납세자가 사기 기타 부정한 행위로써 국세를 포탈하거나 환급·공제받는 경우에는 당해 국세를 부과할 수 있는 날부터 10년간
2. 납세자가 법정신고기한 내에 과세표준신고서를 제출하지 아니한 경우에는

당해 국세를 부과할 수 있는 날부터 7년간

3. 제1호 및 제2호에 해당하지 아니하는 경우에는 당해 국세를 부과할 수 있는 날부터 5년간

4. 상속세·증여세는 제1호부터 제3호까지의 규정에 불구하고 이를 부과할 수 있는 날부터 10년간. 다만, 다음 각 목의 1에 해당하는 경우에는 이를 부과할 수 있는 날부터 15년간으로 한다.

　가. 납세자가 사기 기타 부정한 행위로써 상속세·증여세를 포탈하거나 환급·공제받는 경우

　나. 「상속세및증여세법」 제67조 및 제68조의 규정에 의하여 신고서를 제출하지 아니한 경우

　다. 「상속세및증여세법」 제67조 및 제68조의 규정에 의하여 신고서를 제출한 자가 대통령령이 정하는 허위신고 또는 누락신고를 한 경우(그 허위신고 또는 누락신고를 한 부분에 한한다)

② 제1항에도 불구하고 제1호에 따른 결정 또는 판결이 확정되거나 제2호에 따른 상호합의가 종결된 날부터 1년, 제3호에 따른 경정청구일부터 2개월이 지나기 전까지는 해당 결정·판결, 상호합의 또는 경정청구에 따라 경정결정이나 그 밖에 필요한 처분을 할 수 있다. <개정 1993. 12. 31., 1996. 12. 30., 2006. 12. 30., 2007. 12. 31.>

1. 제7장의 규정에 의한 이의신청·심사청구·심판청구, 「감사원법」에 의한 심사청구 또는 「행정소송법」에 의한 소송에 대한 결정 또는 판결이 있는 경우

2. 조세조약에 부합하지 아니하는 과세의 원인이 되는 조치가 있는 경우에 그 조치가 있음을 안 날부터 3년 이내(조세조약에서 따로 규정하는 경우에는 그에 따른다)에 그 조세조약의 규정에 의한 상호합의의 신청이 있는 것으로서 그에 대한 상호합의가 있는 경우

3. 제45조의2제2항에 따른 경정청구가 있는 경우

③ 제2항제1호의 결정 또는 판결에서 명의대여 사실이 확인된 경우에는 제1항에도 불구하고 그 결정 또는 판결이 확정된 날부터 1년 이내에 명의대여자에 대한 부과처분을 취소하고 실제로 사업을 경영한 자에게 경정결정이나 그 밖에 필요한 처분을 할 수 있다. <신설 2007. 12. 31.>

④ 납세자가 사기 기타 부정한 행위로 상속세·증여세를 포탈하는 경우로서 다음 각 호의 1에 해당하는 경우에는 제1항제4호의 규정에 불구하고 당해 재산의 상속 또는 증여가 있음을 안 날부터 1년 이내에 상속세 및 증여세를 부과할 수 있다. 다만, 상속인(수유자를 포함한다)이나 증여자 및 수증자가 사망한 경우와 포탈세액 산출의 기준이 되는 재산가액(다음 각 호의 1에 해당하는 재산의 가액을 합계한 것을 말한다)이 50억 원 이하인 경우에는 그러하지 아니하다. <신설 1999. 12. 31., 2007. 12. 31.>

1. 제3자의 명의로 되어 있는 피상속인 또는 증여자의 재산을 상속인 또는 수증자가 보유하고 있거나 그 자의 명의로 실명전환을 한 경우

2. 계약에 의하여 피상속인이 취득할 재산이 계약이행기간 중에 상속이 개시됨으로써 등기·등록 또는 명의개서가 이루어지지 아니하여 상속인이 취득한 경우

3. 국외에 소재하는 상속 또는 증여재산을 상속인 또는 수증자가 취득한 경우

4. 등기·등록 또는 명의개서가 필요하지 아니한 유가증권·서화·골동품 등 상속 또는 증여재산을 상속인 또는 수증자가 취득한 경우

⑤ 제1항 각 호의 규정에 의한 국세를 부과할 수 있는 날은 대통령령으로 정한다. <신설 1990. 12. 31., 2007. 12. 31.>

[본조신설 1984. 8. 7.]


제27조 (국세징수권의 소멸시효) ① 국세의 징수를 목적으로 하는 국가의 권리는 이를 행사할 수 있는 때로부터 5년간 행사하지 아니하면 소멸시효가 완성한다.

② 제1항의 소멸시효에 관하여는 이 법 또는 세법에 특별한 규정이 있는 것을 제외하고는 「민법」에 의한다. <개정 2006. 12. 30.>

③ 제1항의 규정에 의한 국세의 징수를 목적으로 하는 국가의 권리를 행사할 수 있는 때는 대통령령으로 정한다. <신설 1990. 12. 31.>

제28조 (시효의 중단과 정지 <개정 2007. 12. 31.>) ① 제27조의 규정에 의한 소멸시효는 다음 각 호의 사유로 인하여 중단된다.

1. 납세고지
2. 독촉 또는 납부최고
3. 교부청구
4. 압류

② 제1항의 규정에 의하여 중단된 소멸시효는 다음 각 호의 기간이 지난 때부터 새로 진행한다. <개정 2007. 12. 31.>

1. 고지한 납부기간
2. 독촉 또는 납부최고에 의한 납부기간
3. 교부청구 중의 기간
4. 압류해제까지의 기간

③ 제27조의 규정에 의한 소멸시효는 세법에 의한 분납기간·징수유예기간·체납처분유예기간·연부연납(연부연납)기간 또는 세무공무원이 「국세징수법」 제30조의 규정에 따른 사해행위취소의 소를 제기하여 그 소송이 진행 중인 기간 동안에는 진행하지 아니한다. <개정 1981. 12. 31., 1984. 8. 7., 2006. 12. 30.>

④ 제3항의 규정에 따른 사해행위취소의 소의 제기로 인한 시효정지의 효력은 소송이 각하·기각 또는 취하된 경우에는 효력이 없다. <신설 2006. 12. 30.>

# 제5절 납세담보

제29조 (담보의 종류) 세법에 의하여 제공하는 담보(이하 "납세담보"라 한다)는 다음 각 호의 1에 해당하는 것이어야 한다. <개정 1993. 6. 11.>

  1. 금전
  2. 국채 또는 지방채
  3. 세무서장(세법에 의하여 국세에 관한 사무를 세관장이 관장하는 경우에는 세관장. 이하 같다)이 확실하다고 인정하는 유가증권
  4. 납세보증보험증권
  5. 세무서장이 확실하다고 인정하는 보증인의 납세보증서
  6. 토지
  7. 보험에 든 등기 또는 등록된 건물·공장재단·광업재단·선박·항공기나 건설기계

제30조 (담보의 평가) 납세담보의 가액의 평가는 다음 각 호의 규정에 의한다. <개정 1976. 12. 22., 1993. 6. 11., 1993. 12. 31., 2003. 12. 30.>

  1. 국채 또는 지방채는 시가에 의한다.
  2. 유가증권은 대통령령이 정하는 가액으로 한다.
  3. 납세보증보험증권은 보험금액에 의한다.
  4. 납세보증서는 보증액에 의한다.
  5. 토지·건물·공장재단·광업재단·선박·항공기 또는 건설기계는 대통령령이 정하는 가액으로 한다.

제31조 (담보의 제공방법) ① 금전 또는 유가증권을 납세담보로 제공하고자 하는 자는 이를 공탁하고 그 공탁수령증을 세무서장에게 제출하여야 한다. 다

만, 등록된 국채·지방채 또는 사채의 경우에는 담보제공의 뜻을 등록하고 그 등록필증을 제출하여야 한다.

② 납세보증보험증권 또는 납세보증서를 납세담보로 제공하고자 하는 자는 그 보험증권 또는 보증서를 세무서장에게 제출하여야 한다.

③ 토지·건물·공장재단·광업재단·선박·항공기 또는 건설기계를 납세담보로 제공하고자 하는 자는 그 등기필증 또는 등록필증을 세무서장에게 제시하여야 하며, 세무서장은 이에 의하여 저당권의 설정을 위한 등기 또는 등록의 절차를 밟아야 한다. <개정 1993. 6. 11.>

제32조 (담보의 변경과 보충) ① 납세담보를 제공한 자는 세무서장의 승인을 얻어 그 담보를 변경할 수 있다.

② 세무서장은 납세담보물의 가액 또는 보증인의 자력의 감소 기타의 사유로 그 납세담보를 국세·가산금과 체납처분비의 납부를 담보할 수 없다고 인정하는 때에는 담보를 제공한 자에 대하여 담보물의 추가제공 또는 보증인의 변경을 요구할 수 있다.

제33조 (담보에 의한 납부와 징수) ① 납세담보로서 금전을 제공한 자는 그 금전으로 담보한 국세·가산금과 체납처분비를 납부할 수 있다.

② 세무서장은 납세담보의 제공을 받은 국세·가산금과 체납처분비가 담보의 기간 내에 납부되지 아니한 때에는 대통령령이 정하는 바에 의하여 당해 담보로써 그 국세·가산금과 체납처분비를 징수한다.

제34조 (담보의 해제) 세무서장은 납세담보의 제공을 받은 국세·가산금과 체납처분비가 납부된 때에는 지체 없이 담보해제의 절차를 밟아야 한다.

# 제4장 국세와 일반채권과의 관계

## 제1절 국세의 우선권

제35조 (국세의 우선 <개정 2007. 12. 31.>) ① 국세·가산금 또는 체납처분비는 다른 공과금 기타의 채권에 우선하여 징수한다. 다만, 다음 각 호의 1에 해당하는 공과금 기타의 채권에 대하여는 그러하지 아니하다. <개정 1984. 8. 7., 1990. 12. 31., 1993. 12. 31., 1997. 12. 13., 2002. 12. 18., 2006. 12. 30., 2007. 4. 11., 2007. 12. 31.>

1. 지방세 또는 공과금의 체납처분에 있어서 그 체납처분금액 중에서 국세·가산금 또는 체납처분비를 징수하는 경우의 그 지방세 또는 공과금의 가산금 또는 체납처분비

2. 강제집행·경매 또는 파산절차에 의한 재산의 매각에 있어서 그 매각금액 중에서 국세·가산금 또는 체납처분비를 징수하는 경우의 그 강제집행·경매 또는 파산절차에 소요된 비용

3. 다음 각 목의 1에 해당하는 기일(이하 "법정기일"이라 한다) 전에 전세권·질권 또는 저당권의 설정을 등기 또는 등록한 사실이 대통령령이 정하는 바에 의하여 증명되는 재산의 매각에 있어서 그 매각금액 중에서 국세 또는 가산금(그 재산에 대하여 부과된 국세와 가산금을 제외한다)을 징수하는 경우의 그 전세권·질권 또는 저당권에 의하여 담보된 채권

   가. 과세표준과 세액의 신고에 의하여 납세의무가 확정되는 국세(중간예납하는 법인세와 예정신고 납부하는 부가가치세를 포함한다)에 있어서 신고한 당해 세액에 대하여는 그 신고일

   나. 과세표준과 세액을 정부가 결정·경정 또는 수시부과결정하는 경우에

206

고지한 당해 세액에 대하여는 그 납세고지서의 발송일

다. 원천 징수의무자 또는 납세조합으로부터 징수하는 국세와 인지세에 있어 서는 가목 및 나목의 규정에 불구하고 그 납세의무의 확정일

라. 제2차납세의무자(보증인을 포함한다)의 재산에서 국세를 징수하는 경우 에는 「국세징수법」 제12조의 규정에 의한 납부통지서의 발송일

마. 양도담보재산에서 국세를 징수하는 경우에는 「국세징수법」 제13조의 규 정에 의한 납부통지서의 발송일

바. 「국세징수법」 제24조제2항의 규정에 의하여 납세자의 재산을 압류한 경 우에 그 압류와 관련하여 확정된 세액에 대하여는 가목부터 마목까지의 규정에 불구하고 그 압류등기일 또는 등록일

4. 「주택임대차보호법」 제8조 또는 「상가건물임대차보호법」 제14조가 적용되 는 임대차관계에 있는 주택 또는 건물을 매각함에 있어서 그 매각금액 중 에서 국세 또는 가산금을 징수하는 경우 임대차에 관한 보증금 중 일정액 으로서 동조의 규정에 의하여 임차인이 우선하여 변제받을 수 있는 금액에 관한 채권

5. 사용자의 재산을 매각하거나 추심함에 있어서 그 매각금액 또는 추심금액 중에서 국세 또는 가산금을 징수하는 경우에 「근로기준법」 제38조의 규정 에 의하여 국세 또는 가산금에 우선하여 변제되는 임금·퇴직금·재해보상 금 기타 근로관계로 인한 채권

② 납세의무자를 등기의무자로 하고 채무불이행을 정지조건으로 하는 대물변 제의 예약에 기하여 권리이전의 청구권의 보전을 위한 가등기(가등록을 포 함한다. 이하 같다) 기타 이와 유사한 담보의 목적으로 된 가등기가 되어 있는 재산을 압류하는 경우에 당해 가등기에 기한 본등기가 압류 후에 행 하여진 때에는 그 가등기의 권리자는 그 재산에 대한 체납처분에 대하여 그 가등기에 기한 권리를 주장할 수 없다. 다만, 국세 또는 가산금(그 재산 에 대하여 부과된 국세와 가산금을 제외한다)의 법정기일 전에 가등기된

재산에 대하여는 그러하지 아니하다. <신설 1981. 12. 31., 1990. 12. 31.>

③ 세무서장은 제2항에 규정한 가등기재산을 압류하거나 공매하는 때에는 그 뜻을 가등기권리자에게 지체 없이 통지하여야 한다. <신설 1981. 12. 31.>

④ 세무서장은 납세자가 제3자와 통정하여 허위로 그 재산에 제1항제3호의 규정에 의한 전세권·질권 또는 저당권의 설정계약, 제2항의 규정에 의한 가등기설정계약 또는 제42조제2항의 규정에 의한 양도담보설정계약을 하고 그 등기 또는 등록을 함으로써 당해 재산의 매각금액으로 국세 또는 가산금을 징수하기가 곤란하다고 인정하는 때에는 당해 행위의 취소를 법원에 청구할 수 있다. 이 경우 납세자가 국세의 법정기일 전 1년 내에 대통령령이 정하는 친족 기타 특수관계인과 전세권·질권 또는 저당권의 설정계약, 가등기설정계약 또는 양도담보설정계약을 한 경우에는 통정한 허위계약으로 추정한다. <신설 1990. 12. 31.>

⑤ 제1항제3호 각 목 외의 부분 및 제2항 단서에서 "그 재산에 대하여 부과된 국세"라 함은 국세 중 상속세, 증여세 및 종합부동산세를 말한다. <신설 2003. 12. 30., 2005. 1. 5.>

[89헌가95 1990. 9. 3. (1990. 12. 31. 법4277)][92헌가5 1993. 9. 27. (1990. 12. 31. 법4277)]


제35조의2 삭제 <1993. 12. 31.>


제36조 (압류에 의한 우선) ① 국세의 체납처분에 의하여 납세자의 재산을 압류한 경우에 다른 국세·가산금·체납처분비 또는 지방세의 교부청구가 있은 때에는 압류에 관계되는 국세·가산금 또는 체납처분비는 교부청구한 다른 국세·가산금·체납처분비와 지방세에 우선하여 징수한다.

② 지방세의 체납처분에 의하여 납세자의 재산을 압류한 경우에 국세·가산금 또는 체납처분비의 교부청구를 한 때에는 교부청구한 국세·가산금과 체납

처분비는 압류에 관계되는 지방세의 다음 순위로 징수한다.

제37조 (담보 있는 국세의 우선) 납세담보물을 매각한 때에는 제36조의 규정에 불구하고 그 국세·가산금 또는 체납처분비는 매각대금 중에서 다른 국세·가산금·체납처분비와 지방세에 우선하여 징수한다.


## 제2절 제2차납세의무

제38조 (청산인 등의 제2차납세의무) ① 법인이 해산한 경우에 그 법인에게 부과되거나 그 법인이 납부할 국세·가산금 또는 체납처분비를 납부하지 아니하고 잔여재산을 분배 또는 인도한 때에 그 법인에 대하여 체납처분을 집행하여도 징수할 금액에 부족한 경우에는 청산인 또는 잔여재산의 분배 또는 인도를 받은 자는 그 부족액에 대하여 제2차납세의무를 진다.
② 제1항의 규정에 의한 제2차납세의무는 청산인에 있어서는 분배 또는 인도한 재산의 가액을, 그 분배 또는 인도를 받은 자에 있어서는 각자가 받은 재산의 가액을 한도로 한다.

제39조 (출자자의 제2차납세의무) ① 법인(주식을 「한국증권선물거래소법」제2조 제1항의 유가증권시장에 상장한 법인을 제외한다)의 재산으로 그 법인에게 부과되거나 그 법인이 납부할 국세·가산금과 체납처분비에 충당하여도 부족한 경우에는 그 국세의 납세의무의 성립일 현재 다음 각 호의 어느 하나에 해당하는 자는 그 부족액에 대하여 제2차납세의무를 진다. 다만, 제2호의 규정에 의한 과점주주의 경우에는 그 부족액을 그 법인의 발행주식총수(의결권이 없는 주식을 제외한다. 이하 이 조에서 같다) 또는 출자총액으로 나

눈 금액에 과점주주의 소유주식수(의결권이 없는 주식을 제외한다) 또는 출자액(제2호 가목 및 나목의 과점주주의 경우에는 당해 과점주주가 실질적으로 권리를 행사하는 주식수 또는 출자액)을 곱하여 산출한 금액을 한도로 한다. <개정 1993. 12. 31., 1998. 12. 28., 2006. 4. 28., 2006. 12. 30.>

1. 무한책임사원
2. 과점주주 중 다음 각 목의 어느 하나에 해당하는 자

　　가. 당해 법인의 발행주식총수 또는 출자총액의 100분의 50을 초과하는 주식 또는 출자지분에 관한 권리를 실질적으로 행사하는 자

　　나. 명예회장·회장·사장·부사장·전무·상무·이사 기타 그 명칭에 불구하고 법인의 경영을 사실상 지배하는 자

　　다. 가목 및 나목에 규정하는 자의 배우자(사실상 혼인관계에 있는 자를 포함한다) 및 그와 생계를 같이하는 직계존비속

② 제1항제2호에서 "과점주주"라 함은 주주 또는 유한책임사원 1인과 그와 대통령령이 정하는 친족 기타 특수관계에 있는 자로서 그들의 소유주식의 합계 또는 출자액의 합계가 당해 법인의 발행주식총수 또는 출자총액의 100분의 50을 초과하는 자들(이하 "과점주주"라 한다)을 말한다. <신설 1993. 12. 31., 1998. 12. 28., 2003. 12. 30., 2006. 12. 30.>

[93헌바49, 94헌바38·41, 95헌바64(병합) 1997. 6. 26. (1993. 12. 31. 법4672)]
[97헌가13 1998. 5. 28. (1998. 12. 28. 법5579)]


제40조 (법인의 제2차납세의무) ① 국세(2 이상의 국세에 있어서는 납부기한이 뒤에 도래한 국세)의 납부기간종료일 현재 법인의 무한책임사원 또는 과점주주(이하 "출자자"라 한다)의 재산(당해 법인의 발행주식 또는 출자지분을 제외한다)으로 그 출자자가 납부할 국세·가산금과 체납처분비에 충당하여도 부족한 경우에는 당해 법인은 다음 각 호의 1에 해당하는 경우에 한하여 그 출자자와 소유주식 또는 출자지분의 가액을 한도로 그 부족액에 대하여

제2차납세의무를 진다.

1. 정부가 출자자의 소유주식 또는 출자지분을 재공매하거나 수의계약에 의하여 매각하려 하여도 매수희망자가 없는 때
2. 출자자의 소유주식 또는 출자지분이 법률 또는 그 법인의 정관에 의하여 양도가 제한된 때

② 제1항의 규정에 의한 법인의 제2차납세의무는 그 법인의 자산총액에서 부채총액을 공제한 가액을 그 법인의 발행주식총액 또는 출자총액으로 나눈 가액에 그 출자자의 소유주식금액 또는 출자액을 곱하여 산출한 금액을 한도로 한다.

제41조 (사업양수인의 제2차납세의무) ① 사업의 양도·양수가 있는 경우에 양도일 이전에 양도인의 납세의무가 확정된 당해 사업에 관한 국세·가산금과 체납처분비를 양도인의 재산으로 충당하여도 부족이 있는 때에는 대통령령이 정하는 사업의 양수인은 그 부족액에 대하여 양수한 재산의 가액을 한도로 제2차납세의무를 진다.

② 제1항에 규정된 양수한 재산의 가액은 대통령령으로 정한다.
[전문개정 1993. 12. 31.][95헌바38 1997. 11. 27. (1993. 12. 31. 법4672)]


## 제3절 물적 납세의무

제42조 (양도담보권자의 물적 납세의무) ① 납세자가 국세·가산금 또는 체납처분비를 체납한 경우에 그 납세자에게 양도담보재산이 있는 때에는 그 납세자의 다른 재산에 대하여 체납처분을 집행하여도 징수할 금액에 부족한 경우에 한하여 「국세징수법」이 정하는 바에 의하여 그 양도담보재산으로써 납

세자의 국세·가산금과 체납처분비를 징수할 수 있다. 다만, 그 국세의 법정기일 전에 담보의 목적이 된 양도담보재산에 대하여는 그러하지 아니하다. <개정 1990. 12. 31., 2006. 12. 30.>

② 제1항에서 "양도담보재산"이라 함은 당사자 간의 계약에 의하여 납세자가 그 재산을 양도한 때에 실질적으로 양도인에 대한 채권담보의 목적이 된 재산을 말한다.


# 제5장 과세


## 제1절 관할관청

제43조 (과세표준신고의 관할) ① 과세표준신고서는 그 신고 당시 당해 국세의 납세지를 관할하는 세무서장에게 제출하여야 한다. 다만, 전자신고를 하는 경우에는 지방국세청장 또는 국세청장에게 제출할 수 있다. <개정 1999. 8. 31.>

② 제1항의 세무서장 이외의 세무서장에게 제출된 경우에도 당해 신고의 효력에는 영향이 없다.

제44조 (결정 또는 경정결정의 관할) 국세의 과세표준과 세액의 결정 또는 경정결정은 그 처분 당시 당해 국세의 납세지를 관할하는 세무서장이 행한다.

# 제2절 수정신고와 경정 등의 청구

제45조 (수정신고 <개정 2007. 12. 31.>) ① 과세표준신고서를 법정신고기한 내에 제출한 자(「소득세법」 제73조제1항제1호부터 제8호까지에 해당하는 자를 포함한다)는 다음 각 호의 1에 해당하는 때에는 관할세무서장이 각 세법의 규정에 의하여 당해 국세의 과세표준과 세액을 결정 또는 경정하여 통지를 하기 전까지 과세표준수정신고서를 제출할 수 있다. <개정 1994. 12. 22., 2000. 12. 29., 2007. 12. 31.>

1. 과세표준신고서에 기재된 과세표준 및 세액이 세법에 의하여 신고하여야 할 과세표준 및 세액에 미달하는 때
2. 과세표준신고서에 기재된 결손금액 또는 환급세액이 세법에 의하여 신고하여야 할 결손금액 또는 환급세액을 초과하는 때
3. 제1호 및 제2호 외에 원천 징수의무자의 정산 과정에서의 누락, 세무 조정 과정에서의 누락 등 대통령령이 정하는 사유로 인하여 불완전한 신고를 한 때(제45조의2의 규정에 의하여 경정 등의 청구를 할 수 있는 경우를 제외한다)
② 삭제 <1994. 12. 22.>
③ 과세표준수정신고서의 기재사항 및 신고절차에 관하여는 대통령령으로 정한다.
[전문개정 1979. 12. 28.]

제45조의2 (경정 등의 청구 <개정 2007. 12. 31.>) ① 과세표준신고서를 법정신고기한 내에 제출한 자는 다음 각 호의 1에 해당하는 때에는 최초신고 및 수정신고한 국세의 과세표준 및 세액(각 세법에 따른 결정 또는 경정이 있는 경우에는 당해 결정 또는 경정 후의 과세표준 및 세액을 말한다)의 결정

또는 경정을 법정 신고기한 경과 후 3년(각 세법에 따른 결정 또는 경정이 있는 경우에는 이의신청·심사청구 또는 심판청구 기간을 말한다) 이내에 관할세무서장에게 청구할 수 있다. <개정 2000. 12. 29., 2003. 12. 30., 2005. 7. 13., 2007. 12. 31.>

1. 과세표준신고서에 기재된 과세표준 및 세액(각 세법의 규정에 의하여 결정 또는 경정이 있는 경우에는 당해 결정 또는 경정 후의 과세표준 및 세액을 말한다)이 세법에 의하여 신고하여야 할 과세표준 및 세액을 초과하는 때

2. 과세표준신고서에 기재된 결손금액 또는 환급세액(각 세법의 규정에 의하여 결정 또는 경정이 있는 경우에는 당해 결정 또는 경정 후의 결손금액 또는 환급세액을 말한다)이 세법에 의하여 신고하여야 할 결손금액 또는 환급세액에 미달하는 때

② 과세표준신고서를 법정신고기한 내에 제출한 자 또는 국세의 과세표준 및 세액의 결정을 받은 자는 다음 각 호의 1에 해당하는 사유가 발생한 때에는 제1항에서 규정하는 기간에 불구하고 그 사유가 발생한 것을 안 날부터 2월 이내에 결정 또는 경정을 청구할 수 있다. <개정 2000. 12. 29., 2007. 12. 31.>

1. 최초의 신고·결정 또는 경정에 있어서 과세표준 및 세액의 계산근거가 된 거래 또는 행위 등이 그에 관한 소송에 대한 판결(판결과 동일한 효력을 가지는 화해 기타 행위를 포함한다)에 의하여 다른 것으로 확정된 때

2. 소득 기타 과세물건의 귀속을 제3자에게로 변경시키는 결정 또는 경정이 있은 때

3. 조세조약의 규정에 의한 상호합의가 최초의 신고·결정 또는 경정의 내용과 다르게 이루어진 때

4. 결정 또는 경정으로 인하여 당해 결정 또는 경정의 대상이 되는 과세기간 외의 과세기간에 대하여 최초에 신고한 국세의 과세표준 및 세액이 세법에 의하여 신고하여야 할 과세표준 및 세액을 초과한 때

5. 제1호부터 제4호까지와 유사한 사유로서 대통령령이 정하는 사유가 당해 국세의 법정신고기한경과 후에 발생한 때

③ 제1항 및 제2항의 규정에 의하여 결정 또는 경정의 청구를 받은 세무서장은 그 청구를 받은 날부터 2월 이내에 과세표준 및 세액을 결정 또는 경정하거나 결정 또는 경정하여야 할 이유가 없다는 뜻을 그 청구를 한 자에게 통지하여야 한다.

④ 제1항부터 제3항까지의 규정은 「소득세법」 제73조제1항제1호부터 제8호까지에 해당하는 소득이 있는 자, 「소득세법」 제119조제4호부터 제8호까지, 제11호 및 제12호에 해당하는 소득이 있는 자 또는 「법인세법」 제93조제4호부터 제6호까지, 제9호 및 제10호에 해당하는 국내원천소득이 있는 자 (이하 이 항 및 제52조에서 "원천 징수대상자"라 한다)에 대하여 다음 각 호의 어느 하나에 해당하는 경우에 준용한다. 이 경우 제1항 및 제2항 각 호 외의 부분 중 "과세표준신고서를 법정신고기한 내에 제출한 자"는 "연말정산 또는 원천 징수하여 소득세를 납부하고 「소득세법」 제164조 · 제164조의2 및 「법인세법」 제120조 · 제120조의2의 규정에 따라 지급명세서를 제출기한 내에 제출한 원천 징수의무자 또는 원천 징수대상자"로, 제1항 각 호 외의 부분 중 "법정신고기한경과 후"는 "연말정산세액 또는 원천 징수세액의 납부기한경과 후"로, 제1항제1호 중 "과세표준신고서에 기재된 과세표준 및 세액"은 "원천 징수영수증에 기재된 과세표준 및 세액"으로, 제1항제2호 중 "과세표준신고서에 기재된 결손금액 또는 환급세액"은 "원천 징수영수증에 기재된 환급세액"으로 본다. <신설 2003. 12. 30., 2006. 12. 30., 2007. 12. 31.>

1. 원천 징수의무자가 「소득세법」 제137조 · 제138조 · 제143조의4 · 제144조의2의 규정에 의한 연말정산에 의하여 소득세를 납부하고 동법 제164조 또는 제164조의2의 규정에 따라 지급명세서를 제출기한 내에 제출한 경우

2. 원천 징수의무자가 「소득세법」 제146조 및 제156조의 규정에 따라 원천 징

수한 소득세를 납부하고 동법 제164조 또는 제164조의2의 규정에 따라 지급명세서를 제출기한 내에 제출한 경우

3. 원천 징수의무자가 「법인세법」 제98조의 규정에 따라 원천 징수한 법인세를 납부하고 같은 법 제120조 또는 제120조의2의 규정에 따라 지급명세서를 제출기한 내에 제출한 경우

⑤ 결정 또는 경정의 청구 및 통지절차에 관하여 필요한 사항은 대통령령으로 정한다.

[본조신설 1994. 12. 22.]


제45조의3 (기한후신고) ① 법정신고기한 내에 과세표준신고서를 제출하지 아니한 자는 관할세무서장이 세법에 의하여 당해 국세의 과세표준과 세액(이 법 및 세법에 의한 가산세를 포함한다. 이하 이 조에서 같다)을 결정하여 통지하기 전까지 기한후과세표준신고서를 제출할 수 있다. 다만, 「자산재평가법」 제15조의 규정에 따른 재평가신고의 경우에는 그러하지 아니하다. <개정 2006. 12. 30.>

② 제1항의 규정에 따라 기한후과세표준신고서를 제출한 자로서 세법에 따라 납부하여야 할 세액이 있는 자는 기한후과세표준신고서의 제출과 동시에 해당 세액을 납부하여야 한다. <개정 2006. 12. 30.>

③ 제1항의 규정에 따라 기한후과세표준신고서를 제출한 경우(납부할 세액이 있는 경우에는 해당 세액을 납부한 경우에 한한다) 관할세무서장은 세법에 의하여 당해 국세의 과세표준과 세액을 결정하여야 한다. <개정 2006. 12. 30.>

④ 기한후과세표준신고서의 기재사항 및 신고절차 등에 관하여 필요한 사항은 대통령령으로 정한다.

[본조신설 1999. 8. 31.]


제46조 (추가자진납부) ① 세법에 의하여 과세표준신고액에 상당하는 세액을 자

진납부하는 국세에 관하여 제45조에 규정하는 과세표준수정신고서를 제출하는 납세자는 이미 납부한 세액이 과세표준수정신고액에 상당하는 세액에 미달한 때에는 그 부족액과 이 법 또는 세법이 정하는 가산세를 과세표준수정신고서의 제출과 동시에 추가하여 납부하여야 한다. <개정 1979. 12. 28., 1999. 8. 31., 2006. 12. 30.>

② 제1항의 규정에 의하여 국세를 추가하여 납부하여야 할 자가 이를 납부하지 아니한 때에는 제48조제2항제1호의 규정을 적용하지 아니한다. <신설 1979. 12. 28., 2006. 12. 30.>

③ 과세표준신고서를 법정신고기한 내에 제출하였으나 과세표준신고액에 상당하는 세액의 전부 또는 일부를 납부하지 아니한 자는 당해세액과 이 법 또는 세법이 정하는 가산세를 세무서장이 고지하기 전에 납부할 수 있다. <신설 1999. 8. 31., 2006. 12. 30.>

제46조의2 (신용카드 등에 의한 국세납부) ① 납세의무자가 세법에 따라 신고하거나 과세관청이 결정 또는 경정하여 고지한 세액이 대통령령으로 정하는 금액 이하인 경우에는 대통령령으로 정하는 국세납부대행기관을 통하여 신용카드, 직불카드 등(이하 이 조에서 "신용카드 등"이라 한다)으로 납부할 수 있다.

② 제1항에 따라 신용카드 등으로 국세를 납부하는 경우에는 국세납부대행기관의 승인일을 납부일로 본다.

③ 제1항에 따라 신용카드 등으로 납부할 수 있는 국세의 종류, 국세납부대행기관의 지정 및 운영, 납부대행수수료 등에 관한 사항은 대통령령으로 정한다.

[본조신설 2007. 12. 31.]

## 제3절 가산세의 부과와 감면

제47조 (가산세의 부과) ① 정부는 세법에 규정하는 의무를 위반한 자에 대하여 이 법 또는 세법이 정하는 바에 의하여 가산세를 부과할 수 있다. <개정 2006. 12. 30.>

② 가산세는 해당의무가 규정된 세법의 당해 국세의 세목으로 한다. 다만, 당해 국세를 감면하는 경우에는 가산세는 그 감면하는 국세에 포함하지 아니하는 것으로 한다. <개정 2006. 12. 30.>

제47조의2 (무신고가산세) ① 납세자(「부가가치세법」제29조에 따라 납부의무가 면제된 자는 제외한다)가 법정신고기한 내에 세법에 따른 과세표준신고서를 제출하지 아니한 경우에는 세법에 따른 산출세액(법인세의 경우에는 「법인세법」제55조의2의 규정에 따른 토지 등 양도소득에 대한 법인세를, 상속세 및 증여세의 경우에는 「상속세및증여세법」제27조 또는 제57조의 규정에 따라 가산하는 금액을 각각 포함하고, 부가가치세의 경우에는 「부가가치세법」제17조 및 제26조제2항의 규정에 따른 납부세액을 말한다. 이하 이 절에서 "산출세액"이라 한다)의 100분의 20에 상당하는 금액(이하 이 항에서 "일반무신고가산세액"이라 한다)을 납부할 세액에 가산하거나 환급받을 세액에서 공제한다. 다만, 대통령령이 정하는 복식부기의무자(이하 이 절에서 "복식부기의무자"라 한다) 또는 법인이 소득세과세표준신고서 또는 법인세과세표준신고서를 제출하지 아니한 때에는 산출세액의 100분의 20에 상당하는 금액과 수입금액에 1만분의 7을 곱하여 계산한 금액 중 큰 금액을 납부할 소득세액 또는 법인세액에 가산하거나 환급받을 세액에서 공제한다. <개정 2007. 12. 31.>

② 제1항의 규정에 불구하고 부당한 방법(납세자가 국세의 과세표준 또는 세

액 계산의 기초가 되는 사실의 전부 또는 일부를 은폐하거나 가장하는 것에 기초하여 국세의 과세표준 또는 세액의 신고의무를 위반하는 것으로서 대통령령이 정하는 방법을 말한다. 이하 이 절에서 같다)으로 무신고한 과세표준(부가가치세의 경우에는 「부가가치세법」 제17조 및 제26조제2항의 규정에 따른 납부세액을 말한다. 이하 이 절에서 "과세표준"이라 한다)이 있는 경우에는 다음 각 호의 금액을 합한 금액을 납부할 세액에 가산하거나 환급받을 세액에서 공제한다.

1. 부당한 방법으로 무신고한 과세표준에 대한 가산세액: 과세표준 중 부당한 방법으로 무신고한 과세표준에 상당하는 금액(이하 이 항에서 "부당무신고과세표준"이라 한다)이 과세표준에서 차지하는 비율을 산출세액에 곱하여 계산한 금액의 100분의 40에 상당하는 금액(이하 이 항에서 "부당무신고가산세액"이라 한다). 다만, 복식부기의무자 또는 법인이 소득세 과세표준신고서 또는 법인세 과세표준신고서를 제출하지 아니한 때에는 부당무신고가산세액과 부당한 방법으로 무신고한 과세표준과 관련된 수입금액(이하 이 항에서 "부당무신고수입금액"이라 한다)에 1만분의 14를 곱하여 계산한 금액 중 큰 금액으로 한다.

2. 제1호 외의 부분에 대한 가산세액: 과세표준 중 부당무신고과세표준을 차감한 과세표준에 상당하는 금액이 과세표준에서 차지하는 비율을 산출세액에 곱하여 계산한 금액의 100분의 20에 상당하는 금액. 다만, 복식부기의무자 또는 법인이 소득세과세표준신고서 또는 법인세 과세표준신고서를 제출하지 아니한 때에는 과세표준에서 부당무신고과세표준을 차감한 금액이 과세표준에서 차지하는 비율을 산출세액에 곱하여 계산한 금액의 100분의 20에 상당하는 금액과 부당무신고수입금액 외의 수입금액에 1만분의 7을 곱하여 계산한 금액 중 큰 금액으로 한다.

③ 신고하지 아니한 소득금액에 대하여 원천 징수된 소득세가 있는 경우 제1항의 규정을 적용하는 때에는 산출세액에서 해당 소득세액을 차감하고 제2

항의 규정을 적용하는 때에는 동항 제2호의 규정에 따른 산출세액에 곱하여 계산한 금액에서 해당 소득세액을 차감한다.

④ 청산소득에 대한 법인세액이 없는 경우에는 제1항 단서 및 제2항 각 호 단서의 규정을 적용하지 아니한다.

⑤ 제1항 또는 제2항의 규정을 적용하는 경우「소득세법」제81조제8항·제115조 또는「법인세법」제76조제1항과 동시에 적용되는 때에는 각각 그중 큰 금액에 해당하는 가산세만을 적용하고 가산세액이 같은 경우에는 제1항 또는 제2항의 가산세만을 적용한다. <개정 2007. 12. 31.>

⑥ 제1항 및 제2항의 규정을 적용하는 경우「부가가치세법」제18조의 규정에 따른 예정신고와 관련하여 가산세가 부과되는 부분에 대하여는 동법 제19조의 규정에 따른 확정신고와 관련한 가산세를 부과하지 아니하고, 같은 법 제17조의2제3항 단서에 따라 관할 세무서장이 경정하는 경우에는 가산세를 부과하지 아니한다. <개정 2007. 12. 31.>

⑦ 수입금액의 범위, 부당무신고수입금액의 계산 그 밖에 무신고가산세의 부과와 관련하여 필요한 사항은 대통령령으로 정한다.

[본조신설 2006. 12. 30.]


제47조의3 (과소신고가산세) ① 납세자(「부가가치세법」제29조에 따라 납부의무가 면제된 자는 제외한다)가 법정신고기한 내에 세법에 따른 과세표준신고서를 제출한 경우로서 신고한 과세표준이 세법에 따라 신고하여야 할 과세표준에 미달한 경우에는 과소신고한 과세표준 상당액이 과세표준에서 차지하는 비율을 산출세액에 곱하여 계산한 금액의 100분의 10에 상당하는 금액(이하 이 항에서 "일반과소신고가산세액"이라 한다)을 납부할 세액에 가산하거나 환급받을 세액에서 공제한다. 다만, 같은 법 제17조의2제3항 단서에 따라 관할 세무서장이 경정하는 경우에는 그러하지 아니하다. <개정 2007. 12. 31.>

② 제1항의 규정에 불구하고 부당한 방법으로 과소신고한 과세표준이 있는 경우에는 다음 각 호의 금액을 합한 금액을 납부할 세액에 가산하거나 환급받을 세액에서 공제한다. <개정 2007. 12. 31.>

1. 부당한 방법으로 과소신고한 과세표준에 대한 가산세액: 과세표준 중 부당한 방법으로 과소신고한 과세표준에 상당하는 금액(이하 이 항에서 "부당과소신고과세표준"이라 한다)이 과세표준에서 차지하는 비율을 산출세액에 곱하여 계산한 금액의 100분의 40에 상당하는 금액(이하 이 항에서 "부당과소신고가산세액"이라 한다). 다만, 복식부기의무자 또는 법인이 신고한 소득세 과세표준 또는 법인세 과세표준이 세법에 따라 신고하여야 할 소득세 과세표준 또는 법인세 과세표준에 미달한 때에는 부당과소신고가산세액과 부당한 방법으로 과소신고한 과세표준과 관련된 수입금액(이하 이 조에서 "부당과소신고수입금액"이라 한다)에 1만분의 14를 곱하여 계산한 금액 중 큰 금액으로 한다.

2. 제1호 외의 부분에 대한 가산세액: 과소신고한 과세표준 상당액 중 부당과소신고과세표준을 차감한 과세표준이 과세표준에서 차지하는 비율을 산출세액에 곱하여 계산한 금액의 100분의 10에 상당하는 금액

③ 제47조의2제3항·제5항 및 제6항의 규정은 과소신고가산세의 부과에 관하여 준용한다.

④ 부당과소신고수입금액의 계산 등 과소신고가산세의 부과와 관련하여 필요한 사항은 대통령령으로 정한다.

[본조신설 2006. 12. 30.]


제47조의4 (초과환급신고가산세) ① 납세자가 법정신고기한 내에 세법에 따른 과세표준신고서를 제출한 경우로서 세법에 따라 신고 납부하여야 할 세액을 납세자가 환급받을 세액으로 신고하거나 납세자가 신고한 환급세액이 세법에 따라 신고하여야 할 환급세액을 초과하는 경우에는 그 환급신고한 세액

또는 그 초과환급신고한 세액의 100분의 10에 상당하는 금액을 납부할 세액에 가산하거나 환급받을 세액에서 공제한다. 이 경우 납세자가 환급신고를 하였으나 납부하여야 할 세액이 있는 경우에는 납부하여야 할 세액을 과소신고한 것으로 보아 제47조의3의 규정을 적용한다. 다만, 「부가가치세법」 제17조의2제3항 단서에 따라 관할 세무서장이 경정하는 경우에는 그러하지 아니하다. <개정 2007. 12. 31.>

② 제1항의 규정에 불구하고 부당한 방법으로 초과환급신고한 세액이 있는 경우에는 다음 각 호의 금액을 합한 금액을 납부할 세액에 가산하거나 환급받을 세액에서 공제한다.

1. 부당한 방법으로 초과환급신고한 세액에 대한 가산세액: 초과환급신고한 세액 중 부당한 방법으로 초과환급신고한 세액의 100분의 40에 상당하는 금액

2. 제1호 외의 부분에 대한 가산세액: 초과환급신고한 세액 중 부당한 방법으로 초과환급신고한 세액 외의 세액의 100분의 10에 상당하는 금액

③ 제47조의2제5항 및 제6항의 규정은 초과환급신고가산세의 부과에 관하여 준용한다.

[본조신설 2006. 12. 30.]


제47조의5 (납부·환급불성실가산세) ① 납세자가 세법에 따른 납부기한 내에 국세를 납부하지 아니하거나 납부한 세액이 납부하여야 할 세액에 미달한 경우에는 다음 산식을 적용하여 계산한 금액을 납부할 세액에 가산하거나 환급받을 세액에서 공제한다. 다만, 「인지세법」 제8조제1항의 규정에 따라 인지세를 납부하지 아니하였거나 납부한 세액이 납부하여야 할 세액에 미달하게 납부한 경우에는 그 납부하지 아니한 세액 또는 미달한 세액의 100분의 300으로 한다.

납부하지 아니한 세액 또는 미달한 세액 × 납부기한의 다음 날부터 자진납부일 또는 납세고지일까지의 기간 × 금융기관이 연체대출금에 대하여 적용하는 이자

율 등을 고려하여 대통령령이 정하는 이자율

② 납세자가 환급받은 세액이 세법에 따라 환급받아야 할 세액을 초과하는 경우에는 다음 산식을 적용하여 계산한 금액을 납부할 세액에 가산하거나 환급받을 세액에서 공제한다.

초과하여 환급받은 세액 × 환급받은 날의 다음 날부터 자진납부일 또는 납세고지일까지의 기간 × 금융기관이 연체대출금에 대하여 적용하는 이자율 등을 고려하여 대통령령이 정하는 이자율

③ 다음 각 호의 어느 하나에 해당하는 경우에는 제1항의 규정을 적용하지 아니한다. <개정 2007. 12. 31.>

1. 「소득세법」 제158조 및 제159조의 규정에 따른 가산세가 부과되는 경우
2. 「법인세법」 제76조제2항 및 제98조제2항·제3항의 규정에 따른 가산세가 부과되는 경우
3. 「부가가치세법」 제34조제2항의 규정에 따른 가산세가 부과되는 경우
4. 「부가가치세법」 제17조의2제3항 단서에 따라 관할 세무서장이 경정하는 경우

④ 제1항의 산식 중 납부하지 아니한 세액 또는 미달한 세액과 제2항의 산식 중 초과하여 환급받은 세액은 「법인세법」 또는 「조세특례제한법」에 따라 소득세 및 법인세에 가산하여 납부하여야 할 이자상당가산액을 포함하여 산정한다. <개정 2007. 12. 31.>

⑤ 제1항 또는 제2항의 규정을 적용하는 경우 「부가가치세법」 제18조의 규정에 따른 예정신고 납부와 관련하여 가산세가 부과되는 부분에 대하여는 동법 제19조의 규정에 따른 확정신고 납부와 관련한 가산세를 부과하지 아니한다.

[본조신설 2006. 12. 30.]

제48조 (가산세의 감면 등) ① 정부는 이 법 또는 세법에 따라 가산세를 부과하는 경우 그 부과의 원인이 되는 사유가 제6조제1항의 규정에 따른 기한연장

사유에 해당하거나 납세자가 의무를 불이행한 것에 대하여 정당한 사유가 있는 때에는 해당 가산세를 부과하지 아니한다.

② 정부는 다음 각 호의 어느 하나에 해당하는 경우에는 이 법 또는 세법에 따른 해당 가산세액의 100분의 50에 상당하는 금액을 감면한다. <개정 2007. 12. 31.>

1. 법정신고기한 경과 후 6개월 이내에 제45조의 규정에 따라 수정신고를 한 경우(제47조의3 및 제47조의4의 규정에 따른 가산세에 한하며, 과세표준수정신고서를 제출한 과세표준과 세액에 관하여 경정이 있을 것을 미리 알고 제출한 경우를 제외한다)

2. 법정신고기한 경과 후 1개월 이내에 제45조의3의 규정에 따라 기한후신고를 한 경우(제47조의2의 규정에 따른 가산세에 한한다)

3. 제81조의12의 규정에 따른 과세전적부심사 결정·통지기간 이내에 그 결과를 통지하지 아니한 경우(결정·통지가 지연됨으로써 해당기간에 부과되는 제47조의5의 규정에 따른 가산세에 한한다)

4. 세법에 따른 제출·신고·가입·등록·개설(이하 이 호에서 "제출 등"이라 한다)의 기한이 지난 후 1개월 이내에 해당 세법에 따른 제출 등의 의무를 이행하는 경우(제출 등의 의무위반에 대하여 세법에 따라 부과되는 가산세에 한한다)

③ 제1항 또는 제2항의 규정에 따른 가산세의 감면 등을 받으려는 자는 대통령령이 정하는 바에 따라 감면 등을 신청할 수 있다.

[전문개정 2006. 12. 30.]

제49조 (가산세 한도) ① 다음 각 호의 어느 하나에 해당하는 가산세에 대하여는 그 의무위반의 종류별로 각각 1억 원을 한도로 한다. 다만, 해당 의무를 고의적으로 위반한 경우에는 그러하지 아니하다. <개정 2007. 12. 31.>

1. 「소득세법」 제81조제1항, 제3항부터 제6항까지 및 제12항의 규정에 따른

가산세

2. 「법인세법」 제76조제4항부터 제7항까지, 제9항 및 제10항의 규정에 따른 가산세

3. 「부가가치세법」 제22조제1항(제28조제3항에서 준용되는 경우를 포함한다)·제2항 및 제4항부터 제6항까지의 규정에 따른 가산세

4. 「상속세및증여세법」 제78조제3항 및 제5항(동법 제50조제1항 및 제2항의 규정에 따른 의무를 위반한 경우에 한한다)의 규정에 따른 가산세

5. 「조세특례제한법」 제30조의5제5항 및 제90조의2제1항의 규정에 따른 가산세

② 제1항의 규정을 적용하는 경우 의무위반의 구분 및 가산세 한도의 적용기간 및 적용방법 그 밖에 필요한 사항은 대통령령으로 정한다.

[전문개정 2006. 12. 30.]


제50조 삭제 <1994. 12. 22.>


# 제6장 국세환급금과 국세환급가산금


제51조 (국세환급금의 충당과 환급 <개정 2007. 12. 31.>) ① 세무서장은 납세의무자가 국세·가산금 또는 체납처분비로서 납부한 금액 중 과오납부한 금액이 있거나 세법에 의하여 환급하여야 할 환급세액(세법에 의하여 환급세액에서 공제하여야 할 세액이 있는 때에는 공제한 후의 잔여액을 말한다)이 있는 때에는 즉시 그 오납액초과납부액 또는 환급세액을 국세환급금으로 결정하여야 한다. 이 경우 착오납부·이중납부로 인한 환급청구는 대통령령이

정하는 바에 의한다. <개정 2003. 12. 30.>

② 세무서장은 국세환급금으로 결정한 금액을 대통령령이 정하는 바에 의하여 다음 각 호의 국세ㆍ가산금 또는 체납처분비에 충당하여야 한다. 다만, 제1호(「국세징수법」 제14조의 규정에 의한 납기 전 징수사유에 해당하는 경우를 제외한다) 및 제3호의 국세에의 충당은 납세자가 그 충당에 동의하는 경우에 한한다. <개정 1996. 12. 30., 2000. 12. 29., 2006. 12. 30.>

1. 납세고지에 의하여 납부하는 국세
2. 체납된 국세ㆍ가산금과 체납처분비(다른 세무서장이 충당을 요구하는 경우는 그 세무서에 체납된 국세ㆍ가산금과 체납처분비를 포함한다)
3. 세법에 의하여 자진납부하는 국세
4. 삭제 <1996. 12. 30.>

③ 납세자가 세법에 의하여 환급받을 환급세액이 있는 경우에는 이를 제2항제1호 및 제3호의 국세에 충당하기 위하여 청구를 할 수 있다. 이 경우 충당된 세액의 충당청구를 한 날에 당해 국세를 납부한 것으로 본다. <신설 1996. 12. 30., 2000. 12. 29.>

④ 원천 징수의무자가 원천 징수하여 납부한 세액에서 환급받을 환급세액이 있는 경우 그 환급액은 당해 원천 징수의무자가 원천 징수하여 납부하여야 할 세액에 충당(다른 세목의 원천 징수세액에의 충당은 「소득세법」상의 원천 징수이행상황신고서에 그 충당ㆍ조정명세를 기재하여 신고한 경우에 한하여 충당할 수 있다)하고, 잔여금을 환급한다. 다만, 당해 원천 징수의무자가 그 환급액을 즉시 환급하여 줄 것을 요구하거나 원천 징수하여 납부하여야 할 세액이 없는 경우에는 즉시 환급한다. <개정 2003. 12. 30., 2006. 12. 30., 2007. 12. 31.>

⑤ 국세환급금중 제2항의 규정에 의하여 충당한 후의 잔여금은 국세환급금의 결정을 한 날로부터 30일 내에 대통령령이 정하는 바에 의하여 납세자에게 지급하여야 한다.

⑥ 제5항의 규정에 의한 국세환급금의 환급에 있어서는 대통령령이 정하는 바에 의하여 한국은행이 세무서장의 소관수입금 중에서 이를 지급한다. <개정 1996. 12. 30.>

⑦ 세무서장이 국세환급금의 결정이 취소됨에 따라 이미 충당 또는 지급된 금액의 반환을 청구함에 있어서는 「국세징수법」의 고지·독촉 및 체납처분의 규정을 준용한다. <신설 1996. 12. 30., 2006. 12. 30.>

[전문개정 1976. 12. 22.]


제51조의2 (물납재산의 환급) ① 납세자가 「상속세및증여세법」 제73조, 「소득세법」 제112조의2, 「법인세법」 제65조 또는 「종합부동산세법」 제19조의 규정에 따라 상속세·증여세·소득세·법인세 또는 송합부농산세를 불납한 후 그 부과의 전부 또는 일부를 취소하거나 감액하는 경정결정에 의하여 환급하는 경우에는 당해 물납재산으로 환급하여야 한다. 다만, 그 물납재산이 매각되었거나 다른 용도로 사용되고 있는 경우 등 대통령령이 정하는 경우에는 제51조의 규정을 준용한다. <개정 2006. 12. 30.>

② 제1항 본문의 규정에 의하여 환급하는 경우에는 제52조의 규정을 적용하지 아니한다.

③ 물납재산의 환급순서, 물납수납 시부터 환급 시까지의 관리비용의 부담주체 등 물납재산의 환급에 관한 세부적인 사항은 대통령령으로 정한다.

[본조신설 2002. 12. 18.]


제52조 (국세환급가산금 <개정 2007. 12. 31.>) 세무서장은 국세환급금을 제51조에 의하여 충당 또는 지급하는 때에는 다음 각 호에서 정하는 날의 다음 날부터 충당하는 날 또는 지급결정을 하는 날까지의 기간과 금융기관의 예금이자율 등을 참작하여 대통령령이 정하는 이율에 따라 계산한 금액(이하 "국세환급가산금"이라 한다)을 국세환급금에 가산하여야 한다. 이 경우 제1

호의 규정을 적용함에 있어서 세법에 의한 중간예납액 또는 원천 징수에 의한 납부액은 당해 세목의 법정신고기한 종료일에 납부한 것으로 본다. <개정 1976. 12. 22., 1979. 12. 28., 1993. 12. 31., 1994. 12. 22., 1998. 12. 28., 1999. 12. 31., 2000. 12. 29., 2003. 12. 30., 2006. 12. 30., 2007. 12. 31.>

1. 착오납부·이중납부 또는 납부 후 그 납부의 기초가 된 신고 또는 부과를 경정하거나 취소함으로 인한 국세환급금에 있어서는 그 납부일. 다만, 그 국세환급금이 2회 이상 분할납부된 것인 때에는 그 최후의 납부일로 하되, 국세환급금이 최후에 납부된 금액을 초과하는 경우에는 그 금액에 달할 때까지 납부일의 순서로 소급하여 계산한 국세환급금의 각 납부일로 한다.

2. 삭제 <2000. 12. 29.>

3. 적법하게 납부된 국세에 대한 감면으로 인한 국세환급금에 있어서는 그 결정일

4. 삭제 <1979. 12. 28.>

5. 적법하게 납부된 후 법률의 개정으로 인한 국세환급금에 있어서는 그 법률의 시행일

6. 「소득세법」·「법인세법」·「부가가치세법」·「개별소비세법」·「주세법」 또는 「교통·에너지·환경세법」에 의한 환급세액을 신고 또는 잘못 신고함에 따른 경정을 원인으로 하여 환급함에 있어서는 그 신고를 한 날(신고한 날이 법정신고기일 전인 경우에는 당해 법정신고기일)로부터 30일이 지난 때. 다만, 환급세액을 신고하지 아니함에 따른 결정으로 인하여 발생한 환급세액을 환급함에 있어서는 당해 결정일부터 30일이 지난 때

7. 제45조의2제4항의 규정에 의한 경정청구에 의하여 원천 징수의무자가 연말정산 또는 원천 징수하여 납부한 세액을 원천 징수의무자 또는 원천 징수대상자에게 환급함에 있어서는 연말정산세액 또는 원천징수세액의 납부기한으로부터 30일이 지난 때

제53조 (국세환급금에 관한 권리의 양도) 납세자는 국세환급금에 관한 권리는 대통령령이 정하는 바에 의하여 이를 타인에게 양도할 수 있다.

제54조 (국세환급금의 소멸시효) ① 납세자의 국세환급금과 국세환급가산금에 관한 권리는 이를 행사할 수 있는 때로부터 5년간 행사하지 아니하면 소멸시효가 완성한다.
   ② 제1항의 소멸시효에 관하여는 이 법 또는 세법에 특별한 규정이 있는 것을 제외하고는 「민법」에 의한다. <개정 2006. 12. 30.>


# 제7장 심사와 심판


## 제1절 통칙


제55조 (불복) ① 이 법 또는 세법에 의한 처분으로서 위법 또는 부당한 처분을 받거나 필요한 처분을 받지 못함으로써 권리 또는 이익의 침해를 당한 자는 이 장의 규정에 의한 심사청구 또는 심판청구를 하여 그 처분의 취소 또는 변경이나 필요한 처분을 청구할 수 있다. <개정 1996. 12. 30., 1999. 8. 31.>
   ② 이 법 또는 세법에 의한 처분에 의하여 권리 또는 이익의 침해를 받게 될 이해관계인으로서 다음 각 호의 어느 하나에 해당하는 자(이하 "이해관계인"이라 한다)는 위법 또는 부당한 처분을 받은 자의 처분에 대하여 이 장의 규정에 의한 심사청구 또는 심판청구를 하여 그 처분의 취소 또는 변경이나 기타 필요한 처분을 청구할 수 있다. <신설 1996. 12. 30., 1999. 8.

31., 2006. 4. 28.>

1. 제2차납세의무자로서 납부통지서를 받은 자

2. 제42조의 규정에 따라 물적 납세의무를 지는 자로서 납부통지서를 받은 자

3. 보증인

4. 그 밖에 대통령령이 정하는 자

③ 제1항 및 제2항의 규정에 의한 처분이 국세청장이 조사·결정 또는 처리하거나 하였어야 할 것인 경우를 제외하고는 그 처분에 대하여 심사청구 또는 심판청구에 앞서 이 장의 규정에 의한 이의신청을 할 수 있다. <신설 1996. 12. 30., 1999. 8. 31.>

④ 삭제 <1999. 8. 31.>

⑤ 다음 각 호의 처분은 제1항의 처분에 포함되지 아니한다. <개정 1978. 12. 5., 1996. 12. 30., 1999. 8. 31., 2006. 12. 30.>

1. 이 장의 규정에 의한 이의신청·심사청구 또는 심판청구에 대한 처분. 다만, 이의신청에 대한 처분에 대하여 심사청구 또는 심판청구를 하는 경우는 제외한다.

2. 「조세범처벌절차법」에 의한 통고처분

3. 「감사원법」에 의하여 심사청구를 한 처분이나 그 심사청구에 대한 처분

⑥ 제5항제3호의 심사청구는 그 처분이 있은 것을 안 날(처분의 통지를 받은 때에는 그 받은 날)부터 90일 이내에 제기하여야 한다. <개정 1998. 12. 28.>

⑦ 제5항제3호의 심사청구를 거친 처분에 대한 행정소송은 「행정소송법」 제18조제2항·제3항 및 동법 제20조의 규정에 불구하고 그 심사청구에 대한 결정의 통지를 받은 날부터 90일 이내에 처분청을 당사자로 하여 제기하여야 한다. <개정 1984. 12. 15., 1996. 12. 30., 1998. 12. 28., 2006. 12. 30.>

⑧ 제6항과 제7항의 기간은 불변기간으로 한다. <개정 1978. 12. 5., 1996. 12. 30.>

⑨ 동일한 처분에 대하여는 심사청구와 심판청구를 중복하여 제기할 수 없다.

<신설 1999. 8. 31.>

제55조의2 (상호합의절차 진행시 기간계산의 특례) 상호합의절차 진행시 기간계산의 특례는 「국제조세조정에관한법률」 제24조제1항에서 정하는 바에 따른다. <개정 2006. 12. 30.>
[전문개정 1995. 12. 6.]

제56조 (다른 법률과의 관계 <개정 2007. 12. 31.>) ① 제55조에 규정하는 처분에 대하여는 「행정심판법」의 규정을 적용하지 아니한다. 다만, 동법 제11조·제12조·제16조·제20조 및 제26조의 규정은 심사청구 또는 심판청구에 대하여 이를 준용하되, 이 경우 "위원회"는 "국세심사위원회", "조세심판관회의" 또는 "조세심판관합동회의"로 본다. <개정 1984. 12. 15., 1999. 8. 31., 2000. 12. 29., 2006. 12. 30., 2008. 2. 29.>

② 제55조에 규정된 위법한 처분에 대한 행정소송은 「행정소송법」 제18조제1항 본문·제2항 및 제3항의 규정에 불구하고 이 법에 의한 심사청구 또는 심판청구와 그에 대한 결정을 거치지 아니하면 이를 제기할 수 없다. <개정 1994. 12. 22., 1999. 8. 31., 2006. 12. 30.>

③ 제2항의 규정에 의한 행정소송은 「행정소송법」 제20조의 규정에 불구하고 심사청구 또는 심판청구에 대한 결정의 통지를 받은 날부터 90일 이내에 제기하여야 한다. 다만, 제65조제2항 또는 제81조 단서의 규정에 의한 결정기간 내에 결정의 통지를 받지 못한 경우에는 결정의 통지를 받기 전이라도 그 결정기간이 지난 날부터 행정소송을 제기할 수 있다. <신설 1994. 12. 22., 1998. 12. 28., 1999. 8. 31., 2006. 12. 30., 2007. 12. 31.>

④ 제55조제5항제3호의 심사청구를 거친 경우에는 이 법에 의한 심사청구 또는 심판청구를 거친 것으로 보고 제2항의 규정을 준용한다. <신설 1994. 12. 22., 1997. 12. 13., 1999. 8. 31.>

⑤ 제3항의 기간은 불변기간으로 한다. <개정 1994. 12. 22.>
[90헌바2, 92헌바2, 92헌바25 1992. 7. 23. (1983. 12. 31. 법4672)]

제57조 (심사청구 등이 집행에 미치는 효력) 이의신청·심사청구 또는 심판청구는 세법에 특별한 규정이 있는 것을 제외하고는 당해 처분의 집행에 효력을 미치지 아니한다. 다만, 당해 재결청이 필요하다고 인정하는 때에는 그 처분의 집행을 중지하게 하거나 중지할 수 있다.

제58조 (관계서류의 열람 및 의견진술권) 이의신청인·심사청구인 또는 심판청구인은 그 신청 또는 청구에 관계되는 서류를 열람할 수 있으며 대통령령이 정하는 바에 의하여 당해 재결청에 의견을 진술할 수 있다.

제59조 (대리인) ① 이의신청인·심사청구인 또는 심판청구인과 처분청은 변호사, 세무사 또는 「세무사법」 제20조의2제1항의 규정에 의하여 등록한 공인회계사를 대리인으로 선임할 수 있다. <개정 1990. 12. 31., 2003. 12. 31., 2006. 12. 30.>
② 대리인의 권한은 서면으로 증명하여야 한다.
③ 대리인은 본인을 위하여 그 신청 또는 청구에 관한 모든 행위를 할 수 있다. 다만, 그 신청 또는 청구의 취하는 특별한 위임을 받은 경우에 한한다.
④ 대리인을 해임한 때에는 그 뜻을 서면으로 당해 재결청에 신고하여야 한다.

제60조 (불복방법의 통지 <개정 2007. 12. 31.>) ① 이의신청·심사청구 또는 심판청구의 재결청은 결정서에 그 결정서를 받은 날부터 90일 이내에 이의신청인은 심사청구 또는 심판청구를, 심사청구인 또는 심판청구인은 행정소송제기를 할 수 있다는 뜻을 부기하여야 한다. <개정 1998. 12. 28., 1999. 8. 31.>

② 이의신청·심사청구 또는 심판청구의 재결청은 당해 신청 또는 청구에 대한 결정기간이 지나도 그 결정을 하지 못한 때에는 지체 없이 이의신청인은 심사청구 또는 심판청구를, 심사청구인 또는 심판청구인은 행정소송제기를 결정의 통지를 받기 전이라도 그 결정기간이 지난 날부터 할 수 있다는 뜻을 서면으로 당해 신청인 또는 청구인에게 통지하여야 한다. <개정 1993. 12. 31., 1999. 8. 31., 2007. 12. 31.>

## 제2절 심사

제61조 (청구기간 <개정 2007. 12. 31.>) ① 심사청구는 당해 처분이 있은 것을 안 날(처분의 통지를 받은 때에는 그 받은 날)부터 90일 이내에 제기하여야 한다. <개정 1998. 12. 28.>

② 이의신청을 거친 후 심사청구를 하고자 할 때에는 이의신청에 대한 결정의 통지를 받은 날부터 90일 이내에 제기하여야 한다. 다만, 제66조제6항 단서의 규정에 의한 결정기간 내에 결정의 통지를 받지 못한 경우에는 결정의 통지를 받기 전이라도 그 결정기간이 지난 날부터 심사청구를 할 수 있다. <신설 1993. 12. 31., 1998. 12. 28., 2007. 12. 31.>

③ 제1항 및 제2항 본문의 기한 내에 우편으로 제출(제5조의2의 규정에서 정한 날을 기준으로 한다)한 심사청구서가 청구기간을 지나서 도달한 경우에는 그 기간 만료일에 적법한 청구가 있었던 것으로 본다. <신설 1993. 12. 31., 2007. 12. 31.>

④ 심사청구인이 제6조에 규정하는 사유(신고·신청·청구 기타 서류의 제출·통지에 관한 기한연장사유에 한한다)로 인하여 제1항에 정한 기간 내에 심사청구를 할 수 없는 때에는 그 사유가 소멸한 날로부터 14일 이내에

심사청구를 할 수 있다. 이 경우에 심사청구인은 그 기간 내에 심사청구를 할 수 없었던 사유, 그 사유가 발생한 날 및 소멸한 날, 기타 필요한 사항을 기재한 문서를 함께 제출하여야 한다. <개정 1984. 8. 7.>

[96헌가15 1996. 11. 28. (1993. 12. 31. 법4672)]

제62조 (청구절차) ① 심사청구는 대통령령이 정하는 바에 의하여 불복의 사유를 갖추어 당해 처분을 하거나 하였어야 할 세무서장을 거쳐 국세청장에게 하여야 한다.

② 제61조에 규정하는 심사청구기간의 계산에 있어서는 제1항의 규정에 의하여 세무서장에게 당해 청구서가 제출된 때에 심사청구가 있은 것으로 한다. 당해 청구서가 제1항의 세무서장 이외의 세무서장·지방국세청장 또는 국세청장에게 제출된 때에도 또한 같다. <개정 1981. 12. 31.>

③ 제1항의 규정에 의하여 당해 청구서의 제출을 받은 세무서장은 이를 받은 날부터 7일 이내에 그 청구서에 의견서를 첨부하여 국세청장에게 송부하여야 한다. 다만, 당해 심사청구의 대상이 된 처분이 지방국세청장이 조사·결정 또는 처리하거나 하였어야 할 것인 경우와 지방국세청장에게 이의신청을 한 자가 이의신청에 대한 결정에 이의가 있거나 그 결정을 받지 못한 경우에 행하는 심사청구에 있어서는 당해 지방국세청장의 의견서를 첨부하여야 한다. <개정 1978. 12. 5., 1998. 12. 28.>

제63조 (청구서의 보정) ① 국세청장은 심사청구의 내용이나 절차가 이 법 또는 세법에 적합하지 아니하나 보정할 수 있다고 인정하는 때에는 20일 이내의 기간을 정하여 보정할 것을 요구할 수 있다. 다만, 보정할 사항이 경미한 경우에는 직권으로 이를 보정할 수 있다. <개정 1996. 12. 30., 1998. 12. 28.>

② 제1항의 요구를 받은 심사청구인은 국세청에 출석하여 보정할 사항을 구술하고 그 구술의 내용을 국세청 소속공무원이 기록한 서면에 날인함으로써

이를 보정할 수 있다.

③ 제1항의 보정기간은 제61조에 규정하는 심사청구기간에 산입하지 아니한다.

제64조 (결정절차 <개정 2007. 12. 31.>) ① 심사청구가 있는 때에는 국세청장은 국세심사위원회의 심의를 거쳐 이를 결정하여야 한다. 다만, 심사청구기간이 지난 후에 제기된 심사청구 등 대통령령이 정하는 사유에 해당하는 경우에는 그러하지 아니하다. <개정 1999. 8. 31., 2007. 12. 31.>

② 국세심사위원회의 회의는 공개하지 아니한다. 다만, 국세심사위원회위원장이 필요하다고 인정하는 때에는 이를 공개할 수 있다. <신설 1999. 8. 31.>

③ 국세심사위원회의 조직과 운영에 관하여 필요한 사항은 대통령령으로 정한다.

제65조 (결정 <개정 2007. 12. 31.>) ① 심사청구에 대한 결정은 다음 각 호의 규정에 의하여야 한다. <개정 2007. 12. 31.>

1. 심사청구가 부적법하거나 제61조에 규정하는 청구기간이 지난 후에 있었거나 심사청구후 제63조제1항에 규정하는 보정기간 내에 필요한 보정을 하지 아니한 때에는 그 청구를 각하하는 결정을 한다.

2. 심사청구가 이유 없다고 인정되는 때에는 그 청구를 기각하는 결정을 한다.

3. 심사청구가 이유 있다고 인정되는 때에는 그 청구의 대상이 된 처분의 취소·경정 또는 필요한 처분의 결정을 한다.

② 제1항의 결정은 심사청구를 받은 날부터 90일 이내에 하여야 한다. <개정 1998. 12. 28., 2003. 12. 30.>

③ 제1항의 결정을 한 때에는 제2항의 결정기간 내에 그 이유를 기재한 결정서에 의하여 심사청구인에게 통지하여야 한다.

④ 제63조제1항에 규정하는 보정기간은 제2항의 결정기간에 산입하지 아니한다.

⑤ 삭제 <1993. 12. 31.>

제65조의2 (결정의 경정) ① 심사청구에 대한 결정에 오기·계산착오 기타 이와 비슷한 잘못이 있는 것이 명백한 때에는 국세청장은 직권 또는 심사청구인의 신청에 의하여 이를 경정할 수 있다.

② 제1항의 규정에 의한 경정의 세부적인 절차는 대통령령으로 정한다.

[본조신설 2000. 12. 29.]


제66조 (이의신청) ① 이의신청은 대통령령이 정하는 바에 의하여 불복의 사유를 갖추어 당해 처분을 하거나 하였어야 할 세무서장에게 하거나 세무서장을 거쳐 소관지방국세청장에게 하여야 한다. 다만, 다음 각 호의 경우에는 소관 지방국세청장에게 하여야 하며, 세무서장에게 한 이의신청은 소관 지방국세청장에게 한 것으로 본다. <개정 1978. 12. 5., 2007. 12. 31.>

1. 지방국세청장의 조사에 따라 과세처분을 한 경우

2. 같은 지방국세청장의 관할에 속하는 경우로서 조사한 세무서장과 과세한 세무서장이 서로 다른 경우

3. 세무서장에게 과세전적부심사를 청구한 경우

② 세무서장은 이의신청의 대상이 된 처분이 지방국세청장이 조사·결정 또는 처리하거나 하였어야 할 것인 경우에는 이의신청을 받은 날부터 7일 이내에 당해 신청서에 의견서를 첨부하여 당해 지방국세청장에게 송부하고 그 뜻을 이의신청인에게 통지하여야 한다. <개정 1998. 12. 28.>

③ 제1항의 규정에 의하여 지방국세청장에게 하는 이의신청을 받은 세무서장은 이를 받은 날부터 7일 이내에 당해 신청서에 의견서를 첨부하여 지방국세청장에게 송부하여야 한다. <신설 1978. 12. 5., 1998. 12. 28.>

④ 제1항 및 제2항의 규정에 의하여 이의신청을 받은 세무서장과 지방국세청장은 이의신청심의위원회의 심의를 거쳐 이를 결정하여야 한다. <개정 1998. 12. 28.>

⑤ 제4항의 규정에 의한 이의신청심의위원회는 세무서와 지방국세청에 두며

그 조직과 운영 기타 필요한 사항은 대통령령으로 정한다. <신설 1998. 12. 28.>

⑥ 제61조제1항·제3항 및 제4항·제62조제2항·제63조·제64조제1항 단서 및 제2항과 제65조·제65조의2의 규정은 이의신청에 관하여 준용한다. 다만, 제65조제2항 중 "90일"은 이를 "30일"로 한다. <개정 1978. 12. 5., 1993. 12. 31., 1999. 8. 31., 1999. 12. 31., 2003. 12. 30.>

## 제3절 심판

제67조 (조세심판원 <개정 1999. 8. 31., 2008. 2. 29.>) ① 심판청구에 대한 결정을 하기 위하여 국무총리 소속으로 조세심판원을 둔다. <개정 1996. 12. 30., 1998. 12. 28., 1999. 8. 31., 2008. 2. 29.>

② 조세심판원은 그 권한에 속하는 사무를 독립적으로 수행한다. <신설 2008. 2. 29.>

③ 조세심판원에 원장과 조세심판관을 두되, 원장과 원장이 아닌 상임조세심판관은 고위공무원단에 속하는 일반직 또는 별정직공무원 중에서 국무총리의 제청으로 대통령이 임명하고, 비상임조세심판관은 대통령령이 정하는 바에 따라 위촉한다. <개정 2005. 12. 29., 2008. 2. 29.>

④ 조세심판관은 조세·법률·회계분야에 관하여 전문지식과 경험을 갖춘 자로서 대통령령이 정하는 자격을 가진 자이어야 한다. <개정 1994. 12. 22., 2008. 2. 29.>

⑤ 조세심판관의 임기는 3년으로 하고 2차에 한하여 연임할 수 있으며, 다음 각 호의 1에 해당하는 경우가 아니면 그 의사에 반하여 면직되지 아니한다. <개정 1999. 8. 31., 2008. 2. 29.>

1. 금고 이상의 형의 선고를 받았을 때

2. 장기의 심신쇠약으로 직무를 수행할 수 없게 된 때

⑥ 원장인 조세심판관에 대하여는 제5항의 규정을 적용하지 아니한다. <신설 1976. 12. 22., 1998. 12. 28., 1999. 8. 31., 2008. 2. 29.>

⑦ 조세심판원에 심판청구사건에 대한 조사사무를 담당하는 조사관 및 이를 보조하는 직원을 두며 그 자격은 대통령령으로 정한다. <신설 1999. 8. 31., 2008. 2. 29.>

⑧ 조세심판원의 정원·조직과 운영 기타 필요한 사항은 대통령령으로 정한다. <개정 1999. 8. 31., 2008. 2. 29.>

제68조 (청구기간) ① 심판청구는 당해 처분이 있은 것을 안 날(처분의 통지를 받은 때에는 그 받은 날)부터 90일 이내에 제기하여야 한다.

② 이의신청을 거친 후 심판청구를 하는 경우의 청구기간에 관하여는 제61조 제2항의 규정을 준용한다.

[전문개정 1999. 8. 31.]

제69조 (청구절차) ① 심판청구는 대통령령이 정하는 바에 의하여 불복의 사유를 갖추어 그 처분을 하거나 하였어야 할 세무서장을 거쳐 조세심판원장에게 하여야 한다. <개정 1999. 8. 31., 2007. 12. 31., 2008. 2. 29.>

② 제68조에 규정하는 심판청구기간의 계산에 있어서는 제1항의 규정에 의하여 세무서장에게 당해 청구서가 제출된 때에 심판청구가 있은 것으로 한다. 당해 청구서가 제1항의 세무서장 이외의 세무서장·지방국세청장·국세청장 또는 조세심판원장에게 제출된 때에도 또한 같다. <개정 1981. 12. 31., 1999. 8. 31., 2008. 2. 29.>

③ 제1항의 규정에 의하여 당해청구서의 제출을 받은 세무서장은 이를 받은 날부터 7일 이내에 그 청구서에 답변서를 첨부하여 조세심판원장에게 송부

하여야 한다. 다만, 제55조제3항 및 제62조제3항 단서의 규정에 해당하는 처분의 경우에는 국세청장 또는 지방국세청장의 답변서를 첨부하여야 한다. <개정 1999. 8. 31., 2008. 2. 29.>

④ 제3항의 답변서에는 이의신청에 대한 결정서(이의신청에 대한 결정이 있는 경우에 한한다), 처분의 근거·이유 및 처분의 이유로 된 사실을 증명할 서류, 청구인이 제출한 증거서류 및 증거물 기타 심리자료 일체를 첨부하여야 한다. <신설 1999. 8. 31.>

⑤ 제3항의 답변서가 제출되면 조세심판원장은 지체 없이 그 부본을 당해 심판청구인에게 송부하여야 한다. <신설 1999. 8. 31., 2008. 2. 29.>

제70조 삭제 <1999. 8. 31.>

제71조 (증거서류 또는 증거물 <개정 2006. 12. 30.>) ① 심판청구인은 제69조 제5항의 규정에 의하여 송부받은 답변서에 대한 항변을 위하여 조세심판원장에게 증거서류 또는 증거물을 제출할 수 있다. <개정 1999. 8. 31., 2008. 2. 29.>

② 조세심판원장이 심판청구인에게 제1항의 증거서류 또는 증거물을 기한을 정하여 제출할 것을 요구한 때에는 그 기한 내에 제출하여야 한다. <개정 1999. 8. 31., 2008. 2. 29.>

③ 제1항의 규정에 따라 증거서류가 제출되는 경우 조세심판원장은 증거서류의 부본을 지체 없이 피청구인에게 송부하여야 한다. <신설 2006. 12. 30., 2008. 2. 29.>

제72조 (조세심판관회의 <개정 1999. 8. 31., 2008. 2. 29.>) ① 조세심판원장은 심판청구를 받은 때에는 이에 관한 조사와 심리를 담당하게 하기 위하여 주심조세심판관 1인과 배석조세심판관 2인 이상을 지정하여 조세심판관회의를

구성하게 한다. <개정 1999. 8. 31., 2008. 2. 29.>

② 제1항의 조세심판관회의는 주심조세심판관이 그 의장이 되며, 의장은 그 심판사건에 관한 사무를 총괄한다. 다만, 주심조세심판관이 부득이한 사유로 직무를 수행할 수 없는 때에는 조세심판원장이 배석조세심판관 중에서 그 직무를 대행할 자를 지정한다. <신설 1999. 8. 31., 2008. 2. 29.>

③ 조세심판관회의는 담당조세심판관 3분의 2 이상의 출석으로 개의하고, 출석 조세심판관 과반수의 찬성으로 의결한다. <신설 1999. 8. 31., 2008. 2. 29.>

④ 조세심판관회의는 공개하지 아니한다. 다만, 조세심판관회의의장이 필요하다고 인정하는 때에는 공개할 수 있다. <신설 1999. 8. 31., 2008. 2. 29.>

⑤ 조세심판관회의의 운영 기타 필요한 사항은 대통령령으로 정한다. <개정 1999. 8. 31., 2008. 2. 29.>


제73조 (조세심판관의 제척과 회피 <개정 2008. 2. 29.>) ① 조세심판관은 다음 각호의 1에 해당하는 경우에는 심판관여로부터 제척된다. <개정 2008. 2. 29.>

1. 심판청구인 또는 그 대리인의 친족

2. 심판청구인 또는 그 대리인의 사용인이거나 사용인이었던 자 기타 심판청구인 또는 그 대리인의 업무에 관여하거나 관여하였던 자

② 조세심판관은 제척의 원인이 있는 때에는 제72조제1항의 규정에 의한 주심조세심판관 또는 배석조세심판관의 지정에서 회피하여야 한다. <개정 2008. 2. 29.>


제74조 (담당조세심판관의 기피 <개정 2008. 2. 29.>) ① 담당조세심판관에게 심판의 공정을 기대하기 어려운 사정이 있다고 인정되는 때에는 심판청구인은 당해 조세심판관의 기피를 신청할 수 있다. <개정 2008. 2. 29.>

② 제1항의 기피신청은 대통령령이 정하는 바에 의하여 조세심판원장에게 하여야 한다. <개정 1999. 8. 31., 2008. 2. 29.>

③ 조세심판원장은 기피신청이 이유 있다고 인정하는 때에는 이를 승인하여야 한다. <개정 1999. 8. 31., 2008. 2. 29.>

제75조 (사건의 병합과 분리) 담당조세심판관은 필요하다고 인정하는 때에는 수개의 심판사항을 병합하거나 병합된 심판사항을 수개의 심판사항으로 분리할 수 있다. <개정 2008. 2. 29.>

제76조 (질문검사권) ① 담당조세심판관은 심판청구에 관한 조사와 심리를 위하여 필요한 때에는 직권 또는 심판청구인의 신청에 의하여 다음 각 호의 행위를 할 수 있다. <개정 2008. 2. 29.>
  1. 심판청구인·처분청·관계인 또는 참고인에 대한 질문
  2. 제1호에 게기하는 자의 장부·서류 기타 물건의 제출요구
  3. 제1호에 게기하는 자의 장부·서류 기타 물건의 검사 또는 감정기관에 대한 감정의뢰
② 담당조세심판관 외의 조세심판원 소속공무원은 조세심판원장의 명에 의하여 제1항제1호 및 제3호의 행위를 할 수 있다. <개정 1999. 8. 31., 2008. 2. 29.>
③ 조세심판관 기타 조세심판원 소속공무원이 제1항제1호 및 제3호의 행위를 하는 때에는 그 신분을 표시하는 증표를 휴대하고 이를 관계자에게 제시하여야 한다. <개정 1999. 8. 31., 2008. 2. 29.>
④ 담당조세심판관은 심판청구인이 제1항 각 호의 행위 또는 제71조제2항의 요구에 정당한 사유 없이 응하지 아니함으로써 당해 심판청구의 전부 또는 일부에 대하여 심판함이 현저히 곤란하다고 인정하는 때에는 그 부분에 관한 심판청구인의 주장을 인용하지 아니할 수 있다. <개정 2008. 2. 29.>

제77조 (사실판단) 조세심판관은 심판청구에 관한 조사 및 심리의 결과와 과세의

형평을 참작하여 자유심증으로 사실을 판단한다. <개정 2008. 2. 29.>

제78조 (결정절차 <개정 2007. 12. 31.>) ① 조세심판원장이 심판청구를 받은 때에는 조세심판관회의가 그 심리를 거쳐 이를 결정한다. 다만, 심판청구의 대상이 대통령령이 정하는 금액에 미달하는 소액인 것 또는 경미한 것인 경우나 심판청구가 청구기간의 경과 후에 있은 때에는 조세심판관회의의 심리를 거치지 아니하고 주심조세심판관이 이를 심리하여 결정할 수 있다. <개정 2008. 2. 29.>

② 제1항의 경우 조세심판관회의에서 종전의 심판결정례를 변경하는 의결을 하거나 기타 대통령령이 정하는 사유에 해당하는 경우에는 조세심판관합동회의가 그 심리를 거쳐 이를 결정한다. <개정 2008. 2. 29.>

③ 제2항의 조세심판관합동회의는 조세심판원장과 상임조세심판관전원 및 조세심판원장이 지정하는 상임조세심판관과 같은 수 이상의 비상임조세심판관으로 구성한다. <개정 2008. 2. 29.>

④ 제72조제2항부터 제4항까지의 규정은 제2항의 조세심판관합동회의에 관하여 준용한다. 이 경우 동조 제2항 중 "주심조세심판관"은 "조세심판원장"으로, "조세심판관회의"는 "조세심판관합동회의"로 본다. <개정 2007. 12. 31., 2008. 2. 29.>

⑤ 심판결정은 문서로써 하여야 하고, 그 결정서에는 주문과 이유를 기재하고 심리에 참석한 조세심판관의 성명을 명시하여 당해 심판청구인과 세무서장에게 송달하여야 한다. <개정 2008. 2. 29.>

⑥ 조세심판관합동회의의 운영, 결정서의 송달 등에 관하여 필요한 사항은 대통령령으로 정한다. <개정 2008. 2. 29.>

[전문개정 1999. 8. 31.]

제79조 (불고불리, 불이익변경금지) ① 조세심판관회의 또는 조세심판관합동회의

는 제81조에서 준용하는 제65조의 규정에 의한 결정을 함에 있어서 심판청구를 한 처분 이외의 처분에 대하여는 그 처분의 전부 또는 일부를 취소 또는 변경하거나 새로운 처분의 결정을 하지 못한다. <개정 1999. 8. 31., 2008. 2. 29.>

② 조세심판관회의 또는 조세심판관합동회의는 제81조에서 준용하는 제65조의 규정에 의한 결정을 함에 있어서 심판청구를 한 처분보다 청구인에게 불이익이 되는 결정을 하지 못한다. <개정 1999. 8. 31., 2008. 2. 29.>

제80조 (결정의 효력) ① 제81조에서 준용하는 제65조의 규정에 의한 결정은 관계행정청을 기속한다.

② 심판청구에 대한 결정이 있은 때에는 당해 행정청은 결정의 취지에 따라 즉시 필요한 처분을 하여야 한다.

제81조 (심사청구에 관한 규정의 준용) 제61조제3항 및 제4항·제63조·제65조와 제65조의2의 규정은 심판청구에 관하여 이를 준용한다. 다만, 제63조제1항 중 "20일 내의 기간"은 이를 "상당한 기간"으로 한다. <개정 1984. 8. 7., 1993. 12. 31., 1996. 12. 30., 2000. 12. 29., 2003. 12. 30.>

제7장의2 납세자의 권리

제81조의2 (납세자권리헌장의 제정 및 교부 <개정 2007. 12. 31.>) ① 국세청장은 제81조의3부터 제81조의11까지에 규정한 사항 기타 납세자의 권리보호에 관한 사항을 포함하는 납세자권리헌장을 제정하여 고시하여야 한다. <개정 2006. 12. 30., 2007. 12. 31.>

② 세무공무원은 다음 각 호의 1에 해당하는 경우에는 제1항의 규정에 의한 납세자권리헌장의 내용이 수록된 문서를 납세자에게 교부하여야 한다. <개

정 2006. 12. 30.>

1. 「조세범처벌절차법」의 규정에 의한 범칙사건(이하 "범칙사건"이라 한다)에 대한 조사를 하는 경우

2. 법인세의 결정 또는 경정을 위한 조사 등 부과처분을 위한 실지조사를 하는 경우

3. 사업자등록증을 교부하는 경우

4. 기타 대통령령이 정하는 경우

[본조신설 1996. 12. 30.]


제81조의3 (납세자의 성실성 추정) 세무공무원은 납세자가 제81조의6제2항 각 호의 어느 하나에 해당하는 경우를 제외하고는 납세자가 성실하며 납세자가 제출한 신고서 등이 진실한 것으로 추정하여야 한다.

[본조신설 2006. 12. 30.]

[종전 제81조의3은 제81조의4로 이동 <2006. 12. 30.>]


제81조의4 (세무조사권 남용 금지 <개정 2002. 12. 18.>) ① 세무공무원은 적정하고 공평한 과세의 실현을 위하여 필요한 최소한의 범위 안에서 세무조사를 행하여야 하며, 다른 목적 등을 위하여 조사권을 남용하여서는 아니 된다. <신설 2002. 12. 18.>

② 세무공무원은 다음 각 호의 어느 하나에 해당하는 경우가 아니면 같은 세목 및 같은 과세기간에 대하여 재조사를 할 수 없다. <개정 2007. 12. 31.>

1. 조세탈루의 혐의를 인정할 만한 명백한 자료가 있는 경우

2. 거래상대방에 대한 조사가 필요한 경우

3. 2 이상의 사업연도와 관련하여 잘못이 있는 경우

4. 제65조제1항제3호(제66조제6항 및 제81조에서 준용하는 경우를 포함한다)에 따른 필요한 처분의 결정에 따라 조사를 하는 경우

5. 그 밖에 제1호부터 제4호까지와 유사한 경우로서 대통령령으로 정하는 경우
[본조신설 1996. 12. 30.]
[제81조의3에서 이동, 종전 제81조의4는 제81조의5로 이동 <2006. 12. 30.>]

제81조의5 (세무조사에 있어서 조력을 받을 권리) 납세자는 범칙사건의 조사, 소득세·법인세·부가가치세의 결정 또는 경정을 위한 조사 등 대통령령이 정하는 부과처분을 위한 실지조사를 받는 경우에 변호사·공인회계사·세무사 또는 조세에 관하여 전문지식을 갖춘 자로서 대통령령이 정하는 자로 하여금 조사에 입회하게 하거나 의견을 진술하게 할 수 있다.
[본조신설 1996. 12. 30.]
[제81조의4에서 이동, 종전 제81조의5는 제81조의6으로 이동 <2006. 12. 30.>]

제81조의6 (세무조사 대상자 선정) ① 세무공무원은 다음 각 호의 어느 하나에 해당하는 경우에 정기적으로 신고의 적정성을 검증하기 위하여 대상을 선정(이하 "정기선정"이라 한다)하여 세무조사를 할 수 있다. 이 경우 세무공무원은 객관적 기준에 따라 공정하게 그 대상을 선정하여야 한다. <개정 2007. 12. 31.>
  1. 국세청장이 납세자의 신고내용에 대한 정기적인 성실도 분석결과 불성실혐의가 있다고 인정하는 경우
  2. 최근 4과세기간(또는 4사업연도) 이상 동일세목의 세무조사를 받지 아니한 납세자에 대하여 업종, 규모 등을 고려하여 대통령령이 정하는 바에 따라 신고내용이 적정한지를 검증할 필요가 있는 경우
  3. 무작위추출방식에 의하여 표본조사를 하려는 경우
  ② 세무공무원은 제1항의 규정에 따른 정기선정에 의한 조사 외에 다음 각 호의 어느 하나에 해당하는 경우에는 세무조사를 실시할 수 있다. <개정 2007. 12. 31.>

1. 납세자가 세법이 정하는 신고, 세금계산서 또는 계산서의 작성 · 교부 · 제출, 지급명세서의 작성 · 제출 등의 납세협력의무를 이행하지 아니한 경우

2. 무자료거래, 위장 · 가공거래 등 거래내용이 사실과 다른 혐의가 있는 경우

3. 납세자에 대한 구체적인 탈세제보가 있는 경우

4. 신고내용에 탈루나 오류의 혐의를 인정할 만한 명백한 자료가 있는 경우

③ 세무공무원은 과세관청의 조사결정에 의하여 과세표준과 세액이 확정되는 세목의 경우 과세표준과 세액을 결정하기 위하여 세무조사를 할 수 있다.

④ 세무공무원은 다음 각 호의 요건을 모두 충족하는 자에 대하여는 제1항의 규정에 따른 세무조사를 실시하지 아니할 수 있다. 다만, 객관적인 증빙자료에 의하여 과소신고한 것이 명백한 경우에는 그러하지 아니하다.

1. 업종별 수입금액이 대통령령이 정하는 금액 이하인 사업자

2. 장부기장 등이 대통령령이 정하는 요건을 충족하는 사업자

[전문개정 2006. 12. 30.]

[제81조의5에서 이동, 종전 제81조의6은 제81조의7로 이동 <2006. 12. 30.>]


제81조의7 (세무조사의 사전통지와 연기신청) ① 세무공무원은 국세에 관한 조사를 위하여 당해 장부 · 서류 기타 물건 등을 조사하는 경우에는 조사를 받을 납세자(납세자가 제82조의 규정에 의하여 납세관리인을 정하여 관할세무서장에게 신고한 경우에는 납세관리인을 말하며, 이하 이 조에서 같다)에게 조사개시 10일 전에 조사대상 세목, 조사기간 및 조사사유 기타 대통령령이 정하는 사항을 통지하여야 한다. 다만, 범칙사건에 대한 조사 또는 사전통지의 경우 증거인멸등으로 조사목적을 달성할 수 없다고 인정되는 경우에는 그러하지 아니하다. <개정 2006. 12. 30.>

② 제1항의 규정에 의한 통지를 받은 납세자가 천재 · 지변 기타 대통령령이 정하는 사유로 인하여 조사를 받기 곤란한 경우에는 대통령령이 정하는 바에 따라 관할세무관서의 장에게 조사를 연기하여 줄 것을 신청할 수 있다.

③ 제2항의 규정에 따라 연기신청을 받은 관할 세무관서의 장은 연기신청 승인 여부를 결정하고 그 결과를 조사개시 전까지 통지하여야 한다. <신설 2006. 12. 30.>

[본조신설 1996. 12. 30.]
[제81조의6에서 이동, 종전 제81조의7은 제81조의9로 이동 <2006. 12. 30.>]


제81조의8 (세무조사 기간) ① 세무공무원은 조사대상 세목·업종·규모, 조사 난이도 등을 고려하여 세무조사 기간이 최소한이 되도록 하여야 한다. 다만, 다음 각 호의 어느 하나에 해당하는 경우에는 세무조사 기간을 연장할 수 있다.

1. 납세자가 장부·서류 등의 은닉, 제출지연, 제출거부 등 조사를 기피하는 행위가 명백한 경우
2. 거래처 조사, 거래처 현지확인 및 금융거래 현지확인이 필요한 경우
3. 세금탈루 혐의가 포착되거나 조사 과정에서 「조세범처벌절차법」 제1조의 규정에 따른 조세에 관한 범칙사건으로 조사유형이 전환되는 경우
4. 천재지변, 노동쟁의로 조사가 중단되는 등 국세청장이 정하는 사유에 해당하는 경우

② 세무공무원은 제1항 단서의 규정에 따라 세무조사 기간을 연장하려는 때에는 연장사유와 기간을 납세자에게 문서로 통지하여야 한다.

[본조신설 2006. 12. 30.]
[종전 제81조의8은 제81조의10으로 이동 <2006. 12. 30.>]


제81조의9 (세무조사에 있어서의 결과통지) 세무공무원은 범칙사건의 조사, 법인세의 결정 또는 경정을 위한 조사 등 대통령령이 정하는 부과처분을 위한 실지조사를 마친 때에는 그 조사결과를 서면으로 납세자에게 통지하여야 한다. 다만, 폐업 등 대통령령으로 정하는 경우에는 그러하지 아니하다. <신설

2006. 12. 30.>

[본조신설 1996. 12. 30.]

[제81조의7에서 이동, 종전 제81조의9는 제81조의11로 이동 <2006. 12. 30.>]

제81조의10 (비밀유지) ① 세무공무원은 납세자가 세법이 정한 납세의무를 이행하기 위하여 제출한 자료나 국세의 부과 또는 징수를 목적으로 업무상 취득한 자료 등(이하 "과세정보"라 한다)을 타인에게 제공 또는 누설하거나 목적 외의 용도로 사용하여서는 아니 된다. 다만, 다음 각 호의 1에 해당하는 경우에는 그 사용목적에 맞는 범위 안에서 납세자의 과세정보를 제공할 수 있다.

1. 지방자치단체 등이 법률이 정하는 조세의 부과 또는 징수의 목적 등에 사용하기 위하여 과세정보를 요구하는 경우

2. 국가기관이 조세쟁송 또는 조세범의 소추목적을 위하여 과세정보를 요구하는 경우

3. 법원의 제출명령 또는 법관이 발부한 영장에 의하여 과세정보를 요구하는 경우

4. 세무공무원 상호간에 국세의 부과·징수 또는 질문·검사상의 필요에 의하여 과세정보를 요구하는 경우

5. 다른 법률의 규정에 따라 과세정보를 요구하는 경우

② 제1항제1호·제2호 및 제5호의 규정에 의하여 과세정보의 제공을 요구하는 자는 문서에 의하여 해당 세무관서의 장에게 이를 요구하여야 한다.

③ 세무공무원은 제1항 및 제2항의 규정에 위반하여 과세정보의 제공을 요구받는 경우에는 이를 거부하여야 한다.

④ 제1항의 규정에 의하여 과세정보를 알게 된 자는 이를 타인에게 제공 또는 누설하거나 그 목적 외의 용도로 사용하여서는 아니 된다.

⑤ 이 조의 규정에 의하여 과세정보를 제공받아 알게 된 자중 공무원이 아닌 자는 「형법」 기타 법률에 의한 벌칙의 적용에 있어서는 이를 공무원으로

본다. <개정 2006. 12. 30.>

[본조신설 1996. 12. 30.]

[제81조의8에서 이동, 종전 제81조의10은 제81조의12로 이동 <2006. 12. 30.>]


제81조의11 (정보의 제공) 세무공무원은 납세자가 납세자의 권리의 행사에 필요한 정보를 요구하는 경우 이를 신속하게 제공하여야 한다.

[본조신설 1996. 12. 30.]

[제81조의9에서 이동 <2006. 12. 30.>]


제81조의12 (과세전적부심사 <개정 2007. 12. 31.>) ① 다음 각 호의 1에 해당하는 통지를 받은 자는 그 통지를 받은 날부터 30일 이내에 당해세무서장 또는 지방국세청장에게 통지내용에 대한 적법성 여부에 관하여 심사(이하 이 조에서 "과세전적부심사"라 한다)를 청구할 수 있다. 다만, 법령과 관련하여 국세청장의 유권해석을 변경하여야 하거나 새로운 해석이 필요한 경우 등 대통령령이 정하는 사항에 대하여는 국세청장에게 이를 청구할 수 있다. <개정 2006. 4. 28., 2006. 12. 30.>

1. 제81조의9의 규정에 따른 세무조사결과에 대한 서면통지

2. 기타 대통령령이 정하는 과세예고통지

② 다음 각 호의 1에 해당하는 경우에는 제1항의 규정을 적용하지 아니한다. <개정 2003. 12. 30., 2006. 12. 30.>

1. 「국세징수법」제14조에 규정하는 납기전징수의 사유가 있거나 세법에 규정하는 수시부과의 사유가 있는 경우

2. 조세범칙사건을 조사하는 경우

3. 세무조사결과통지 및 과세예고통지를 하는 날부터 국세부과제척기간의 만료일까지의 기간이 3월 이하인 경우

4. 기타 대통령령이 정하는 경우

③ 과세전적부심사청구를 받은 세무서장·지방국세청장 또는 국세청장은 과세
   전적부심사위원회의 심사를 거쳐 결정을 하고 그 결과를 청구를 받은 날부
   터 30일 이내에 청구인에게 통지하여야 한다. <개정 2006. 12. 30.>

④ 과세전적부심사청구에 대한 결정은 다음 각 호에 의한다. <개정 2007. 12. 31.>

1. 청구가 이유 없다고 인정되는 경우: 채택하지 아니한다는 결정

2. 청구가 이유 있다고 인정되는 경우: 채택하는 결정. 다만, 청구가 일부 이유
   있다고 인정되는 경우에는 일부 채택하는 결정을 할 것

3. 청구기간이 지났거나 보정기간 내에 보정을 하지 아니하는 경우: 심사하지
   아니한다는 결정

⑤ 제58조·제59조·제61조제3항·제62조제2항·제63조·제64조제2항 및 제
   65조제4항의 규정은 과세전적부심사에 있어서 이를 준용한다. <개정 2006.
   4. 28., 2006. 12. 30.>

⑥ 「행정심판법」 제11조·제12조·제16조·제20조 및 제26조의 규정은 과세
   전적부심사에 관하여 준용한다. 이 경우 "위원회"는 "과세전적부심사위원
   회"로 본다. <신설 2006. 12. 30.>

⑦ 과세전적부심사위원회의 설치·구성 및 운영과 과세전적부심사의 방법 그
   밖에 필요한 사항은 대통령령으로 정한다. <개정 2006. 12. 30.>

[본조신설 1999. 8. 31.]

[제81조의10에서 이동 <2006. 12. 30.>]

# 제8장 보칙

제82조 (납세관리인 <개정 2007. 12. 31.>) ① 납세자가 국내에 주소 또는 거소를 두지 아니하거나 국외로 주소 또는 거소를 이전하려는 때에는 국세에 관한 사항을 처리하기 위하여 납세관리인을 정하여야 한다. <개정 2007. 12. 31.>

② 납세자는 국세에 관한 사항을 처리하게 하기 위하여 변호사, 세무사 또는 「세무사법」 제20조의2제1항의 규정에 따라 등록한 공인회계사를 납세관리인으로 둘 수 있다. <개정 2006. 12. 30.>

③ 제1항 및 제2항의 규정에 의하여 납세관리인을 정한 납세자는 대통령령이 정하는 바에 의하여 관할세무서장에게 신고하여야 한다. 납세관리인을 변경하거나 해임하는 때에도 또한 같다. <개정 2003. 12. 30.>

④ 관할 세무서장은 납세자가 제3항에 따른 신고를 하지 아니한 때에는 납세자의 재산이나 사업의 관리인을 납세관리인으로 정할 수 있다. <신설 2007. 12. 31.>

⑤ 세무서장 또는 지방국세청장은 「상속세및증여세법」에 따라 상속세를 부과할 때에 납세관리인이 있는 경우를 제외하고 상속인이 확정되지 아니하였거나 상속인이 상속재산을 처분할 권한이 없는 경우에는 특별한 규정이 없는 한 추정상속인·유언집행자 또는 상속재산관리인에 대하여 「상속세및증여세법」 중 상속인 또는 수유자(受遺者)에 관한 규정을 적용할 수 있다. <신설 2007. 12. 31.>

⑥ 비거주자인 상속인 또는 수유자가 금융기관에 상속재산의 지급·명의개서 또는 변경을 청구하려면 제1항에 따라 납세관리인을 정하여 납세지 관할 세무서장에게 신고하고, 그 사실에 관한 확인서를 교부받아 금융기관에 제출하여야 한다. <신설 2007. 12. 31.>

[전문개정 1994. 12. 22.]

제83조 (고지금액의 최저한) ① 고지할 국세(인지세를 제외한다)·가산금 또는
체납처분비의 합계액이 대통령령이 정하는 금액미만인 때에는 그 금액은 없
는 것으로 본다. <개정 1984. 8. 7.>

② 제1항의 규정에 의하여 가산금으로서 고지할 금액이 없는 경우에도 「국세징
수법」에 의한 독촉절차에는 영향을 미치지 아니한다. <개정 2006. 12. 30.>

제84조 (국세행정에 대한 협조) ① 세무공무원은 그 직무를 집행함에 있어서 필
요한 경우에는 국가기관·지방자치단체 또는 그 소속공무원에게 협조를 요
청할 수 있다.

② 제1항의 요청을 받은 자는 정당한 사유가 없는 한 이에 응하여야 한다.

③ 정부는 납세지도를 담당하는 단체에 대하여 당해 납세지도에 소요되는 경
비의 전부 또는 일부를 대통령령이 정하는 바에 의하여 교부금으로 지급할
수 있다. <신설 1981. 12. 31.>

제84조의2 (포상금의 지급) ① 국세청장은 다음 각 호의 어느 하나에 해당하는
자에 대하여는 1억 원의 범위 안에서 포상금을 지급할 수 있다. 다만, 탈루
세액, 부당하게 환급·공제받은 세액 또는 은닉재산의 신고를 통하여 징수
된 금액이 대통령령이 정하는 금액 미만인 때 또는 공무원이 그 직무와 관
련하여 자료를 제공하거나 은닉재산을 신고한 때에는 포상금을 지급하지 아
니한다. <개정 2006. 4. 28., 2006. 12. 30., 2007. 12. 31.>

1. 조세를 탈루한 자에 대한 탈루세액 또는 부당하게 환급·공제받은 세액을
산정함에 있어서 중요한 자료를 제공한 자(「조세범처벌절차법」 제16조의
규정에 따라 포상금을 지급받는 자를 제외한다)

2. 체납자의 은닉재산을 신고한 자

3. 다음 각 목의 어느 하나에 해당하는 경우로서 해당 각 목의 행위를 한 신용카드가맹점(「여신전문금융업법」에 따른 신용카드가맹점으로서 「소득세법」 제162조의2제1항 및 「법인세법」 제117조제1항에 따라 가입한 신용카드가맹점을 말한다)을 신고한 자. 다만, 신용카드매출전표(신용카드매출전표와 유사한 것으로서 대통령령으로 정하는 것을 포함한다. 이하 이 조에서 같다) 발급대상 거래금액이 5천 원 미만인 경우는 제외한다.

　가. 신용카드(신용카드와 유사한 것으로서 대통령령이 정하는 것을 포함한다. 이하 이 조에서 같다)로 결제하기 위하여 「여신전문금융업법」에 따른 신용카드매출전표의 발급을 요청하였으나 그 발급을 거부하는 경우

　나. 신용카드로 결제하기 위하여 신용카드매출전표의 발급을 요청하였으나 사실과 다르게 발급하는 경우로서 대통령령이 정하는 경우

4. 다음 각 목의 어느 하나에 해당하는 경우로서 해당 각 목의 행위를 한 현금영수증가맹점(「조세특례제한법」 제126조의3제1항의 규정에 따른 현금영수증가맹점을 말한다)을 신고한 자. 다만, 「조세특례제한법」 제126조의3제3항에 따른 현금영수증(이하 "현금영수증"이라 한다) 발급대상 거래금액이 5천 원 미만인 경우는 제외한다.

　가. 현금영수증의 발급을 거부하는 경우

　나. 현금영수증을 사실과 다르게 발급하는 경우로서 대통령령이 정하는 경우

5. 타인의 명의를 사용하여 사업을 경영하는 자를 신고한 자

② 제1항제1호에서 "중요한 자료"라 함은 다음 각 호의 1에 해당하는 것을 말한다. <개정 2006. 4. 28.>

1. 조세탈루 또는 부당하게 환급·공제받은 내용을 확인할 수 있는 거래처, 거래일 또는 거래기간, 거래품목, 거래수량 및 금액 등 구체적 사실이 기재된 자료 또는 장부(자료제출 당시에 납세자의 부도·폐업 또는 파산 등으로 인하여 과세실익이 없다고 인정되는 것과 세무조사가 진행 중인 것을 제외하며, 이하 이 조에서 "자료"라 한다)

2. 제1호에 해당하는 자료의 소재를 확인할 수 있는 구체적인 정보

3. 그 밖에 조세탈루 또는 부당하게 환급·공제받은 수법·내용·규모 등의 정황으로 보아 중요한 자료로 인정할 만한 자료로서 대통령령이 정하는 자료

③ 제1항제2호에서 "은닉재산"이라 함은 체납자가 은닉한 현금·예금·주식 그 밖에 재산적 가치가 있는 유·무형의 재산을 말한다. 다만, 다음 각 호의 어느 하나에 해당하는 재산을 제외한다. <신설 2006. 4. 28.>

1. 「국세징수법」 제30조의 규정에 따른 사해행위(사해행위) 취소소송의 대상이 되어 있는 재산

2. 세무공무원이 은닉사실을 알고 조사 또는 체납처분 절차에 착수한 재산

3. 그 밖에 체납자의 은닉재산을 신고받을 필요가 없다고 인정되는 재산으로서 대통령령이 정하는 것

④ 제1항 각 호의 규정에 따른 자료의 제공 또는 신고는 성명 및 주소를 명기하고 서명 날인한 문서로써 하여야 한다. 이 경우 객관적으로 확인되는 증거자료 등을 첨부하여야 한다. <개정 2006. 12. 30.>

⑤ 제1항의 규정에 의한 포상금의 지급기준·방법과 제4항의 규정에 따른 신고기간, 자료제공 및 신고방법 등에 관하여 필요한 사항은 대통령령으로 정한다. <개정 2006. 4. 28., 2006. 12. 30.>

[본조신설 2003. 12. 30.]


제85조 (과세자료의 제출과 그 수집에 대한 협조) ① 세법에 의하여 과세자료를 제출할 의무가 있는 자는 과세자료를 성실히 작성하여 이를 정하여진 기한 내에 소관세무서장에게 제출하여야 한다. 다만, 국세정보통신망에 의하는 경우에는 지방국세청장 또는 국세청장에게 제출할 수 있다. <개정 1999. 8. 31., 2002. 12. 18.>

② 국가기관·지방자치단체·금융기관 또는 전자계산·정보처리시설을 보유하는 자는 과세에 관계되는 자료 또는 통계를 수집하거나 작성한 때에는 이

를 국세청장에게 통보하여야 한다.

제85조의2 (지급명세서 자료의 이용 <개정 2007. 12. 31.>) 「금융실명거래및비밀보장에관한법률」 제4조제4항의 규정에 불구하고 세무서장(지방국세청장·국세청장을 포함한다)은 「소득세법」 제164조 및 「법인세법」 제120조의 규정에 따라 제출받은 이자소득 또는 배당소득에 대한 지급명세서를 다음 각 호의 어느 하나에 해당하는 용도에 이용할 수 있다. <개정 2007. 12. 31.>
 1. 상속·증여 재산의 확인
 2. 조세탈루의 혐의를 인정할 만한 명백한 자료의 확인
[본조신설 2006. 4. 28.]

제85조의3 (장부 등의 비치와 보존 <개정 2007. 12. 31.>) ① 납세자는 각 세법이 규정하는 바에 따라 모든 거래에 관한 장부 및 증빙서류를 성실하게 작성하여 비치하여야 한다.
 ② 제1항의 규정에 의한 장부 및 증빙서류는 그 거래사실이 속하는 과세기간에 대한 당해 국세의 법정신고기한이 지난 날부터 5년간 보존하여야 한다. <개정 2007. 12. 31.>
 ③ 납세자는 제1항의 규정에 의한 장부와 증빙서류의 전부 또는 일부를 전산조직을 이용하여 작성할 수 있다. 이 경우 그 처리과정 등을 대통령령이 정하는 기준에 따라 자기테이프·디스켓 기타 정보보존장치에 의하여 보존하여야 한다. <개정 1998. 12. 28.>
 ④ 삭제 <1998. 12. 28.>
[본조신설 1994. 12. 22.]

제85조의4 (서류접수증 교부) ① 납세자 또는 세법에 의하여 과세자료를 제출할 의무가 있는 자(이하 "납세자 등"이라 한다)로부터 과세표준신고서, 과세표

준수정신고서, 경정청구서 또는 과세표준신고·과세표준수정신고·경정청구
와 관련된 서류 및 기타 대통령령이 정하는 서류를 제출받는 경우에는 세무
공무원은 납세자 등에게 접수증을 교부하여야 한다. 다만, 우편신고 등 대통
령령으로 정하는 경우에는 접수증을 교부하지 아니할 수 있다. <개정 2006.
4. 28.>

② 납세자 등으로부터 제1항의 신고서 등을 국세정보통신망에 의하여 제출받
은 경우에는 당해접수사실을 전자적 형태로 통보할 수 있다. <신설 1999.
8. 31., 2002. 12. 18.>

[본조신설 1996. 12. 30.]


제85조의5 (고액·상습체납자 등의 명단공개 <개정 2007. 12. 31.>) ① 국세청
장은 제81조의10에도 불구하고 다음 각 호의 어느 하나에 해당하는 자의 인
적 사항 등을 공개할 수 있다. 다만, 체납된 국세가 이의신청·심사청구 등
불복청구 중에 있거나 그 밖에 대통령령이 정하는 사유가 있는 경우에는 그
러하지 아니하다. <개정 2006. 12. 30., 2007. 12. 31.>

1. 체납발생일부터 2년이 지난 국세(결손 처분한 국세로서 징수권 소멸시효가
   완성되지 아니한 것을 포함한다)가 10억 원 이상인 체납자의 인적 사항·
   체납액 등

2. 대통령령으로 정하는 불성실기부금수령단체(이하 이 조에서 "불성실기부금
   수령단체"라 한다)의 인적 사항·국세추징명세 등

② 제1항에 따른 체납자 또는 불성실기부금수령단체의 인적 사항, 체납액 또
는 국세추징명세 등에 대한 공개 여부를 심의하기 위하여 국세청에 국세정
보공개심의위원회(이하 이 조에서 "위원회"라 한다)를 둔다. <개정 2007.
12. 31.>

③ 국세청장은 위원회의 심의를 거친 공개대상자에게 체납자 또는 불성실기부
금수령단체 명단공개대상자임을 통지하여 소명기회를 부여하여야 하며, 통

지일부터 6월이 지난 후 위원회로 하여금 체납액의 납부 이행 또는 기부금 영수증 발급명세의 작성·보관 의무 이행 등을 고려하여 체납자 또는 불성실기부금수령단체 명단공개여부를 재심의하게 한 후 공개대상자를 선정한다. <개정 2007. 12. 31.>

④ 제1항의 규정에 의한 공개는 관보게재·국세정보통신망 또는 관할세무서 게시판에 게시하는 방법에 의한다.

⑤ 제1항부터 제4항까지의 규정에 따른 체납자 또는 불성실기부금수령단체 명단공개와 관련하여 필요한 사항 및 위원회의 구성·운영 등에 관하여 필요한 사항은 대통령령으로 정한다. <개정 2007. 12. 31.>

[본조신설 2003. 12. 30.]


제85조의6 (통계자료의 작성 및 공개) ① 국세청장은 과세정보를 분석·가공한 통계자료(이하 "통계자료"라 한다)를 작성·관리하여야 한다. 이 경우 통계자료는 납세자의 과세정보를 직접 또는 간접적인 방법으로 확인하거나 추정할 수 없도록 작성되어야 한다.

② 국세청장은 통계자료를 대통령령으로 정하는 국세통계심의위원회의 심의를 거쳐 일반 국민에게 공개할 수 있다.

③ 국세청장은 국회 소관 상임위원회가 의결로 세법의 제정법률안 또는 개정법률안의 심사에 필요한 통계자료를 요구하는 경우에는 그 목적의 범위에서 이를 제공하여야 하고, 제공한 통계자료의 사본을 기획재정부장관에게 송부하여야 한다. <개정 2008. 2. 29.>

④ 제3항에 따라 제공 또는 송부된 통계자료(제2항에 따라 공개된 것을 제외한다)를 알게 된 자는 이를 목적 외의 용도로 사용하여서는 아니 된다.

⑤ 제3항에 따른 통계자료의 제공절차 등에 관하여 필요한 사항은 대통령령으로 정한다.

[본조신설 2007. 12. 31.]

제86조 (시행령) 이 법의 시행에 관하여 필요한 사항은 대통령령으로 정한다.

부칙〈제2679호, 1974. 12. 21.〉

① (시행일) 이 법은 1975년 1월 1일부터 시행한다. 다만, 제7장의 규정은 1975년 4월 1일부터 시행한다.
② (폐지법률) 국세심사청구법은 이 법 제7장의 규정의 시행일에 이를 폐지한다.
③ (경과조치) 이 법 제7장의 규정의 시행 전에 국세심사청구법에 의한 재조사청구 · 심사청구 · 재심사청구 또는 감사원법에 의한 심사청구가 있은 사건의 처리에 관하여는 종전의 예에 의한다.
④ (동전) 이 법 시행 전에 세법에 의하여 행한 처분 또는 담보의 제공 · 신고 · 신청 · 청구 기타의 절차로서 이 법 중 이에 해당하는 규정이 있는 것은 이 법에 의하여 행하여진 것으로 본다.
⑤ (동전) 이 법 시행 당시 종전의 부동산투기억제에관한특별조치세법에 의한 부동산투기억제에관한특별조치세는 이를 이 법 제2조제1호의 규정에 의한 국세로 보아 이 법을 적용한다.
⑥ (다른 법령과의 관계) 다른 법령에서 종전의 국세징수법의 규정을 인용한 경우에 이 법 중 그에 해당하는 조항이 있는 때에는 그에 갈음하여 이 법의 해당 조항을 인용한 것으로 본다.

부칙〈제2925호, 1976. 12. 22.〉

이 법은 1977년 1월 1일부터 시행한다.

부칙(부가가치세실시에따른세법조정에관한임시조치법)〈제2932호, 1976. 12. 22.〉

제1조 (시행일) 이 법은 부가가치세법의 시행일부터 시행한다.
제2조 내지 제12조 생략

부칙〈제3097호, 1978. 12. 5.〉

이 법은 공포한 날로부터 시행한다.

부칙〈제3199호, 1979. 12. 28.〉

① (시행일) 이 법은 1980년 1월 1일부터 시행한다.
② (일반적 적용례) 이 법은 이 법 시행 후 최초로 과세표준신고서를 제출하는
분부터 적용한다.
③ (국세환급가산금에 관한 적용례) 제52조제6호의 규정은 이 법 시행 후 최초
로 개시하는 법인의 사업연도분부터 적용한다.

부칙〈제3471호, 1981. 12. 31.〉

① (시행일) 이 법은 1982년 1월 1일부터 시행한다.
② (적용례) 제21조제2항제5호의 규정은 한국전기통신공사가 전화사용료를 영수
하는 분부터 적용하며 동공사가 그 업무를 개시하기 전에 체신관서가 그 사
용료를 영수하는 분에 대하여는 종전의 규정에 의한다.
③ (적용례) 제35조제2항 및 제3항의 규정은 이 법 시행 후 최초로 가등기하는
분부터 적용한다.

부칙〈제3746호, 1984. 8. 7.〉

제1조 (시행일) 이 법은 1985년 1월 1일부터 시행한다.

제2조 (다른 법률의 개정) ① 방위세법 중 다음과 같이 개정한다.

제6조제2항을 삭제한다.

② 관세법 중 다음과 같이 개정한다.

제26조의2제1항 중 "(동법 제3조 단서에서 열거한 조항에 한한다)"를 삭제한다.

제3조 (우편에 의한 신고기한의 특례에 관한 적용례) 제5조의2의 개정규정은 이 법 시행 후 우편법에 의한 통신일부인이 찍힌 분부터 적용한다.

제4조 (국세부과의 제척기간에 관한 적용례) ① 제26조의2의 개정규정은 이 법 시행 후 국세를 부과할 수 있는 날이 개시되는 분부터 적용한다.

② 이 법 시행 전에 부과할 수 있는 날이 개시된 국세로서 이 법 시행일 현재 제27조의 기간이 만료되지 아니한 분에 대하여는 종전의 예에 의한다. 다만, 이 법 시행일로부터 제26조의2의 개정규정에 의한 부과제척기간말일을 경과하여 이를 부과할 수 없다.

제5조 (체납처분유예기간의 시효정지에 관한 적용례) 제28조제3항의 개정규정은 이 법 시행 후 최초로 체납처분을 유예하는 분부터 적용한다.

제6조 (소액보증금 등의 국세우선에 관한 적용례) 제35조제1항제4호의 개정규정은 이 법 시행 후 최초로 납부기한이 도래하는 분부터 적용한다.

제7조 (국세불복청구기간에 관한 적용례) 제61조제2항 및 제81조의 개정규정은 이 법 시행 후 최초로 이의신청·심사청구 또는 심판청구를 하는 분부터 적용한다.

제8조 (고지금액최저한에 관한 적용례) 제83조제1항의 개정규정은 이 법 시행 후 최초로 고지하는 분부터 적용한다.

부칙(행정소송법)〈제3754호, 1984. 12. 15.〉

제1조 (시행일) 이 법은 1985년 10월 1일부터 시행한다.

제2조 내지 제5조 생략

제6조 (다른 법률의 개정) ① 행정소송법의 개정에 따라 관계법률을 다음과 같이 개정한다.

　1. 국세기본법 제55조제5항 및 제56조제2항 중 "행정소송법 제2조제1항 단서 및 제5조"를 "행정소송법 제18조제2항·제3항 및 동법 제20조"로 한다.

　2. 및 3. 생략

　② 생략

부칙(행정심판법)〈제3755호, 1984. 12. 15.〉

제1조 (시행일) 이 법은 1985년 10월 1일부터 시행한다.

제2조 및 제3조 생략

제4조 (다른 법률의 개정) ① 이 법 시행에 따라 관계법률을 다음과 같이 개정한다.

　1. 국세기본법 제56조제1항 중 "소원법"을 "행정심판법"으로 한다.

　2. 내지 15. 생략

　② 생략

부칙(토지초과이득세법)〈제4177호, 1989. 12. 30.〉

제1조 (시행일) 이 법은 1990년 1월 1일부터 시행한다.

제2조 내지 제5조 생략

제6조 (다른 법률의 개정) ① 국세기본법 중 다음과 같이 개정한다.

제2조제1호를 다음과 같이 개정한다.

1. "국세"라 함은 국가가 부과하는 조세 중 다음에 규정하는 것을 말한다.

　　가. 소득세

　　나. 법인세

　　다. 토지초과이득세

　　라. 상속세와 증여세

　　마. 재평가세

　　바. 부당이득세

　　사. 부가가치세

　　아. 특별소비세

　　자. 주　세

　　차. 전화세

　　카. 인지세

　　타. 증권거래세

　　파. 방위세

　　하. 교육세

제21조제1항제1호 중 "소득세 또는 법인세"를 "소득세 · 법인세 또는 토지초과이득세"로 한다.

제26조의2제1항제1호 중 "법인세"를 "법인세 · 토지초과이득세"로 한다.

② 생략

부칙〈제4277호, 1990. 12. 31.〉

제1조 (시행일) 이 법은 1991년 1월 1일부터 시행한다.

제2조 (상속세 또는 증여세부과의 제척기간에 관한 적용례) 제26조의2제1항제1호 단서의 개정규정은 이 법 시행 후 최초로 상속세 또는 증여세를 부과할 수 있는 날이 개시되는 것부터 적용한다.

제3조 (취소청구에 관한 적용례) 제35조제4항의 개정규정은 이 법 시행 후 최초로 법정기일이 도래하는 것부터 적용한다.

제4조 (압류의 경우의 법정기일에 관한 적용례) 제35조의2의 개정규정은 이 법 시행 후 최초로 압류하는 것부터 적용한다.

제5조 (국세에 우선하는 피담보채권에 관한 적용례) 재산의 매각금액 중에서 이 법 시행 전에 제35조제1항제3호 각 목의 개정규정에 해당하는 기일이 도래한 국세 또는 가산금을 1990년 9월 3일 이후에 징수하는 것에 대하여는 국세의 납부기한을 법정기일로 보아 제35조제1항제3호, 동조 제2항 및 제42조제1항의 개정규정을 적용한다.

[전문개정 1993. 12. 31.]

[92헌가5 1993. 9. 27. 구국세기본법(1990. 12. 31. 법률 제4277호로 개정되기 전의 것) 제35조제2항 중 "으로부터 1년"이라는 부분 및 1990. 12. 31. 법률 제4277호 국세기본법 중 개정법률 부칙 제5조 중 "제35조제1항제3호, 제2항" 부분은 각 헌법에 위반된다.]

제6조 (국세보다 우선하는 보증금에 관한 경과조치) 이 법 시행 전에 납부기한이 도래한 국세 또는 가산금에 대한 소액보증금의 우선에 관하여는 종전의 제35조제1항제4호의 규정에 의한다.


부칙(건설기계관리법)〈제4561호, 1993. 6. 11.〉


제1조 (시행일) 이 법은 1994년 1월 1일부터 시행한다.

제2조 내지 제8조 생략

제9조 (다른 법률의 개정 등) ① 내지 ⑤ 생략

　⑥ 국세기본법 중 다음과 같이 개정한다.

　제29조제7호·제30조제5호 및 제31조제3항 중 "중기" 각각 "건설기계"로 한다.

　⑦ 내지 <20>생략


부칙〈제4672호, 1993. 12. 31.〉


제1조 (시행일) 이 법은 공포한 날부터 시행한다.

제2조 (국세부과제척기간에 관한 적용례) 제26조의2제1항의 개정규정은 이 법 시행 후 국세를 부과할 수 있는 날이 개시되는 것부터 적용하고, 동조 제2항의 개정규정은 이 법 시행 후 최초로 상호합의가 종결되는 것부터 적용한다.

제3조 (담보의 평가에 관한 적용례) 제30조제5항의 개정규정은 이 법 시행 후 최초로 제공되는 납세담보분부터 적용된다.

제4조 (국세의 우선에 관한 적용례) 제35조제1항제3호 바목의 개정규정은 이 법 시행 후 최초로 국세징수법 제24조제2항의 규정에 의한 압류를 하는 분부터 적용한다.

제5조 (출자자 등의 제2차납세의무에 관한 적용례) 제39조 및 제41조의 개정규정은 이 법 시행 후 최초로 출자자 또는 사업양수인에게 제2차납세의무의 납부고지를 하는 분부터 적용한다.

제6조 (수정신고에 의한 가산세 면제에 관한 적용례) 제49조의 개정규정은 이 법 시행 후 최초로 수정신고를 하는 분부터 적용한다.

제7조 (국세환급가산금에 관한 적용례) 제52조의 개정규정은 이 법 시행 후 최초로 국세환급금을 충당 또는 지급하는 분부터 적용한다.

제8조 (행정소송제기기간 등에 대한 적용례) 제56조·제60조·제61조제2항 및 제68조의 개정규정은 이 법 시행일 현재 진행 중인 이의신청·심사청구 또는

심판청구분부터 적용하고, 제61조제3항·제66조 및 제81조의 개정규정은 이 법 시행 후 최초로 우편으로 이의신청·심사청구 또는 심판청구를 하는 분부터 적용한다.

제9조 (압류의 경우의 법정기일에 관한 경과조치) 이 법 시행 전에 종전의 제35조의2의 규정에 의하여 압류등기일 또는 등록일을 법정기일로 본 국세 또는 가산금에 대하여는 종전의 규정에 의한다.


부칙(농어촌특별세법)〈제4743호, 1994. 3. 24.〉


제1조 (시행일) 이 법은 1994년 7월 1일부터 시행한다.

제2조 내지 제7조 생략

제8조 (다른 법률의 개정) ① 국세기본법 중 다음과 같이 개정한다.

제2조제1호에 거목을 다음과 같이 신설한다.

거. 농어촌특별세

제26조의2제1항제3호 중 "제1호 및 제2호"를 "제1호 내지 제3호"로 하여 이를 동항 제4호로 하고, 동항에 제3호를 다음과 같이 신설한다.

3. 농어촌특별세(농어촌특별세법 제5조제1항제4호의 규정에 의한 것을 제외한다)는 농어촌특별세법 제2조제2항의 규정에 의한 본세를 부과할 수 있는 날부터 5년간(관세감면액에 부과되는 농어촌특별세는 2년간으로 하되, 사기 기타 부정한 행위로써 관세의 감면을 받은 경우에는 5년간)

② 내지 ⑦ 생략

부칙〈제4810호, 1994. 12. 22.〉

제1조 (시행일) 이 법은 1995년 1월 1일부터 시행한다. 다만, 제56조의 개정규정
　　은 1998년 3월 1일부터 시행한다.

제2조 (상속으로 인한 납세의무의 승계에 관한 적용례) 제24조제2항의 개정규정
　　은 이 법 시행 후 최초로 상속이 개시되는 분부터 적용한다.

제3조 (국세부과제척기간에 관한 적용례) 제26조의2제1항의 개정규정은 이 법
　　시행 후 최초로 당해 국세를 부과할 수 있는 날이 개시되는 분부터 적용한다.

제4조 (수정신고 및 수정신고에 의한 가산세감면에 관한 적용례) 제45조 및 제
　　49조의 개정규정은 이 법 시행 후 최초로 수정신고하는 분부터 적용한다.

제5조 (경정청구에 관한 적용례) 제45조의2의 개정규정은 이 법 시행 후 최초로
　　개시되는 과세기간분부터 적용한다.

제6조 (국세환급가산금에 관한 적용례) 제52조의 개정규정은 1995년에 발생하는
　　소득에 대한 확정신고분부터 적용한다.

제7조 (불복에 관한 적용례) 제55조의2의 개정규정은 이 법 시행일 현재 상호합
　　의절차가 진행 중인 것부터 적용한다.

제8조 (행정소송 제기에 관한 적용례) 제56조의 개정규정은 1998년 3월 1일 현
　　재 진행 중인 심사청구 또는 심판청구분부터 적용한다.

부칙(국제조세조정에관한법률)〈제4981호, 1995. 12. 6.〉

제1조 (시행일) 이 법은 1996년 1월 1일부터 시행한다. <단서 생략>

제2조 및 제3조 생략

제4조 (다른 법률의 개정) ① 국세기본법 중 다음과 같이 개정한다.
　　제2조제2호 중 "조세감면규제법 · 조세범처벌법"을 "조세감면규제법 · 국제조세

조정에관한법률·조세범처벌법"으로 한다.

제55조의2를 다음과 같이 한다.

제55조의2 (상호합의절차 진행시 기간계산의 특례) 상호합의절차 진행시 기간
계산의 특례는 국제조세조정에관한법률 제24조제1항에서 정하는 바에 따
른다.

② 및 ③ 생략

부칙〈제5189호, 1996. 12. 30.〉

제1조 (시행일) 이 법은 공포한 날부터 시행한다. 다만, 제81조의2제2항 및 제85
조의4의 개정규정은 1997년 7월 1일부터 시행한다.

제2조 (연대납세의무자에 대한 송달에 관한 적용례) 제8조제2항 단서의 개정규
정은 이 법 시행 후 최초로 납세의 고지와 독촉을 하는 분부터 적용한다.

제3조 (유치송달 등에 관한 적용례) 제10조제4항의 개정규정은 이 법 시행 후
최초로 송달하는 서류부터 적용한다.

제4조 (국세부과제척기간에 관한 적용례) 제26조의2제1항 단서의 개정규정은 이
법 시행 후 최초로 상호합의절차가 개시되는 분부터 적용한다.

제5조 (국세환급금의 충당과 환급에 관한 적용례) 제51조의 개정규정은 이 법
시행 후 최초로 국세환급금을 충당 또는 환급하는 분부터 적용한다.

제6조 (심사청구 등의 제기에 관한 적용례) 제55조제2항 및 제63조제1항의 개정
규정은 이 법 시행 후 최초로 이의신청·심사청구 또는 심판청구를 하는 분
부터 적용한다.

부칙(상속세및증여세법)〈제5193호, 1996. 12. 30.〉

제1조 (시행일) 이 법은 1997년 1월 1일부터 시행한다.

제2조 내지 제13조 생략

제14조 (다른 법률의 개정) ① 국세기본법 중 다음과 같이 개정한다.

　　제26조의2제1항제4호 나목 중 "상속세법 제20조(동법 제34조의7의 규정에 의하여 준용되는 경우를 포함한다. 이하 이 호에서 같다)"를 "상속세및증여세법 제67조 및 제68조"로 하며, 동호 다목 중 "상속세법 제20조"를 "상속세및증여세법 제67조 및 제68조"로 한다.

　　② 내지 ⑧ 생략

제15조 생략


부칙〈정부부처명칭등의변경에따른건축법등의정비에관한법률〉〈제5454호, 1997. 12. 13.〉


이 법은 1998년 1월 1일부터 시행한다. 다만, 제56조제4항의 개정규정은 1998년 3월 1일부터 시행한다.


부칙〈제5579호, 1998. 12. 28.〉


제1조 (시행일) 이 법은 1999년 1월 1일부터 시행한다.

제2조 (공시송달에 관한 적용례) 제11조제1항의 개정규정은 이 법 시행 후 최초로 공고하는 서류부터 적용한다.

제3조 (상속으로 인한 납세의무의 승계에 관한 적용례) 제24조제2항 전단의 개정규정은 이 법 시행 후 최초로 상속이 개시되는 분부터 적용한다.

제4조 (연대납세의무에 관한 적용례) 제25조제2항 및 제3항의 개정규정은 이 법 시행 후 최초로 분할되는 법인, 분할 또는 분할합병으로 인하여 설립 또는 존속하는 법인에게 납세의무의 납부고지를 하는 분부터 적용한다.

제5조 (행정소송 제기기간 등에 관한 적용례) ① 제55조, 제56조, 제60조 내지

제63조, 제65조, 제66조, 제68조 및 제70조의 개정규정은 이 법 시행 후 최초로 제기하는 이의신청 · 심사청구 · 심판청구 또는 행정소송분부터 적용한다.

② 이 법 시행 당시 이의신청 · 심사청구 · 심판청구 또는 행정소송이 제기되지 아니한 처분으로서 이미 종전의 규정에 의한 제기기간이 경과한 것에 대하여는 이의신청 · 심사청구 · 심판청구 또는 행정소송을 제기할 수 없다.

제6조 (장부 등의 비치 및 보존에 관한 적용례) 제85조의3의 개정규정은 이 법 시행 후 최초로 개시하는 과세기간분 또는 사업연도분부터 적용한다.

부칙〈제5993호, 1999. 8. 31.〉

제1조 (시행일) 이 법은 2000년 1월 1일부터 시행한다. 다만, 제2조제18호 · 제5조제3항 · 제5조의2제2항 · 제43조제1항 단서 · 제85조제1항 단서 및 제85조의4제2항의 개정규정은 2000년 7월 1일부터 시행한다.

제2조 (심사 · 심판청구 등에 관한 일반적 적용례) 이 법은 이 법 시행일 이후 최초로 제기하는 이의신청 · 심사청구 또는 심판청구분부터 적용한다.

제3조 (이의신청 또는 심사청구 중인 사건에 관한 경과조치) ① 이 법 시행 전에 종전의 규정에 의하여 제기된 이의신청으로서 이에 대한 결정통지를 받고 심사청구를 제기하지 아니한 경우에는 종전의 규정에 의하여 심사청구와 심판청구를 제기할 수 있다.

② 이 법 시행 전에 종전의 규정에 의하여 제기된 심사청구로서 이 법 시행일 현재 심사청구가 진행 중이거나 그 처분에 대한 결정통지를 받고 심판청구를 제기하지 아니한 경우에는 종전의 규정에 의하여 심판청구를 제기할 수 있고, 이 법의 규정에 의하여 행정소송을 제기할 수 있다.

제4조 (국세심판관의 연임에 관한 경과조치) 이 법 시행 당시 재직 중인 국세심판관에 대하여는 잔여임기 동안 제67조제4항의 개정규정에 불구하고 종전의

규정을 적용한다.

부칙〈제6070호, 1999. 12. 31.〉

① (시행일) 이 법은 2000년 1월 1일부터 시행한다.
② (국세부과의 제척기간에 관한 적용례) 제26조의2제3항의 개정규정은 이 법 시
  행 후 상속세 또는 증여세를 부과할 수 있는 날이 개시하는 것부터 적용한다.
③ (국세환급가산금의 기산일에 관한 적용례) 제52조제6호의 개정규정은 이 법
  시행 후 최초로 양도하는 분부터 적용한다.

부칙(전화세법폐지법률)〈제6299호, 2000. 12. 29.〉

제1조 (시행일) 이 법은 2001년 9월 1일부터 시행한다.
제2조 생략
제3조 (다른 법률의 개정) ① 국세기본법 중 다음과 같이 개정한다.
  제2조제1호 차목 및 제21조제1항제9호·제2항제5호를 각각 삭제한다.
  ② 및 ③ 생략

부칙〈제6303호, 2000. 12. 29.〉

① (시행일) 이 법은 공포한 날부터 시행한다. 다만, 제2조제18호의 개정규정은
  2001년 7월 1일부터 시행한다.
② (수정신고 및 경정청구에 관한 적용례) 제45조제1항제3호 및 제45조의2제1항
  의 개정규정은 이 법 시행일이 속하는 과세기간분부터 적용한다.
③ (국세환급금의 충당과 환급에 관한 적용례) 제51조제2항 및 제3항의 개정규정

은 이 법 시행 후 최초로 국세환급금을 충당 또는 지급하는 분부터 적용한다.

④ (국세환급가산금 기산일에 관한 적용례) 제52조제1호 및 제6호의 개정규정은 이 법 시행 후 최초로 국세환급금을 충당 또는 지급한 분부터 적용한다.

⑤ (심사청구 및 심판청구의 지위승계 등에 대한 적용례) 제56조제1항 및 제65 조의2의 개정규정은 이 법 시행일 현재 진행 중인 이의신청·심사청구 또는 심판청구분부터 적용한다.

부칙〈제6782호, 2002. 12. 18.〉

① (시행일) 이 법은 공포한 날부터 시행한다.

② (경정 등의 효력에 대한 적용례) 제22조의2의 개정규정은 이 법 시행 후 최초로 경정하는 분부터 적용한다.

③ (국세보다 우선하는 상가건물임대차보증금에 대한 적용례) 제35조제1항제4호의 개정규정은 법률 제6542호 상가건물임대차보호법의 시행일부터 적용한다.

④ (물납재산환급에 관한 적용례) 제51조의2의 개정규정은 이 법 시행 후 최초로 물납을 신청하는 분부터 적용한다.

부칙〈제7008호, 2003. 12. 30.〉

제1조 (시행일) 이 법은 공포한 날부터 시행한다. 다만, 제3조제1항 단서 중 조세특례제한법 제104조의7제4항에 의한 제2차납세의무와 관련된 부분은 2004년 1월 1일부터 시행한다.

제2조 (납부기한 연장의 취소에 관한 적용례) 제6조의2의 개정규정은 이 법 시행 후 제6조의 규정에 의하여 납부기한의 연장을 받는 분부터 적용한다.

제3조 (서류송달의 방법에 관한 적용례) 제10조제2항 단서의 개정규정은 이 법

시행 후 송달하는 분부터 적용한다.

제4조 (경정 등의 청구에 관한 적용례) 제45조의2제4항의 개정규정은 이 법 시행일이 속하는 과세연도분부터 적용한다.

제5조 (국세환급금의 충당과 환급에 관한 적용례) 제51조제4항의 개정규정은 이 법 시행 후 환급신청하는 분부터 적용한다.

제6조 (국세환급가산금의 기산일에 관한 적용례) 제52조제6호 및 제7호의 개정규정은 이 법 시행 후 최초로 국세환급금을 충당 또는 지급하는 분부터 적용한다.

제7조 (심사청구의 결정기간에 관한 적용례) 제65조제2항의 개정규정은 이 법 시행 후 심사청구를 하는 분부터 적용한다.


부칙(세무사법)〈제7032호, 2003. 12. 31.〉


제1조 (시행일) 이 법은 공포한 날부터 시행한다.

제2조 내지 제6조 생략

제7조 (다른 법률의 개정) 국세기본법 중 다음과 같이 개정한다.

제59조제1항 중 "변호사 또는 세무사(세무사법 제6조의 규정에 의하여 등록한 세무사인 공인회계사를 포함한다)"를 "변호사, 세무사 또는 세무사법 제20조2제1항의 규정에 의하여 등록한 공인회계사"로 한다.


부칙〈제7329호, 2005. 1. 5.〉


이 법은 공포한 날부터 시행한다.

부칙〈제7582호, 2005. 7. 13.〉

① (시행일) 이 법은 공포한 날부터 시행한다.
② (경정 등의 청구에 관한 경과조치) 이 법 시행 당시 종전의 규정에 따른 기간이 경과하지 아니한 결정 또는 경정의 청구에 관하여는 제45조의2제1항의 개정규정을 적용한다.

부칙(국가공무원법)〈제7796호, 2005. 12. 29.〉

제1조 (시행일) 이 법은 2006년 7월 1일부터 시행한다.
제2조 내지 제5조 생략
제6조 (다른 법률의 개정) ① 내지 <16> 생략
<17>국세기본법 일부를 다음과 같이 개정한다.
제67조제2항을 다음과 같이 한다.
　② 국세심판원에 원장과 국세심판관을 두되, 원장과 원장이 아닌 상임국세심판관은 고위공무원단에 속하는 일반직 또는 별정직공무원으로 보하고, 비상임국세심판관은 대통령령이 정하는 바에 의하여 위촉한다.
　<18> 내지 <68> 생략

부칙〈제7930호, 2006. 4. 28.〉

① (시행일) 이 법은 공포한 날부터 시행한다. 다만, 제25조제4항의 개정규정은 2006년 4월 1일부터 시행한다.
② (신회사 설립에 따른 연대납세의무에 관한 적용례) 제25조제4항의 개정규정은 이 법 시행 후 최초로 설립되는 신회사부터 적용한다.

③ (은닉재산의 신고자에 대한 포상금의 지급에 관한 적용례) 제84조의2의 개정규정은 이 법 시행 후 최초로 체납자의 은닉재산을 신고하는 분부터 적용한다.

④ (과세전적부심사 청구기한의 연장에 관한 경과조치) 이 법 시행 전에 통지를 받은 자에 대하여 제81조의10제1항의 개정규정을 적용한다.

부칙〈제8139호, 2006. 12. 30.〉

제1조 (시행일) 이 법은 2007년 1월 1일부터 시행한다. 다만, 제3조제1항의 개정규정과 제47조의2 내지 제47조의5의 개정규정 중 종합부동산세(그 종합부동산세를 본세로 하는 농어촌특별세를 포함한다)에 관한 개정규정은 2008년 1월 1일부터 시행하고, 제84조의2의 개정규정은 2007년 7월 1일부터 시행한다.

제2조 (송달지연으로 인한 납부기한의 연장에 관한 적용례) 제7조의 개정규정은 이 법 시행 전에 도달한 납세고지서·납부통지서·독촉장 또는 납부최고서에 대하여도 적용한다.

제3조 (시효의 정지에 관한 적용례) 제28조제3항 및 제4항의 개정규정은 이 법 시행 후 최초로 사해행위취소의 소를 제기하는 분부터 적용한다.

제4조 (출자자의 제2차납세의무에 관한 적용례) 제39조의 개정규정은 이 법 시행 후 최초로 납세의무가 성립하는 분부터 적용한다.

제5조 (경정청구 대상자 확대에 관한 적용례) 제45조의2제4항의 개정규정은 이 법 시행일이 속하는 과세연도분부터 적용한다.

제6조 (기한후신고 대상자 확대에 관한 적용례) 제45조의3의 개정규정은 이 법 시행 후 최초로 법정신고기한이 도래하는 분부터 적용한다.

제7조 (무신고가산세 등에 관한 적용례) ① 제47조의2 내지 제47조의5의 개정규정 중 소득세(종합소득에 대한 소득세에 한하며, 그 소득세를 본세로 하는 농어촌특별세를 포함한다) 및 법인세(각 사업연도 소득에 대한 법인세에 한하

며, 그 법인세를 본세로 하는 농어촌특별세를 포함한다)에 관한 개정규정은 이 법 시행 후 최초로 개시하는 과세연도분부터 적용한다.

② 제47조의2 내지 제47조의5의 개정규정 중 퇴직소득 및 양도소득에 대한 소득세(그 소득세를 본세로 하는 농어촌특별세를 포함한다)에 관한 개정규정은 이 법 시행 후 최초로 퇴직하거나 양도하는 분부터 적용한다.

③ 제47조의2 내지 제47조의5의 개정규정 중 청산소득에 대한 법인세(그 법인세를 본세로 하는 농어촌특별세를 포함한다)에 관한 개정규정은 이 법 시행 후 최초로 해산·합병·분할하는 분부터 적용한다.

④ 제47조의2 내지 제47조의5의 개정규정 중 부가가치세에 관한 개정규정은 이 법 시행 후 최초로 개시하는 과세기간분부터 적용한다.

⑤ 제47조의2 내지 제47조의5의 개정규정 중 상속세 및 증여세에 관한 개정규정은 이 법 시행 후 최초로 상속·증여하는 분부터 적용한다.

⑥ 제47조의2 내지 제47조의5의 개정규정 중 특별소비세(그 특별소비세를 본세로 하는 농어촌특별세를 포함한다), 교통·에너지·환경세 및 주세에 관한 개정규정은 이 법 시행 후 최초로 반출·출고·판매하거나 입장 또는 유흥음식행위를 하는 분부터 적용한다.

⑦ 제47조의2 내지 제47조의5의 개정규정 중 증권거래세(그 증권거래세를 본세로 하는 농어촌특별세를 포함한다)에 관한 개정규정은 이 법 시행 후 최초로 주권 등을 양도하는 분부터 적용한다.

⑧ 제47조의2 내지 제47조의5의 개정규정 중 종합부동산세(그 종합부동산세를 본세로 하는 농어촌특별세를 포함한다)에 관한 개정규정은 이 법 시행 후 최초로 납세의무가 성립하는 분부터 적용한다.

⑨ 제47조의2 내지 제47조의5의 개정규정 중 금융·보험업자의 수익금액에 부과되는 교육세의 개정규정은 이 법 시행 후 최초로 개시하는 과세기간분부터 적용하고, 특별소비세액, 교통·에너지·환경세액 및 주 세액에 부과되는 교육세의 개정규정은 이 법 시행 후 최초로 반출·출고·판매하거

나 입장 또는 유흥음식행위를 하는 분부터 적용한다.

⑩ 제47조의2 내지 제47조의5의 개정규정 중 「농어촌특별세법」 제5조제1항제2호의 이자·배당소득에 대한 소득세의 감면세액에 부과되는 농어촌특별세는 이 법 시행 후 최초로 이자·배당소득을 지급하는 분부터 적용하고, 취득세·등록세 또는 레저세를 본세로 하는 농어촌특별세에 관한 개정규정은 이 법 시행 후 최초로 취득 또는 등기·등록하거나 발매하는 분부터 적용한다.

⑪ 제47조의2 내지 제47조의5의 개정규정 중 관세의 감면세액에 부과되는 농어촌특별세와 수입되는 재화에 부과되는 부가가치세, 교통·에너지·환경세, 특별소비세, 주세, 교육세 및 농어촌특별세에 관한 개정규정은 이 법 시행 후 최초로 수입신고하는 분부터 적용한다.

제8조 (가산세의 감면에 관한 적용례) ① 제48조제2항제2호 및 제4호의 개정규정은 이 법 시행 후 최초로 의무이행기한이 도래하는 신고·제출·가입·등록 또는 개설을 하여야 하는 분부터 적용한다.

② 제48조제2항제3호의 개정규정은 이 법 시행 후 최초로 과세전적부심사 결정의 통지를 받는 분부터 적용한다.

제9조 (가산세 한도에 관한 적용례) 제49조의 개정규정은 이 법 시행 후 세법에 규정하는 의무를 최초로 위반하는 분부터 적용한다.

제10조 (국세환급가산금에 관한 적용례) 제52조제7호의 개정규정은 이 법 시행 후 최초로 경정을 청구하는 분부터 적용한다.

제11조 (증거서류 등의 제출에 관한 적용례) 제71조의 개정규정은 이 법 시행 후 최초로 제출되는 증거서류 및 증거물부터 적용한다.

제12조 (세무조사의 사전통지기한 연장 등에 관한 적용례) ① 제81조의7제1항 본문의 개정규정은 이 법 시행 후 최초로 사전 통지하는 분부터 적용한다.

② 제81조의7제3항의 개정규정은 이 법 시행 후 최초로 조사연기를 신청하는 분부터 적용한다.

제13조 (과세전적부심사의 대표자 선정 등에 관한 적용례) 제81조의12제5항 및 제6항의 개정규정은 이 법 시행 후 최초로 과세전적부심사를 청구하는 분부터 적용한다.

제14조 (포상금 지급대상 확대에 관한 적용례) 제84조의2제1항제3호 및 제4호의 개정규정은 이 법 시행 후 최초로 신고하는 분부터 적용한다.

제15조 (다른 법률의 개정) ① 국제조세조정에관한법률 일부를 다음과 같이 개정한다.

제13조 중 "소득세법 제81조제1항 또는 법인세법 제76조제1항제2호의 규정에 의한 과소신고에 대한 가산세"를 "「국세기본법」 제47조의3의 규정에 따른 과소신고가산세"로 한다.

② 농어촌특별세법 일부를 다음과 같이 개정한다.

제11조를 삭제한다.

③ 상속세 및 증여세법 일부를 다음과 같이 개정한다.

제78조제1항 및 제2항을 각각 삭제한다.

④ 인지세법 일부를 다음과 같이 개정한다.

제8조의2의 제목 "(결정ㆍ경정 및 가산세)"를 "(결정 및 경정)"으로 하고, 동 조제2항을 삭제한다.

⑤ 주세법 일부를 다음과 같이 개정한다.

제27조를 삭제한다.

⑥ 증권거래세법 일부를 다음과 같이 개정한다.

제14조를 삭제한다.

⑦ 특별소비세법 일부를 다음과 같이 개정한다.

제13조를 삭제한다.

제24조제1항제1호 중 "제13조"를 "「국세기본법」 제47조의2 내지 제47조의5"로 한다.

제16조 (다른 법률의 개정에 따른 경과조치) 이 법 시행 전에 다음 각 호의 어

느 하나에 해당하는 세법의 규정에 따라 부과하였거나 부과하여야 할 가산세에 관하여는 부칙 제15조제1항 내지 제7항의 규정에 따라 개정되는 해당 각 호의 세법의 개정규정에 불구하고 해당세법의 종전의 규정에 따른다.

1. 「국제조세조정에관한법률」: 「국제조세조정에관한법률」 제13조
2. 「농어촌특별세법」: 「농어촌특별세법」 제11조
3. 「상속세및증여세법」: 「상속세및증여세법」 제78조제1항 및 제2항
4. 「인지세법」: 「인지세법」 제8조의2
5. 「주세법」: 「주세법」 제27조
6. 「증권거래세법」: 「증권거래세법」 제14조
7. 「특별소비세법」: 「특별소비세법」 제13조 및 제24조제1항제1호


부칙(근로기준법)〈제8372호, 2007. 4. 11.〉


제1조 (시행일) 이 법은 공포한 날부터 시행한다. <단서 생략>

제2조 내지 제15조 생략

제16조 (다른 법률의 개정) ① 내지 ④ 생략

　⑤ 국세기본법 일부를 다음과 같이 개정한다.

　제35조제1항제5호 중 "제37조"를 "제38조"로 한다.

　⑥ 내지 <24> 생략

제17조 생략


부칙(부당이득세법)〈제8521호, 2007. 7. 19.〉


제1조 (시행일) 이 법은 공포한 날부터 시행한다.

제2조 (다른 법률의 개정) ① 국세기본법 일부를 다음과 같이 개정한다.

제2조제1호바목 및 제21조제1항제6호를 각각 삭제한다.

② 생략

부칙〈제8830호, 2007. 12. 31.〉

제1조 (시행일) 이 법은 2008년 1월 1일부터 시행한다. 다만, 제46조의2의 개정 규정은 2008년 10월 1일부터 시행하며, 제85조의6의 개정규정은 2010년 1월 1일부터 시행한다.

제2조 (실질사업자에 대한 부과제척기간 예외에 관한 적용례) 제26조의2제2항제 3호의 개정규정은 이 법 시행 후 최초로 확정된 결정 또는 판결분부터 적용 한다.

제3조 (신용카드 등에 의한 국세납부에 관한 적용례) 제46조의2의 개정규정은 2008년 10월 1일 이후 최초로 신고·납부 또는 고지하는 분부터 적용한다.

제4조 (포상금의 지급에 관한 적용례) 제84조의2제1항의 개정규정은 이 법 시행 후 최초로 신고하는 분부터 적용한다.

제5조 (다른 법률의 개정) 종합부동산세법 일부를 다음과 같이 개정한다.

제25조를 삭제한다.

부칙〈제8860호, 2008. 2. 29.〉

제1조(시행일) 이 법은 공포한 날부터 시행한다.

제2조(심판청구의 지위승계 등에 관한 경과조치) 이 법 시행 당시 진행 중인 심 판청구 사건은 이 법에 따라 청구된 것으로 본다.

제3조(국세심판관·상임국세심판관 및 비상임국세심판관의 지위승계에 관한 경 과조치) 이 법 시행 당시 종전의 규정에 따른 국세심판관·상임국세심판관·

비상임국세심판관과 국세심판관회의·국세심판관합동회의는 이 법에 따른 조세심판관·상임조세심판관·비상임조세심판관과 조세심판관회의·조세심판관합동회의로 본다.

제4조(국세심판원 소속 공무원에 관한 경과조치) 이 법 시행 당시 국세심판원 소속 공무원은 조세심판원 소속 공무원으로 본다.

제5조(다른 법률의 개정) ① 국제조세조정에관한법률 일부를 다음과 같이 개정한다.

제27조제2항 중 "국세심판원장"을 "조세심판원장"으로 한다.

② 관세법 일부를 다음과 같이 개정한다.

제120조제1항 중 "국세심판관회의"를 "조세심판관회의"로, "국세심판관합동회의"를 "조세심판관합동회의"로 한다.

제6조(다른 법령과의 관계) 이 법 시행 당시 다른 법령에서 "국세심판원"을 인용하고 있는 경우에는 "조세심판원"을 인용한 것으로 본다.


부칙(조세특례제한법)〈제9131호, 2008. 9. 26.〉


제1조(시행일) 이 법은 공포한 날부터 시행한다. <단서 생략>

제2조부터 제11조까지 생략

제12조(다른 법률의 개정) 국세기본법 일부를 다음과 같이 개정한다.

제3조제1항 단서 중 "제3절(「조세특례제한법」 제100조의10의 규정에 따른 가산세에 한한다)"를 "제3절(「조세특례제한법」 제100조의10 및 같은 법 제100조의34에 따른 가산세에 한한다)"로 한다.

# [부록 2] 세법학의 교육범위에 관한 소고[1]

## <국문요약>

세법학은 조세를 법학의 측면에서 연구하는 학문이다. 본서의 의의는 이러한 세법학 전공자들이 2009년 3월부터 개원될 법학전문대학원(로스쿨)에서 세법학과 관련하여 가르칠 교과목과 그 내용에 대해 정리하였다는 데 있다. 이를 위해 먼저 세법학의 의의와 접근방법, 우리나라와 일본, 미국의 세법학 교육의 현황을 정리하였다.

우리나라의 세법학 교육과 관련해서는 학부 차원에서는 서울대학교, 서울시립대학교의 경우를, 대학원 차원에서는 서울대학교, 서울시립대학교, 경희대학교를 각각 살펴보았다. 또한 사법연수원의 세법학 교육도 살펴보았다. 일본의 경우에는 중앙대학, 동경대학, 입명관대학의 예를, 미국의 경우에는 하버드대학과 뉴욕대학의 예를 각각 살펴보았다.

이상적인 세법학 교육을 위해서는 ⅰ) 세목별 교육, ⅱ) 내국세, 관세, 지방세의 교육, ⅲ) 쟁점별 교육, ⅳ) 다른 법학분야와 연계교육, ⅴ) 법학 이외의 학문분야와 연계교육, ⅵ) 사법시험(향후 변호사시험)과 연계, ⅶ) 세법학 교재의 개발 등을 고려하여야 한다. 학년별 교육, 필수과목 지정, 학점 단위 수, 세법 관련법령의 범

---

1) 이 글은 박훈, "세법학의 교육범위에 관한 소고", 조세법연구 13권 3호, 한국세법학회, 세경사, 2007. 12., pp.33 – 71에 게재한 글이다,

위, 해석기관, 조세소송의 범위, 외국세제 교육, 실무교육 등에 대해서도 고민하여야 한다.

이러한 이상적인 세법학 교육을 위해서는 다양한 세법과목이 법학전문대학원에서 개설되어야 하겠지만, 일본, 미국의 사례와 우리나라 현행 세법학 교육을 돌아볼 때 법학전문대학원에서 실제로 개설되는 세법학 교과목은 한정적일 수밖에 없다. 이러한 상황하에서 세법학을 법학전문대학원에서 특성화하는 것이 가능할지에 대해서는 의문이 들 수 있다. 그러나 이번 법학전문대학원 도입은 대학교와 실무계의 인사교류를 활발하게 하여 궁극적으로 세법학이 보다 발전되리라 생각한다.

▶ 핵심어 : 세법학, 법학전문대학원, 교과목, 특성화

# I. 서 설

로스쿨(법학전문대학원)이 2009년 3월부터 개원될 예정이다. 로스쿨의 도입의 필요성과 방법에 있어 전국 법과대학, 대법원, 대한변호사회 사이에 충분한 합의가 이루어졌던 것은 아니지만,[2] 로스쿨 도입을 내용으로 하는 법학전문대학원설치 · 운영에관한법률이 2007년 7월 3일 전격적으로 국회를 통과되어 로스쿨제도 도입이 기정사실화되자[3] 40여 개가 넘는 대학에서 인가를 받기 위한 준비를 하고 있다. 2007년 10월 30일 "법학전문대학원 설치인가 심사기준"이 나오기 전부터 2006년

---

[2] 2007. 10. 30. 교육인적 자원부에서 2009학년도 법학전문대학원 총 입학정원을 2,000명으로 법학전문대학원 설치인가 신청 공고를 하기 전 로스쿨정원을 놓고도 한국법학교수회는 3,200명 이상, 국립대 총장협의회는 2,500명 이상, 대한변호사협회는 1,200~1,300명 선을 주장하는 등 서로 다른 입장을 보여준 바 있다. 파이낸셜뉴스, "로스쿨 법학위 시작부터 삐걱", 2007. 10. 8.자.

[3] 법학전문대학원 설치 · 운영에 관한 법률은 2007. 7. 27. 법률 제8544호로 제정되었고, 법학전문대학원설치 · 운영에관한법률 시행령은 2007. 9. 28. 대통령령 제20302호로 제정되었다.

한국학술진흥재단의 "법학전문대학원 교육과정분야 설치 및 인가 심사기준 연구" 보고서상 인가기준을 준거삼아 높은 인가심사점수를 받기 위한 구체적인 노력을 기울이고 있다.

인가를 받느냐 여부가 대학의 새로운 서열을 결정짓는다는 의식 때문인지 단기간 법학교수의 다수 충원, 기존 교수들의 갑작스런 대거 학교 이동, 다수 법조실무가의 교수 임용, 학교재원의 단기간 법학부 집중 등 통상의 대학생활에서 보기 드문 현상이 일어나고 있다. 이러한 로스쿨 도입 여부와 도입과정의 옳고 그름을 떠나[4] 대학에서 세법학을 어떤 범위에서 어떻게 교육할지에 대해서는 세법학 전공자로서 자신이 속한 학교의 로스쿨 도입 여부와는 별개로 함께 고민해야 할 문제라 할 것이다.[5] 이 글은 세법학 전공자들이 로스쿨에서 세법학 관련하여 무엇을 가르쳐야 하는지를 함께 고민해 볼 수 있는 쟁점을 제시해 보는 데 의의를 두고자 한다. 구체적인 쟁점을 살펴보기 전에 세법학의 의의와 접근방법, 우리나라와 일본, 미국의 세법학 교육의 현황을 먼저 순서대로 살펴보고자 한다.

---

4) 일본의 경우 2006년 3월 17일 日辯連法務研究財團에서 주최하는 『シンポジウム・法科大學院の挑戰－2年間の到達點とこれから』라는 심포지엄에서 2년 동안의 일본의 로스쿨에 대한 평가를 다양하게 하고 있다. 이에 대해서는 日辯連法務研究財團 編, 『法科大學院敎育の理念と實踐－2006年度下期 JLF認證評價報告』 商事法務, 2007. 5., pp.79~118 참조, 로스쿨 도입에 대한 긍정적인 효과도 있겠지만, 일본에서는 로스쿨 인가를 많이 내어준 결과 신변호사시험의 합격률이 절반을 넘지 못하여 로스쿨에서 변호사시험을 의식하지 않을 수 없게 되고 이로 인해 로스쿨 수업진행은 수험을 염두에 둔 진행이 되는 경우가 많다(2007년 10월 5일 15시 30분~16시 30분, 일본 입명관대학 대학원 법학연구과 사무실에서 三木義一 교수와 인터뷰한 내용이다).

5) "법학전문대학원 교육과정분야 설치 및 인가 심사기준 연구"(학술진흥재단, 2006)에서는 심사기준과 관련하여 전체 1,000점 배점 중 교육과정은 290점에 불과하였고 이러한 심사기준에 대해, 대한변협신문, "법학전문대학원의 교육과정 분야 설치인가 심사기준에 대한 대합변협 의견", 2007. 9. 24., p.6에서 비판한 바 있다. 2007. 10. 30. 공고된 "법학전문대학원 설치인가 심사기준"상 교육과정의 배점은 345점으로 학술진흥재단의 보고서의 경우보다 상향조정되었다.

## II. 세법학의 의의와 접근방법

### 1. 세법학의 의의

세법학6)은 조세를 법학의 측면에서 연구하는 학문이라 할 수 있다. 이러한 세법학을 연구하는 접근방식에는 크게 두 가지로 나누어 볼 수 있다. 하나의 접근방식은 세법학을 법학분야의 하나로서 접근하는 방법이고, 또 하나의 접근방식은 세법학을 조세를 연구대상으로 하는 학문분야의 하나로 접근하는 방법이다. 전자의 접근방식은 교육범위에 있어 세법학을 다른 법학분야와의 연결하는 데 초점을 맞추게 되고, 후자의 접근방식은 교육범위에 있어 세법학을 회계학, 재정학, 행정학7) 등 법학 이외 학문분야와의 연결에 초점을 맞추게 된다.

### 2. 세법학의 접근방법

#### (1) 법학의 한 분야임을 강조하는 경우

조세는 오늘날 통상의 경우 담세력에 따라 부담하여야 하는 것으로 받아들여지고 있다. 일정한 경제활동이나 경제활동의 결과에 대해 조세를 부과하게 된다. 조세가 부과되는 대상에 초점을 맞추는 경우에는 사인 간 또는 사인과 국가 간 법률관계를 다루게 된다. 납세의무자의 측면에서 보면 세법학은 私法과 밀접한 관계를 갖게 된다. 과세관청의 측면에서 보면 세법학은 公法과 밀접한 관계를 갖게 된다. 법학을 공법과 사법으로 나누는 것 자체에 대해서도 제3의 영역인 사회법을 강조

---

6) 세법학은 학문분야의 하나를 말하는 것이다. 이 글에서는 전공을 나타내는 경우 세법학을 조세법이라는 용어와 함께 사용하기로 한다.

7) 행정학에서도 조세에 대한 부분을 다루지만, 이 글에서는 법학 이외의 조세 관련 학문으로 회계학, 재정학을 중심으로 다룬다.

하는 입장에서 비판이 있기는 하지만, 전통적인 구별방법에 따라 사법과 공법의 경우로 나누어 세법학 이외의 법학분야와 세법학과의 관련성을 살펴보고자 한다.

1) 사법과 세법학의 관련의 예

자산양도 시 양도인의 입장에서 보면, 양도소득세, 소득할주민세, 부가가치세 등이 문제되지만, 양수인의 입장에서 보면 취득세, 등록세, 농어촌특별세, 지방교육세 등이 문제될 수 있다. 이때 자산의 양도가 부동산 매매계약에 의한 경우라면 계약금, 중도금, 잔금 지급, 소유권이전등기라는 소유권이전의 일련의 절차가 있게 된다. 민법상의 소유권이 이전되는 시기와 양도소득세 등 과세시기가 항상 일치하지 않으며 세법학에서도 양도소득세의 "양도"와 취득세의 "취득"의 개념도 항상 일치하는 것은 아니다.

부동산 매매계약이 정상적인 절차에 의해 이루어진 경우에도 이러한 민법과 세법학의 괴리가 있고, 동일한 거래를 놓고 세목마다 다른 개념과 기준을 제시함으로써 세법 내에서도 통일적인 파악이 어려울 수 있다. 그런데 부동산 매매계약이 무효나 취소가 되는 경우에는 기존의 과세문제가 어떻게 뒤바뀌고 또 다른 과세상 문제가 뒤따를 수 있다. 매매계약이 무효 또는 취소되는 경우에도 매매대금을 갖고 있는 경우 위법소득으로서 과세되는지 여부가 문제될 수 있고 부동산소유권 이전의 원인된 법률행위가 효력이 없어지는 경우 취득세와 등록세를 과세하는 것이 맞는지가 논란이 될 수 있다. 위약금이 오가는 경우에는 위약금을 받는 사람의 경우 기타소득으로 과세될 수 있을지, 위약금을 지급하는 자의 경우는 필요경비나 손금 산입이 가능할지 여부가 문제가 될 수 있을 것이다.

이러한 법적 쟁점 이외에도 세법에서 민법의 개념을 차용하여 민법의 개념을 알아야 비로소 세법의 의미를 알 수 있도록 하는 경우도 있다. 기간의 계산에 대한 국세기본법 제4조, 국세징수권의 소멸시효에 대한 국세기본법 제27조제1항, 국세환급금의 소멸시효에 대한 국세기본법 제27조제2항의 "이 법 또는 그 세법에 특별한 규정이 있는 것을 제외하고는 민법에 의한다."가 그 예이다. 국세기본법 제24조처럼 "민법 제1053조에 규정하는", "민법 제1009조·제1010조·제1012조 및 제1013조의 규정에 의한"이라고 하여 민법상의 개념을 전제로 한 경우도 있다. 이처럼 세법학은 민법상 법적 이해가 있어야 하는 경우가 있다. 이러한 사안의 경우 세법학에서 어느 정도까지 민법상의 논의를 가르쳐야 할 것인지, 그리고 민법상 논의를 어떻게 세법적 쟁점에 연결시켜야 하는지 자체도 교육범위를 정함에 있어 고민해야 문제라 할 수 있다.

사법의 대표적인 법이라 할 수 있는 민법 이외에도 민법의 특별법인 상법의 경우 세법학을 이해하는 데 매우 중요하다 할 수 있다. 납세의무자가 법인인 경우 법인의 사법상 개념은 물론이고 회사와 주주 또는 사원과의 거래(배당 등)를 이해함에 있어서도 상법이 필요하다. 현행 공인회계사시험이나 세무사시험에서 1차과목이기는 하지만 상법을 시험과목의 하나로 하는 것도 이러한 중요성을 반영한 것이라 할 수 있다.


2) 공법과 세법학의 관련의 예

세법학은 공법과도 밀접한 관련을 갖는다. 조세법률관계를 권력관계로 보느냐 채권채무관계로 보느냐는 논의에서 전자의 입장을 강조하는 경우 세법학을 공법과 관련지어 보려는 입장이 강하다.

과세처분 자체가 행정행위의 하나로서 행정법 영역에서 이를 다루어 볼 수 있다. 통상의 행정법 교과서에서 행정법의 각론으로 재무(또는 세무)행정에서 조세를 다루고 있다. 조세법을 행정법 분야의 하나로 접근하는 경우라 하더라도 통상의 행정심판의 경우에는 행정심판전치주의가 적용되지 않는데 국세의 경우에는 적용되는 예에서 보듯이 조세법의 특수성은 따로 검토하여야 한다. 한편 조세법을 재정법에서 접근하는 경우에는 재산권 보장, 평등권 등 헌법상 권리나 제도보장을 중심으로 연구를 하기도 한다.

소득세제의 경우 국제거래 시 이중과세되는 문제와 조세회피하는 문제가 나타날 수 있다. 이러한 문제에 대한 대책으로 양자 간의 조세조약을 맺기도 하는데, 조약은 국가 간의 협약이라는 점에서 국제공법이 국제거래에 관한 조세법을 이해하는 데 필요하다.

조세불복절차로서 소송, 조세범에 대한 처벌의 경우에는 각각 소송법, 형법에 대한 이해가 있어야 한다.

## (2) 조세를 연구대상으로 하는 한 분야임을 강조하는 경우

조세는 법학뿐만 아니라 재정학, 회계학의 연구대상이 되기도 한다.[8] 재정학에서는 국가재정을 운영한다는 측면에서 조세를 연구한다. 우리나라의 경우 조세의 개념을 세법에서 정의하고 있지 않고 있다. 일반적인 조세를 정의함에 있어서는 독일 등 외국의 입법례를 빌려 설명하기도 하지만 일반적으로 재정학의 개념을 빌려 설명한다. 재정경제부 세제실이나 국세청에 근무하기 위한 행정고시시험에 재정학이 들어 있는 것도 재정학과 조세의 관련을 보여주는 한 예라 할 수 있다. 재정학자들이 세제개편에 관여하는 경우 세목의 변경, 세율 조정 등 국가재정수입에 미치는 큰 틀을 다루는 경우가 많다. 재정학은 회계학 및 법학과 차이를 단적으로 말하면 국가가 국민으로부터 얼마의 세금을 걷어야 국가재정이 운영될지에 초점을 맞춘 것이라 할 수 있다.

회계학에서도 조세를 연구대상으로 삼기도 한다. 회계학에서는 기업의 경제활동을 일정한 기준에 따라 기록하고 이를 분석하는 학문이라 할 수 있다. 회계학에서는 회계를 장부기재나 재무제표 작성 그 이상의 의미를 부여하는 것이 보통이다. 조세를 연구대상으로 하는 회계학을 세무회계(학)이라 할 수 있다. 세무회계라는 분야가 하나의 독립된 영역으로 분화된 것인가는 다툼이 있을 수 있지만, 기업이 조세문제를 접함에 있어 투자자들에게 기업의 재산 또는 손익상태 등을 알려주는 기업회계를 세법에 맞게 세무 조정하는 것은 조세에 있어 중요한 부분의 하나라 할

---

8) 이러한 각 학문분야의 특성과 서로 간의 관계에 대해서는, 최명근, "조세학문, 어떻게 접근할 것인가", 『조세연구』제1권, 한국조세연구포럼, 2001. 8., pp.19~32 참조.

수 있다. 회계학과 세법을 모두 알아야 세무 조정 시 과세문제를 이해할 수 있다. 회계학은 재정학 및 법학과 차이를 단적으로 말하면 어떠한 거래에 얼마의 세금을 부담하는지에 초점을 맞춘 것이라 할 수 있다.

법학은 재정학, 회계학과 마찬가지로 조세를 연구대상으로 할 수 있지만, 주로 현행 세법의 해석론에 연구가 집중되어 있다. 그렇다고 입법론이 전혀 없는 것은 아니다. 현행 세법과 헌법과의 관계에서 있어야 할 법을 논하는 과정에서 입법론을 주장하는 경우도 있고, 해석론의 한계를 입법론으로 극복하고자 할 때에도 입법론을 주장하기도 한다. 법학은 재정학 및 회계학과 차이를 단적으로 말하면 현행법에 따라 세금을 내어야 하는 것인지를 판단하는 데 초점이 맞추어져 있다.

한편 법학, 재정학 및 회계학 이외에도 국가가 국민에게 세금을 내라고 할 수 있는 근거는 무엇인가라는 문제를 다루면서 정치학과 관련을 가질 수도 있고 인류역사에서 세금이 어떠한 모습으로 걷어져 왔는가를 연구한다면 이는 역사학과도 관련을 가질 수 있다. 이러한 법학 이외의 다양한 학문분야에서의 조세에 대한 연구가능성은 현행 세법을 주어진 법으로 해석하는 데에만 그칠 것이 아니라는 것을 보여준다고 할 것이다.

### (3) 소 결

조세법은 법학 내에서 사법 및 공법과 밀접한 관계가 있고, 재정학, 회계학 등 다른 학문분야와도 관련을 갖는다. 이러한 관련된 부분에 대한 이해가 없이는 조세법을 제대로 해석하는 것도 어려울 수 있다.

현행 세법 자체를 교육하는 것과 병행하여 세법 이외의 민법, 상법, 행정법, 형법, 소송법, 국제법 등을 공부하는 것도 필요하다. 이러한 필요를 주어진 3년의 로스쿨 교육과정에서 어떻게 연결시켜 교육시킬지를 고민하여야 한다. 로스쿨 교육과정을 짬에 있어서 학부에서 법학을 전공한 학생과 그렇지 않은 학생에 대한 세법학 교육내용도 달라져야 할 것이다.

재정학, 회계학의 경우도 세법 이외의 법학분야를 공부하는 이유와 마찬가지로 그 교육의 필요가 있다. 재정학과 회계학을 전공하는 학생의 어느 수준까지 배워야 할지, 경제학과나 경영학과(또는 회계학과)에서 가르치는 것과 어떠한 차이가 있어야 하는지에 대해서도 검토해 볼 필요가 있다. 로스쿨 교육과정을 짬에 있어서 학부에서 재정학을 배운 학생, 회계학을 배운 학생, 둘 다 배운 학생, 그 어느 것도 배우지 않은 학생의 구분을 어떻게 구별하여 수업을 운영할지도 고민할 부분이다. 특히 공인회계사나 세무사, 관세사 자격자, 세무 관련 공무원의 로스쿨 진학의 경우에는 세법을 전혀 모른 학생과 어떻게 차별화된 교육을 할지도 검토하여야 한다.


# III. 세법학에 대한 우리나라 교육의 현황[9]

현행 우리나라 세법학의 교육은 학부, 대학원, 사법연수원 등에 의해 이루어지고 있다. 자격시험과 관련한 학원에서의 교육, 법무법인, 회계법인 등에서 업무상 하는 도제식 교육도 넓은 의미에서는 세법학에 대한 교육이라 할 수 있다. 여기에서는 학부, 대학원, 사법연수원의 경우를 중심으로 살펴본다.

## 1. 학부 차원에서의 교육

종전 법학부(과)에서의 세법학 관련 과목은 한 과목 내지 두 과목의 개설에 그치고 있다. 최근 로스쿨 준비와 관련하여 주요 대학마다 조세법 교수의 채용이 두드러지게 나타나고 있지만 학부차원에서의 세법학 관련 교과목은 큰 변화가 없고 시간강사나 겸임교수가 강의하던 것이 전임교원이 담당하게 되었다는 정도의 변화에

---

9) 박훈·장영철, "도시과학분야 발전을 위한 세무학과와 법학부간 공동커리큘럼 개발에 관한 연구", 서울시립대학교 정책연구보고서, 2005. 8., pp.12~24 참조.

그치는 것으로 보인다.

경영학과(부), 경제학과 등 조세 관련 분야에서 법학 차원의 조세법 교육은 아니지만 법인세 분야를 중심으로 조세 관련 교육이 일부 이루어지고는 있다. 세무 관련학과[10]가 개설되어 있는 학교의 경우(서울시립대학교, 강남대학교, 남서울대학교, 건양대학교 등)에는 개론 수업뿐만 아니라 각론 수업이 이루어지고 있다. 법학부(과)의 경우에는 서울대학교의 경우를 살펴보고, 세무 관련학과의 경우에는 서울시립대학교의 경우를 대표적으로 살펴본다.

### (1) 서울대학교

#### 1) 법학과(법과대학)의 경우[11]

조세법이 상사법의 한 분야로서 운영되고 있다. 조세법으로 2과목을 개설할 수 있다. 세법(전공선택, 3학년 2학기, 3학점), 세법연습(전공선택, 4학년 1학기, 3학점)이 있다. 회계학 과목(전공선택, 2학년 2학기)과 재정학 과목(전공선택, 3학년 1학기, 3학점)을 법학과에 별도 설치하고 있다.

해당 과목의 강좌에 대한 간단한 설명을 보면 다음과 같다.[12]

세법의 경우는 "세법학은 여러 관련 법 분야의 학문적 성과를 활용하면서 세법 질서가 요구하는 특유한 과제를 다룬다. 구체적인 학습내용은 다음과 같다. 첫째, 납세의무의 성립 - 확정 - 결정 및 경정 - 소멸에 관한 일반원칙, 둘째, 소득세법, 법인세법, 부가가치세법 등의 개별세목 내용을 중심으로 알아본다. 셋째, 국제환경에 있어서의 과세문제, 넷째, 조세행정처분에 대한 불복이 있는 경우 이에 관한 불복절차를 개괄한다."이다.

---

10) 전임교원이 법학뿐만 아니라 경영학, 재정학 전공자 등이 함께 있는 경우이다. 학과 명칭은 세무학과, 세무경영학과, 세무회계학과, 부동산세무학부 등 다양하다.
11) http://law.snu.ac.kr [2007. 10. 8. 방문], 2007년 10월 8일 현재 서울대학교 법과대학 소속 교수의 수는 55명으로, 이 중 세법 교수는 1명이다.
12) http://law.snu.ac.kr/Online/online_lesson.asp#48 [2007. 10. 8. 방문]

세법연습[13]의 경우는 "세법과목을 통해 익힌 세법 전반의 내용을 실제 사안과 접목시키는 과정으로서 그 내용은 다음과 같다. 첫째, 세법상의 이론이나 규정이 법원에서 또는 실무에서 어떻게 해석·적용되고 있는가를 중요한 쟁점별로 고찰함으로써 세법에 대한 이해의 폭을 넓힌다. 둘째, 학설·판례 등의 이해를 통해 학습한 이론의 응용의 폭을 확대시킨다."이다.

회계학의 경우는 "회계학의 출발점으로서 첫 과목으로 거래의 식별·측정으로부터 재무제표가 작성되기까지의 회계의 순환(Acounting Cycle)을 배우는 강좌이다. 기업회계기준에 의거하여 회계가 처리되고 보고되는 과정을 배워, 기업의 재무제표를 이해할 수 있는 수준이 되도록 하는 것이 본 강의의 목표이다."이다.

재정학의 경우는 "민간부분의 경제활동에 대한 국가의 간섭이 증대하면서 국가경제에서 정부부문이 차지하는 비중과 역할이 매우 중요한 것이 되었다. 이러한 정부의 경제정책의 수립과 그 운영이 효과적으로 이루어질 수 있기 위해서는 정부의 경제활동이 가지는 경제적 효과와 이를 가능하게 하는 각종 제도에 대한 학문적인 이해가 필요하게 된다. 이처럼 정부가 경제활동을 통하여 국가경제에 적극적 관여를 하는 것을 경제학과 법정책학적 관점에서 접근하는 것이 재정학이라고 할 수 있다. 또한 거시경제학의 핵심적인 부분을 이루는 것이기도 하다. 앞으로 행정부에 몸담기를 원하는 학생들은 필수적으로 수강할 필요가 있다."이다.

2) 경영학과(경영대학)의 경우[14]

조세법 개설 과목은 없지만, 세무회계 과목이 있다. 세무회계 과목 개요는 다음과 같다.[15]

"본 강의는 회계원리 및 재무회계를 이수한 학생을 대상으로 세무회계 전반에

---

13) 최근에 와서 "세법"과목만을 1학기, 2학기 동일하게 개설하면서 세법연습 과목을 개설하지 않고 있다.
14) http://cba.snu.ac.kr〔2007. 10. 8. 방문〕
15) http://cba.snu.ac.kr/programs/undergraduate_02.asp?sWord=&sType=1&nowPage=2〔2007. 10. 8. 방문〕

걸친 기본적 이해도 증진 및 문제해결능력을 배양하는 것을 목적으로 한다. 특히 본 강의에서는 국세기본법과 법인세법, 소득세법, 부가가치세법 등을 살펴봄으로써 우리가 생활하면서 부딪히게 되는 조세관련 문제를 이해하고 해결할 수 있는 능력을 배양하고, 특정한 조세관련 거래나 사건에 대하여 단순히 조문을 해석하는 데 그치지 않고 그와 같이 세무회계처리를 하는 근본적인 이유가 무엇인가를 설명함으로써 내용을 체계적으로 이해할 수 있게 한다."

(2) 서울시립대학교

1) 세무학과(도시과학대학)의 경우

조세법과목은 14과목이 개설된다.16) 세무학개론(전선, 1학년 1학기), 조세법총론(전필, 2학년 1학기), 법인세법(전필, 2학년 2학기), 부가가치세법(전선, 2학년 2학기), 소득세법(전선, 3학년 1학기), 관세법(전선, 3학년 1학기), 상속세 및 증여세법(전선, 3학년 2학기), 국제조세법(전선, 3학년 2학기), 세무세미나(전선, 4학년 1학기, 2학기), 조세절차법(전선, 4학년 1학기), 비교조세법(전선, 4학년 1학기), 지방세법(전선, 4학년 2학기), 조세법연습(전선, 4학년 2학기), 조세헌법(전선, 4학년 2학기)이 그 예이다. 각 3학점이다.

2) 법학부(법정대학)의 경우

조세법 1과목이 개설된다. 세법(전선, 4학년 2학기, 3학점)이 그 예이다.17)

## 2. 대학원 차원에서의 교육

고등교육법 제29조제3항, 동법 시행령 제21조제3항에 따르면, 대학원의 종류는 일반대학원, 전문대학원, 특수대학원 등이 있다. 일반대학원에서는 조세법을 상사법

---

16) http://campus.uos.ac.kr/taxation/curriculum.htm 〔2007. 10. 8. 방문〕
17) http://campus.uos.ac.kr/lawscu/3curriculum_2curri.htm 〔2007. 10. 8. 방문〕

또는 행정법의 한 분야로 가르치고 있다. 전문대학원, 특수대학원에서는 세무대학원을 두어 조세 관련교육을 하기도 한다. 일반대학원의 예로는 서울대학교를, 전문대학원의 경우의 예로는 서울시립대학교를, 특수대학원의 예로는 경희대학교를 살펴보기로 한다.

(1) 서울대학교 대학원 법학과[18)

석박사 과정(주간)이 있다. 대학원 과정은 크게 8개 전공(기초법, 헌법, 민사법, 상사법, 형사법, 행정법, 국제법, 사회경제법)으로 나누어지며 상사법, 형사법, 행정법, 국제법 각 전공에서 조세법 강좌가 개설되고, 실제로는 한 학기에 세법관련 과목이 3과목 정도 개설되고 있다. 석사과정과 박사과정은 수업을 통합하여 운영하고 있다.

상사법과정으로, 법인세법연구, 법인세법특수연구, 상속증여세법연구, 소비세법연구, 세법기본연구, 세법특수연구(국세기본법특강, 조세판례연구), 재산제세연구 등이 있다. 형사법과정으로 조세형법연구(조세범처벌절차법연구, 관세법연구, 조세범처벌법연구) 등이 있다. 행정법과정으로 행정구제법특수연구(조세소송연구)가 있다. 국제법과정으로 국제조세법연구(국제조세일반이론, 조세조약연구, 국제조세회피연구) 등이 있다. 해당 과목은 각 3학점이다.

(2) 서울시립대학교 세무대학원[19)

전문대학원으로 석사과정, 박사과정(주·야간)이 설치되어 있다. 5개 전공분야로 세분되어 조세정책전공, 조세법전공, 세무회계전공, 국제조세전공, 지방세전공 등이 있다. 조세법 관련과목이 석사과정 8과목(각 3학점), 박사과정 11과목(각 3학점)이 있다. 원칙적으로 석사과정과 박사과정은 수업을 분리하여 운영하고 있다. 한 과목당 3학점 3시간이다. 석사과정만의 과목을 보면 다음과 같다.

---

18) http://law.snu.ac.kr/Online/online_grad_lesson.asp?d_idx = 1 [2007. 10. 8. 방문]
19) http://campus.uos.ac.kr/gtax/index.htm [2007. 10. 8. 방문] 참조.

<표 1> 서울시립대학교 세무대학원 조세법전공 커리큘럼(석사과정)

| 구분 | 교과번호 | 교과목명 | 학점 | 조세법관련여부 |
|------|----------|----------|------|----------------|
| 공통필수 | GSSTM0101 | 조세이론연구 | 3 | |
| | GSSTM0102 | 조세법이론연구 | 3 | ○ |
| | GSSTM0103 | 세무회계원리연구 | 3 | |
| 전공필수 | GSSTM1201 | 법인세법연구 | 3 | ○ |
| | GSSTM1205 | 조세법세미나 | 3 | ○ |
| 전공선택 | GSSTM1202 | 간접세법 | 3 | ○ |
| | GSSTM1203 | 소득세법 | 3 | ○ |
| | GSSTM1204 | 재산세법 | 3 | ○ |
| | GSSTM1101 | 조세연구방법론 | 3 | |
| | GSSTM1301 | 세무회계연구방법론 | 3 | |
| | GSSTM1401 | 국제조세법연구 | 3 | ○ |
| | GSSTM1501 | 지방세법연구 | 3 | ○ |
| 일반선택 | GSSTM1101 | 회계학특수연구 | 3 | |

(3) 경희대학교 국제법무대학원[20]

특수대학원으로 석사과정(야간)만 설치되어 있다. 조세법무학과의 경우 24과목 개설 중 19과목이 조세법과 직접적인 관련이 있는 과목이다. 1과목당 2학점(2시간)이다.

---

20) http://web.kyunghee.ac.kr/~interlaw 〔2007. 10. 8. 방문〕

<표 2> 경희대학교 국제법무대학원 조세법무학과 커리큘럼

| 순번 | 과목명 | 학수번호 | 시간 / 학점 | 조세법관련여부 |
|---|---|---|---|---|
| 1 | 국제조세법개론 | ZO601 | 2 / 2 | ○ |
| 2 | 법인세법실무 | ZO602 | 2 / 2 | ○ |
| 3 | 국제조세조약론 | ZO603 | 2 / 2 | ○ |
| 4 | 비교조세법 | ZO604 | 2 / 2 | ○ |
| 5 | 국제조세법특수연구 | ZO605 | 2 / 2 | ○ |
| 6 | 국제조세예규및판례연구 | ZO606 | 2 / 2 | ○ |
| 7 | 이전가격 | ZO607 | 2 / 2 | ○ |
| 8 | 국제조세조약론2 | ZO608 | 2 / 2 | ○ |
| 9 | 국제조세법연구 | ZO609 | 2 / 2 | ○ |
| 10 | 소득세법특수연구 | ZO610 | 2 / 2 | ○ |
| 11 | 조세쟁송법연구 | ZO611 | 2 / 2 | ○ |
| 12 | 부가가치세법연구 | ZO612 | 2 / 2 | ○ |
| 13 | 관세법연구 | ZO613 | 2 / 2 | ○ |
| 14 | 상속세및증여세법연구 | ZO614 | 2 / 2 | ○ |
| 15 | 세무영어 | ZO615 | 2 / 2 | |
| 16 | 국제조세관리론 | ZO616 | 2 / 2 | |
| 17 | 기업회계 | ZO617 | 2 / 2 | |
| 18 | 법인세법특수연구 | ZO618 | 2 / 2 | ○ |
| 19 | 소득세법연구 | ZO619 | 2 / 2 | ○ |
| 20 | 조세법판례연구 | ZO620 | 2 / 2 | ○ |
| 21 | 세법영어 | ZO621 | 2 / 2 | |
| 22 | 조세법개론 | ZO622 | 2 / 2 | ○ |
| 23 | 재정학 | ZO623 | 2 / 2 | |
| 24 | 국제조세법 | ZO624 | 2 / 2 | ○ |

## 3. 사법연수원 차원에서의 교육

전공과목(민사법, 형사법, 공법, 사회경제법, 국제거래법, 조세법, 지적재산권법 등 7개 계열) 약 40개 과목 중 하나의 계열 두 과목 선택하도록 되어 있다. 조세법계열은 3과목(각 2학점)으로 조세법총론(1학기, 2학점), 소득세법·상속세법연구(2학기, 2학점), 법인세법·국제조세연구(2학기, 2학점) 등이 있다.

## 4. 법학전문대학원 교과과정의 표준안

한국학술진흥재단에서는 『법학전문대학원 교육과정분야 설치 및 인가 심사기준 연구』(2006)라는 보고서를 작성한 바 있다. 그리고 한국법학교수회에서는 2007년 7월 30일 "법학전문대학원 교육과정 및 교수법 개발 연구결과"를 발표한 바 있다. 확정된 인가기준이 나오지 않은 때 위 한국법학교수회의 연구보고서에 나타난 학점 및 필수과목에 대한 사항을 발췌하면 다음과 같다.

<표 3> 수료필요 학점 / 이수가능 학점

| 구 분 | 필 수 | 선택필수 | 선 택 | 합 계 |
|---|---|---|---|---|
| 수료필요 학점 | 35 | 10 | 51 | 96 |
| 이수가능 학점 | 35 | 10 | 63 | 108 |

※ 필수단위를 35학점으로 제한한 것은 한국학술진흥재단, 『법학전문대학원 교육과정분야 설치 및 인가 심사기준 연구』, 2006, p.187이 법학전문대학원 인가기준에서 필수과목이 35학점을 초과하는 경우 감점하고 있는 정신을 반영한 것임.
출처: 교육인적 자원부 보도자료, "법학전문대학원 교육과정 및 교수법 개발 연구결과 발표", 2007. 7. 27., p.7.

<표 4> 필수 및 선택필수과목 구성표

| 구분 | 과 목 군 | 세 부 과 목 |
|------|---------|-------------|
| 법정필수 | ④ 실무기초과목(5) | 법조윤리(1), 법률정보조사(1), 법문서작성(1), 모의재판(1) 실습과정(1)<br>* 실습과정: 로여링(분야별), 클리닉(분야별), 엑스턴십(분야별) 등 |
| *<br>선택<br>필수 | ① 기본법학과목(30) | 공법(8), 민사법(16), 형사법(6) |
| | ②-1<br>기초법학과목(4) | 법철학, 법사회학, 법사학 등 / 북한법, 미국법, 유럽공동체법, 영국법, 프랑스법, 독일법, 일본법, 중국법, 이슬람법 등 (각 2) |
| | ②-2 인접과목(2) | 법과 관련된 경제학, 인류학, 정치학, 행정학, 심리학, 통계학, 경영학 등의 과목 (각 2) |
| ③ 선문법학과목 | | 대학별 특성에 따라 기업법무 등 다양한 분야의 과목 중 기본법학과목에 포함되지 않은 과목 |

※ 선택필수과목은 이수 강제단위를 초과하는 경우 선택과목으로 간주됨.
　출처: 교육인적 자원부 보도자료, "법학전문대학원 교육과정 및 교수법 개발 연구결과 발표", 2007. 7. 27., p.7.

2007. 9. 28. 제정된 법학전문대학원설치·운영에관한법률 시행령에 따라 수료필요학점은 위 보고서 95학점에서 90학점으로 변경되었다(법학전문대학원설치·운영에관한법률 제19조제1항, 동법 시행령 제11조제1항). 법정필수과목으로는 법조윤리, 법률정보의 조사, 법문서의 작성, 모의재판, 실습과정 등 5과목으로 위 보고서와 동일하다(동법 제20조제2항, 동법 시행령 제12조제2항).

한편 2007. 10. 30. 공고된 "법학전문대학원 설치인가 심사기준"에 따르면, 필수과목은 위 법정필수과목을 포함하여 35학점 이하여야 평가점수 10점 만점에 10점을 맞을 수 있도록 되어 있다. 졸업에 필요한 이수학점이 90학점 이상인지 여부와 5개 필수실무교과목 포함 여부는 필수과목이 35학점 이내로 책정되어 있는지와는 다르게 점수제가 아닌 합격과 불합격기준이 되어 있다.[21]

---

21) 교육인적 자원부 대학원개선팀, "법학전문대학원 설치인가 심사기준", 2007. 10. 30.,

전체 로스쿨 교육과정의 하나로서 조세법을 교육함에 있어서는 법정된 경우나 표준적인 위 교육과정을 벗어나기는 어려울 것으로 보인다. 그러나 표준적인 교육과정에 조세법을 어떻게 과목배정을 할지를 의무화해 놓은 것은 아니다. 다만, 김동수, "조세법", 『법학전문대학원 교육과정 및 교수법 개발 연구』, 한국법학교수회, 2007. 7. 30.에서는 세법관련 과목을 크게 4개의 유형으로 나누고, 해당 과목수로 8개의 과목을 제시하고는 있다.[22]

- 조세법개설(필수): ① 조세법개설(필수)
- 조세법각론(선택): ② 소득과세, ③ 재산과세, ④ 소비과세
- 조세법심화(선택): ⑤ 개인과세, ⑥ 기업과세, ⑦ 국제조세
- 조세법응용(선택): ⑧ 세무전략

## Ⅳ. 세법학에 대한 외국의 교육의 예

### 1. 미 국

미국은 2003년 기준 186개의 학교에서 대학원 차원에서 3년간의 로스쿨을 두고 있다. 3년의 JD(Juris Doctor)과정 이외에 LL.M(Master of Laws)과정, S.J.D(Doctor of Juridical Science)과정을 두기도 한다. 특히 LL.M과정에 있어서는 학교에 따라 특성화된 과목을 두기도 한다.

---

pp.13～14.
22) 보다 구체적인 8개 과목의 목적과 내용은 김동수, "조세법", 『법학전문대학원 교육과정 및 교수법 개발 연구』, 한국법학교수회, 2007. 7. 30. 참조.

## (1) 하버드대학교 로스쿨(Harvard Law School)

하버드대학교 로스쿨의 JD과정의 경우 1년차는 필수과목으로 계약법, 재산법, 불법행위법, 민사소송법, 형법 및 형사소송법, 사례조사 및 소장작성 등 7과목이 있다. 가을학기는 15학점, 겨울학기는 3~4학점, 봄학기는 15학점, 모두 합하여 1년에 28학점을 최대로 들을 수 있는 학점수이다.[23] 2007~2008년 교과과정에서 세법과 관련된 교과목은 14과목으로 다음과 같다.[24]

Federal Budget Policy: Seminar(봄학기, 2학점, 3시간)

Nonprofit Sector and Philanthropy(봄학기, 1학점, 2시간)

Taxation A1(가을학기, 4학점, 4시간)[25]

Taxation A2(가을학기, 4학점, 4시간)

Taxation B1(봄학기, 4학점, 4시간)

Taxation B2(봄학기, 4학점, 4시간)

Taxation C(겨울학기, 4학점, 4시간)

Taxation: Comparative Tax Law and Policy(겨울학기, 3학점)

Taxation: Corporate Transactions(봄학기, 4학점, 4시간)

Taxation: Current Issues in Tax Law, Policy and Practice: Seminar(가을/봄학기,

---

23) https://myplan.law.harvard.edu/docs/manage/index.php#dropping [2007.10.8 방문]

24) http://www.law.harvard.edu/academics/courses/2007-08/ [2007.10.8 방문]

25) 연방소득세에 대한 것으로 그 교과 개요는, "This course is an introductory study of federal income taxation covering inclusion and exclusion of items in computing gross income;deductions from gross income;tax accounting;capital gains and losses;and the treatment of the family and trusts. Consideration will be given to the interaction of legislative, executive, and judicial agencies in the making, admini-stering, and interpreting of the tax law;to the goals of the tax law and possibilities for future development of it;to the private lawyer's professional role with respect to administration of the tax law;and to the impact of the tax law on private property transfers and other transactions."이다. http://www.law.harvard.edu/acade-mics/courses/2007-08/?id=3986 [2007.10.8 방문] 참조.

2학점, 2시간, 가을 또는 봄학기, 1학점, 1시간)

Taxation: International Aspects of U.S. Income Taxation(봄학기, 3학점, 3시간)

Taxation: Partners and Partnerships(가을학기, 3학점, 3시간)

Taxation: axation and Regulation of Nonprofit Organization(가을학기, 3학점, 3시간)

Trusts and Estates(봄학기, 4학점, 4시간, 선택적으로 2, 3, 4학점을 실무교육으로 대체 가능)

## (2) 뉴욕대학의 조세법전문과정(NYU Tax Program)

미국의 경우 3년의 JD과정 이외에 조세법을 전문으로 하는 과정을 따로 두는 경우가 있다. 뉴욕대학의 조세법전문과정은 미국 내에서도 가장 명성 있는 세법관련 전문과정의 하나로 평가받고 있다. 조세법 LL.M과정은 Graduate Tax Program, International Tax Program, JD과정과 공동학위과정 등이 있다. Gra-duate Tax Program과정의 경우 세법 관련하여 50개의 과목이 개설 가능하다. 총 24학점이 이수학점이고, 이 중 4학점은 관련과목 수강이 가능하다.[26] 개설될 수 있는 과목을 보여준다는 점에서 교과목 구분과 과목명만을 표로서 소개한다.

---

26) http://www.law.nyu.edu/programs/tax/acprograms/grad/suggested.html [2007.10.8 방문]

<표 5> 뉴욕대학의 조세법전문과정의 교과목

| 구 분 | 과 목 |
|---|---|
| 기초과목 | - Income Taxation (J.D.s only)<br>- Taxation of Property Transactions Ⅰ<br>- Taxation of Property Transactions Ⅱ<br>- Timing Issues and the Income Tax |
| 기업과세 | - Advanced Corporate Tax Problems<br>- Advanced Corporate Tax Problems (International)<br>- Advanced Partnership Tax Problems<br>- Bankruptcy Taxation<br>- Corporate Taxation Ⅰ<br>- Corporate Taxation Ⅱ<br>- Employee Benefits Law<br>- Partnership Taxation Ⅰ<br>- Partnership Taxation Ⅱ<br>- Survey of Corporate Taxation<br>- Taxation of Affiliated Corporations<br>- Taxation of Business Conduits<br>- Taxation of Executive Compensation<br>- Taxation of Financial Instruments<br>- Taxation of Mergers & Acquisitions<br>- Taxation of Subchapter S Corporations |
| 국제조세 | - European Community Tax Law<br>- International Business Transactions<br>- International Tax Ⅰ<br>- International Tax Ⅱ<br>- International Tax Ⅲ<br>- International Tax Policy<br>- Survey of International Taxation<br>- Transfer Pricing<br>- Tax Treaties |
| 지방세 | - Multi-state Taxation Ⅰ<br>- Multi-state Taxation Ⅱ<br>- Survey of Multistate Taxation |

| 구 분 | 과 목 |
|---|---|
| 조세절차 및 소송 | - Civil Tax Controversies and Litigation<br>- Survey of Tax Procedure<br>- Tax Penalties and Prosecutions<br>- Tax Procedure |
| 조세정책 | - Colloquium on Tax Policy and Public Finance<br>- Comparative Tax Policy<br>- Directed Research in Taxation<br>- Tax and Social Policy Seminar<br>- Tax Policy<br>- Tax Policy: Comparative |
| 자산이전 | - Advanced Estate and Gift Taxation<br>- Estate and Gift Taxation<br>- Estate Planning<br>- Income Taxation of Trusts and Estates<br>- Tax Aspects of Charitable Giving<br>- Tax Exempt Organizations |
| 관련과목 | - Accounting for Lawyers<br>- Advanced Analysis of Accounting Information<br>- Bankruptcy Reorganization<br>- Business Planning<br>- Colloquium on Law and Business<br>- Colloquium on Law, Economics, and Politics<br>- Colloquium on Legal, Political and Social Philosophy<br>- Comparative Economic Regulation<br>- Corporate Finance<br>- Developing Issues: Economic Analysis of Corporate Law<br>- Developing Issues in Bankruptcy<br>- Developing Issues in Financial Reporting<br>- Developing Issues in Securities Regulation: Policy Issues<br>- European Economic Law and the Evolving Structure of the European Union<br>- European Union Law<br>- International Business Transactions with China and Far East Asia<br>- International Economic Transactions: Joint Ventures |

| 구 분 | 과 목 |
|---|---|
| 관련과목 | - Law and Economics<br>- Law and Social Policy<br>- Law of Nonprofit Organizations<br>- Legal Scholarship<br>- Mergers and Acquisitions<br>- Social Legal Colloquium |

## 2. 일 본

일본의 경우 2004년 4월 법과대학원이 개설되어, 2007년 10월 현재 74개의 법과대학원이 문부과학성의 인가를 받았다. 일본 문부과학성이 제시하는 법과대학원 커리큘럼[27]은 법률기본과목군, 실무기초과목군, 기초법학·인접과목군, 전개·첨단과목군으로 대별되는데, 세법은 이 중 전개과목의 하나로 제시되고 있다.

일본의 경우에는 법과대학원을 설치하는 학교에서 법학부의 존치를 인정하고 있고, 인가를 준비한 학교의 경우 대다수 인가를 내어주었다는 점에서 우리나라의 로스쿨과 근본적인 차이를 보이고 있다. 우리나라의 경우에는 법과대학원을 설치한 학교는 법학부를 폐지해야 되고, 정원 150명 내외에서 20여 개 내외의 제한된 숫자에서만 인가를 내 줄 것으로 보인다.

일본의 경우 법과대학원의 인가를 많이 내어주었다는 점에서 신사법시험에서의 합격수가 인가유지 여부를 결정짓는 사실상의 기준으로 관심의 대상이 되고 있다.

일본의 전체 법과대학원의 수료자는 2006년 3월에는 2,176명, 2007년 3월에는 4,415명에 달한다. 이에 대해 2006년 5월에 시행된 제1회 신사법시험에서는 2,137명이 출원하여 1,009명이 합격하여 합격률이 48.3%에 달하고 있다.[28] 기존 구사법

---

27) http://www.kantei.go.jp/jp/sihouseido/kentoukai/yousei/dai2/2siryou3.html [2007. 10. 8. 방문]

28) 2007년 5월 실시된 제2회 신변호사시험에서는 출원자수 5,401명, 합격자수 1,851명으로 합격률이 약 40%이다. 2006년의 48%와 비교하여 떨어졌다.

시험의 경우 1~3%에 비하면 높은 합격률이라 할 수 있다. 東海大學, 京都産業大學, 姬路獨協大學의 경우처럼 합격자가 전혀 없는 곳도 있다. 여기에서는 2006년 제1회 신사법시험 합격자 절대숫자가 많은 대학 2곳, 즉 中央大學(131명), 東京大學(120명)의 조세법 과목에 대해 살펴본다. 이 외에도 실제 필자가 2007년 10월 5일 방문한 立命館大學의 경우도 검토해 보고자 한다.

### (1) 중앙대학 법과대학원

교과과정을 공법계, 민사계, 형사계, 종합계, 실무계, 기초법·외국법계, 시민생활법관련분야, 비즈니스법관련분야, 첨단과학기술관련분야, 형사법관련분야, 공공정책관련분야, 섭외·국제관계법관련분야로 나누고 있다. 졸업을 위해서 96학점을 들어야 하고, 112학점이 상한선이다.[29)]

조세법 관련해서는 공공정책관련분야에서 조세법 I(조세이론·개인과세)(2~3학년, 2학점), 조세법 II(기업과세)(2~3학년, 2학점), 섭외·국제관계법관련분야에서 국제조세법(3학년, 2학점)을 개설한다. 공공정책관련분야에서 조세정책론(2~3학년, 2학점)도 있다.[30)]

### (2) 동경대학 법과대학원[31)]

전개·첨단과목으로서 조세법 관련해서는 조세법(2학년), 조세와 諸法(3학년), 금융거래과세법(3학년) 등이 있다.[32)]

### (3) 입명관대학 법과대학원[33)]

입명관대학의 경우 교육과정을 문부과학성에서 제시하는 것과 같이 법률기본과

---

29) http://www2.chuo-u.ac.jp/law-school/educontents/clist_01.html [2007. 10. 8. 방문]
30) http://www2.chuo-u.ac.jp/law-school/educontents/clist_03.html [2007. 10. 8. 방문]
31) http://www.j.u-tokyo.ac.jp [2007. 10. 8. 방문]
32) http://www.j.u-tokyo.ac.jp/sl-2/class2007.html [2007. 10. 8. 방문]
33) http://www.ritsumei.ac.jp/acd/gr/hoka/index.htm [2007. 10. 8. 방문]

목, 실무기초과목, 기초법학·인접과목, 첨단·전개과목 등 4가지 과목군으로 이루어져 있다. 졸업을 위해 98학점 이상을 들어야 하고, 116학점이 상한선이다. 앞의 세 가지 과목군은 기초 및 응용력을 높이기 위한 공통과목이라고 한다면, 첨단·전개과목군은 전문성을 높이기 위한 과목이라 할 수 있다.

첨단·전개과목군에는 1, 2, 3년차 배당되는 공통과목인 영미법, 유럽법, 아시아법, 외국법무연습, 현대법무특수강의가 있고, 2·3년차에 배당되는 프로그램군으로 크게 나누어진다. 이 프로그램군은 첨단·기업법무프로그램, 국제·공공법무프로그램, 생활·인권법무프로그램으로 나뉜다. 첨단·기업법무프로그램에는 기업법무, 세법무, 국제거래법무, 지적재산법무가 속한다. 여기서 조세법 관련해서는, 세법무Ⅰ(2학점), 세법무Ⅱ(2학점), 세법무연습(4학점) 3과목이 있는데 이는 첨단·기업법무프로그램에 속한다.

## Ⅴ. 로스쿨제도하의 세법학 교육의 구체적인 범위

조세분야가 전문분야로서 잘 자리잡을 수 있기 위해서는 더욱 치밀하고 깊이 있는 교육이 필요하다. 이를 위해 대학이나 조세실무에서 함께 고민해야 할 때라 생각한다. 이하에서는 로스쿨에서 세법학과 관련하여 교육할 범위에 대해 항목을 나누어 세부적으로 살펴보고자 한다.

### 1. 세목별 교육

세금에 대한 세부적인 사항을 아는 데에는 한 세목당 한 과목을 배정하는 것만큼 확실한 방법은 없을 것이다. 법인세의 경우처럼 세법 분량이 많고 기업회계를 알아야 정확한 내용을 알 수 있는 경우에는 법인세 수업 이전의 회계학을 선행과목으로 들어야 하거나, 분량 자체를 여러 과목으로 나누는 방법도 생각해 볼 수 있다. 그러나 현행 로스쿨의 90학점이라는 제한하에서 국세 15세목, 지방세 16세목을 세목별로 교육한다는 것은 어렵다 할 것이다. 세목을 어떠한 기준을 두어 주어진 학점 수에 따라 그룹을 지우거나 로스쿨단계에서의 교육에서 제외할 수밖에 없다. 그룹을 지운다면 담세력의 지표가 되는 소득, 소비, 재산에 따른 구분을 할 수 있을 것이다. 중요한 세목만을 개별과목으로 신설하는 경우 해당 세목으로는 소득세, 법인세, 부가가치세, 상속세 및 증여세 등의 경우를 들 수 있다.

세목별 교육이 가능하다고 하더라도 그것이 로스쿨에서의 교육목적에 부합하지 않을 수 있다. 세법의 경우처럼 잦은 법 개정이 이루어지는 분야에서 세부적인 내용을 전달만 하는 것은 문제 해결할 능력을 키우는 로스쿨 교육목적에 부합하지 않을 수도 있다. 경제활동이 있고 여기에 다양한 세목이 문제될 수 있다. 이러한 상황하에서 세목별 과목의 강조는 어떠한 세목이 문제되는지 자체를 파악하는 데 장애를 줄 수도 있다. 세목에 대한 기본내용은 알고 있어야 하겠지만 세목별 구별이 아닌 종합적인 분석을 해야 하는 과목의 개설이 필요하다. 이러한 종합적인 분석은 이미 이루어진 거래에 대한 세목을 파악하는 것에 그치지 아니한다. 수강생이 거래 이전단계에서 여러 가능한 거래의 각 과세상 부담의 정도를 비교하여 거래의 유형을 선택할 수 있는 것까지 세법교육의 목적으로 삼을 수 있다. 이를 위해서는 법학뿐만 아니라 재무관리, 회계학 등이 맞물려 교육되어야 할 것이다. 강의자가 이 모두를 가르치는 것이 무리인 경우에는 공동강의를 하는 경우도 생각해 볼 수 있다.

이처럼 세목별 교육은 현행 해당 세목을 잘 이해하는 데에는 좋지만, 제한된 학점수하에서는 세목을 세목별이 아닌 그룹을 지워 교육할 필요가 있고 세목 위주의 교육의 폐단을 극복한 교과과정의 보완도 필요하다.

## 2. 내국세, 관세, 지방세의 교육

　종전의 국내 세법교육은 내국세에 초점이 맞추어졌다고 할 수 있다. 학교에서 세법을 전임으로 가르치는 교수도 많지 않았고 세법에 배당된 시간도 많지 않았기 때문이라 할 수 있다. 그러나 1995년 본격적인 지방자치제도가 시행되면서 지방세의 중요성이 강조되고 있다. 현행 지방세법상 16개의 세목에 대한 기본내용을 교육하는 것은 필요하다. 한편 지방세는 단순히 조세의 문제뿐만 아니라 지방재정의 문제와 맞물려 있다. 국세와 지방세의 세수입은 약 8 대 2로 차이가 나지만, 실제로 지출하고 있는 재정규모는 약 5 대 5로 엇비슷하다. 이를 놓고 현재 국세의 세원을 지방세 세원으로 이전하자는 논의가 있다. 이러한 논의 가운데 지방세법이 개정되어 서울특별시의 경우에 국한되지만 재산공동세방식을 도입하였다. 지방세법을 이해함에 있어 종전의 지방세 자체의 해석론에 그치지 않고 지방재정에 대한 이해도 필요함을 보여주는 예이다. 국세와 비교한 지방세의 세수입 규모가 작지만 지방세의 중요도가 높아지고 있다는 점에서 지방세에 대한 교육도 필요하다.

　관세는 수출입과 관련하여 중요하다. 관세는 내국세, 지방세의 경우와는 달리 품목분류가 중요하다. 품목분류에 따라 과세율에 큰 차이가 있기 때문이다. 관세업무를 다루는 실무가는 많지만, 관세를 법학의 측면에서 교육할 수 있는 연구자는 많지 않다. 따라서 관세법에 대한 교육이 현재 충분히 이루어지지 않고 있다. 관세사라는 전문자격이 있고 관세법, 내국소비세법(부가가치세법, 특별소비세법, 주세법을 대상으로 한다)이 시험과목 중의 하나로 되어 있다. 이러한 상황하에서 로스쿨에서 관세법의 어느 부분을 얼마나 가르칠지 고민할 필요가 있다. 관세에 관한 과세요건(납세의무자, 과세대상, 과세표준, 세율), 징수, 불복에 대한 기본적인 내용은 가르쳐야 할 것이다. 다만, 로스쿨을 다니며 들을 수 있는 과목이 제한되어 있다는 점에서 독립된 과목이 아닌, 내국세, 지방세 부분을 강의하면서 차이점을 함께 설명할 수도 있고, 세법이 아닌 통상관련 과목에서 통상과 관련하여 관세에 관한 기본적인 사항을 가르칠 수도 있다. 한편 관세의 문제는 이전가격세제[34]나 부가가치세 등과도 관련성을 갖는다. 국제조세나 부가가치세에서 관세와 관련된 것을 가르칠 수도 있다.

## 3. 쟁점별 교육

세법에 있는 규정이 모든 실무에서 활용되는 것은 아니다. 자주 문제가 되고 있는 쟁점이 있기 마련이다. 어느 정도 세법에 대한 기본이 갖추어진 경우라면 쟁점별로 교육하는 것도 생각해 볼 수 있다. 쟁점별 교육은 특정분야에 국한하지 않고 주어진 수업주수 동안에 해당 세목의 중요부분을 다루는 방법도 있을 수 있고, 아예 해당 세목의 특정분야를 정하여 아주 세밀한 쟁점을 다루는 방법도 있을 수 있다. 법인세의 경우를 예로 들면, 전자의 방법은 법인세법 제1조부터 제122조까지의 내용 중 중요한 부분을 다룰 수 있다는 장점이 있고, 후자의 방법은 기업구조조정, 회사의 자금조달, 회사의 설립 등 특정분야에 대해 다루면서 논의를 깊이 할 수 있고 법인세뿐만 아니라 다른 세목, 다른 법학분야, 법학 이외의 분야까지 함께 교육할 수 있다는 장점을 갖는다.

특정주제를 정하는 경우 과목명이 그러한 주제를 나타나게 된다. 기업구조조정에 대한 것이라면 "기업구조조정세제", "M&A와 세법", "기업조직개편과 세법" 등의 과목명이 붙게 된다.[35] 합병, 분할, 주식의 포괄적 교환, 주식의 포괄적 이전, 현물출자, 영업양도, 조직변경 등 기업의 조직개편을 하는 유형별로 나누어 볼 수 있다.

합병의 경우도 흡수합병, 신설합병, 분할의 경우도 인적 분할, 물적 분할 등 세부적으로도 나눌 수 있다. 합병의 경우라면 합병회사, 피합병회사, 합병회사의 주

---

34) 이전가격세제와 관세과세가격결정제도의 경우 양자의 가격을 일치시키는 방안과 관련하여, 오윤, "이전가격과 관세과세가격의 조화방안", 『조세법연구』12권 1호, 한국세법학회, 2006. 7. 15., pp.234~273 참조.

35) 박정우·정래용, 『M&A와 자본거래의 세무』(전면개정판), 영화조세통람, 2005. 4.의 경우처럼 M&A와 관련된 과세문제만을 정리한 것이 그 예이다. 다만, 세무실무가를 대상으로 하였기 때문에 법적 분석보다는 현행 제도 소개에 초점을 맞추었다.

주, 피합병회사의 주주별로 과세문제를 다루어 볼 수 있다. 다만, 이러한 접근은 입체적이라기보다는 교과서적인 설명이 될 우려가 있다. 특정주제를 정하여 강좌개설을 하는 경우에는 단순히 현행법 해석을 하는 데 그치는 것이 아니라 사례를 제시하여 이에 대해 문제를 풀어가는 수업이 효과적이다.

## 4. 다른 법학분야와의 연계교육

세법은 다른 사법과 공법과 밀접한 관련을 갖는다. 사법과 공법과 관련하여 수강생에게 선행과목으로서 가장 관련성이 있는 사법과 공법을 지정하는 방법도 생각해 볼 수 있다. 선행과목으로서 지정할 사법과 공법을 정하는 것도 중요하다. 사법의 경우 민법(특히 채권편), 공법의 경우 행정법이 각각 대표적 과목이라 할 수 있다. 세법 수업 자체에서 다른 법학분야와 함께 교육하는 방법도 생각해 볼 수 있다. 민법과 세법, 행정법과 세법, 형법과 세법, 헌법과 세법 등이라는 과목을 생각해 볼 수 있다.36) "조세형사법"이나 "조세헌법"이라는 용어를 만들어 낼 수도 있다.

세법과 해당 법 과목에 대해서도 강의자가 잘 알아야 한다는 점에서 이러한 과목을 가르칠 강의자의 섭외가 쉽지 않을 것이다. 그러나 로스쿨이라는 새로운 법학교육제도 도입으로 이러한 과목개설이 현실화되는 경우 여기에 적합한 강의자를 찾는 노력이나 이러한 과목을 강의하기 위한 전임교원의 추가적인 노력을 할 수밖에 없을 것이다. 한 사람이 세법과 다른 법학분야 모두 강의하기가 어렵다면 세법학자와 다른 법학자와의 공동수업의 방식으로 교육이 이루어질 수도 있다. 민법과 관련된 세법교육을 예로 살펴보면 다음과 같다.

---

36) 상법과 세법을 연결지울 수도 있다. 상법과 세법을 함께 연결 지은 일본책으로 中野百百造, 『會社法務と税務』 税務研究會 出版局, 2003이 있고, 민법, 상법, 세법을 연결 지은 일본책으로, 九州北部税吏士會 編 『民法・商法と税務の接點』 税務研究會 出版局, 2003이 있다. 2005년 일본 신회사법의 제정과 관련해서, 그리고 세법과 관련해서도 별개의 단행본으로 정리한 것으로 日本税務研究センター 編, 『新會社法と課税問題』 日本税務研究センター, 2006이 있다.

"민법과 세법"이라는 수업과 관련해서는, 이미 민법을 들은 학생과 그렇지 않은 학생을 분리할 필요가 있다. 법학부를 나온 학생과 그렇지 않은 학생과의 구별은 한계가 있다. 법학부를 나오지 않은 학생의 경우에도 학부과정에서 민법총칙 등 기본적인 민법내용을 수강하였을 수도 있기 때문이다. 로스쿨하에서 학생들이 사법시험을 염두에 둔 수업을 하기도 하겠지만 학점관리라는 측면에서 중복된 과목을 들을 우려도 배제하기 어렵다. 민법과 세법을 연결 지어 수업한다는 점에서 단순히 민법, 세법과목보다 상급자과목일 수도 있고, 세법 기본을 배우는 단계에서 민법의 기본개념을 가르치는 초급자과목일 수도 있다.

　민법은 약 제1118조에 이르는 방대한 법률로서, 이 자체만의 교육도 종전 법학부에서 민법총칙, 물권법, 채권총론, 채권각론, 친족상속법 등 여러 과목으로 나누고 수학기에 걸쳐 교육을 하고 있었다. 이 모두를 제한된 시간 내에 소화하려면 세법과 관련하여 중요한 민법상 내용을 중심으로 가르칠 수밖에 없을 것이다. 민법상 세법과 관련하여 중요한 부분을 정리해 보면 다음과 같다.37)

　민법총칙편과 관련해서는 자연인, 법인, 법률행위, 물건(동산과 부동산), 소멸시효38)와 제척기간 등이다. 물권편과 관련해서는 소유권과 제한물권, 부동산의 권리변동, 명의신탁,39) 등기와 인도, 지상권, 전세권, 질권, 저당권, 양도담보 등이다. 채권편

---

37) 東京辯護士會 編, 『法律家のための税法』 2006년의 경우에는 민법 각 분야에서 세법과 관련된 쟁점만을 따로 정리하고 있다. 예컨대, 민법총칙편에서는 외국인의 납세의무, 일본에 주소가 없는 일본인의 납세의무, 외국인 또는 외국에 거주하는 일본인과의 거래, 실종선고, 통모허위표시, 착오, 무효·취소원인이 있는 계약, 조건·기한부계약, 취득시효, 소멸시효, 조세의 소멸시효에 대해 다루고 있다.

38) 시효의 문제를 세법과 연결 지은 논문으로는, 占部裕典, "時效が課税關係に及ぼす影響", 『同志社法學』五十卷 四号, 同志社法學會, 2006. 9., pp.61~99를 들 수 있다.

39) 명의신탁과 관련된 조세 전반에 대한 글로는 구해동, "명의신탁과 조세", 『조세법연구』6권, 한국세법연구회, 2000. 12., pp.251~287, 명의신탁을 증여세와 관련지운 글로는, 박훈, "명의신탁 증여의제규정의 개정방안", 『헌법실무연구』 제7권, 헌법실무연구회(헌법재판소), 박영사, 2006. 12., pp.153~176이나 정지선·김선중, "명의신탁의 법률관계와 증여세 과세의 타당성 여부", 『조세연구』6권, 한국조세연구포럼, 2006. 10., pp.413~450 등이 있다.

과 관련해서는 채권의 의의, 효력 및 소멸, 다수의 채권자와 채무자(보증채무, 연대채무), 채권의 발생원인(약정과 법정), 계약의 의의, 효력 및 종류[매매계약, 증여계약, 임대차계약, (금전)소비대차계약, 고용계약, 조합계약], 불법행위 등이다. 친족 · 상속편40)과 관련해서는 친족의 의의와 범위, 혼인41)과 이혼,42) 상속인, 법정상속 등이다. 조세법률관계를 과세권자인 국가와 납세의무자 사이의 채권채무관계로 이해하는 경우에는 채권채무에 대한 민법 제3편 채권편을 자세히 배울 필요가 있다.

## 5. 법학 이외의 학문분야와의 관련

조세에 관한 문제를 제대로 풀기 위해서는 법학뿐만 아니라 회계학, 재정학에 대한 이해가 있어야 한다. 이러한 회계학, 재정학에 대한 교육은 로스쿨 이전 학부과정 교육에서 이루어질 수 있다. 경영학과, 경제학과 등 학부에서 교육을 받았다면 로스쿨에서는 법학차원의 교육만 추가적으로 받으면 될 것이다. 그런데 학부에서의 재정학이 아닌 회계학만을 배운 경우, 회계학이 아닌 재정학만 배운 경우 어떻게 달리 법학 차원의 세법교육을 할 것인지도 고민할 필요가 있다. 학부차원에서 회계학, 재정학 모두 배우지 않은 경우 학생의 경우도 법학을 배운 경우, 배우지 않은 경우로 나누어 볼 수 있다.

회계학을 전혀 배우지 않은 학생의 경우 회계학 과목을 선행과목으로 듣게 하는 방법도 사용할 수 있고, 관련된 세법을 강의하면서 관련된 회계를 함께 교육할 수도 있다.43) 선행과목으로서 회계학을 가르칠 때 로스쿨 학생임을 염두에 두고 가

---

40) 민법상 증여 · 상속과 세법상 증여세 · 상속세를 연결 지어 설명한 책으로는, 石田八郎, 『民法 · 相續稅法の比較研究』, 稅務經理協會, 1980이 있다.

41) 사실혼에 있어서 과세문제에 대해서는, 이상신 · 박훈, "사실혼 배우자에 대한 일관된 과세방식 도입방안", 『조세법연구』12권 2호, 한국세법학회, 2006. 11. 30., pp.216~244 참조.

42) 이혼에 있어서 과세문제에 대해서는, 박훈, "이혼과 세법", 『조세법연구』10권 2호, 한국세법학회, 2004. 11. 30., pp.449~496 참조.

르칠 필요가 있다. 로스쿨 학생이 아닌 학생들에게 강의하는 회계과목과는 내용이 달라야 할 것이다.[44] 회계학과 세법의 관련에 대해서는 "세무회계학"이라는 학문이 회계학과 세법학과는 독립된 또 하나의 학문으로 인정받을 것인가와도 관련이 되어 있다.[45]

## 6. 사법시험(향후 변호사시험)과의 관련

전체 로스쿨 학생의 정원과 사법시험(향후 변호사시험) 합격자수의 비율에 따라 로스쿨하에서의 세법 교육이 영향을 받을 수 있다. 로스쿨제도가 교육을 통한 전문법조인 양성을 목표로 하고 있지만, 사법시험의 합격률이 낮은 경우 학생들이 로스쿨 재학 시 사법시험 준비를 염두에 둔 수강을 할 가능성이 높다. 필수과목으로 조세법 관련과목이 지정되어 있지 않고 로스쿨 재학 중 학생의 사법시험에 대한 부담이 큰 경우라면 조세법 과목이 다양하게 개설되는 경우에는 수강생이 많지 않을 수 있다.

현재 사법시험의 조세법 출제범위를 줄여 조세법에 대한 관심을 높이는 방법도 고려해 볼 수 있다. 다만, 시험제도와 로스쿨에서의 교육을 반드시 연계해야 되는지에 대한 의문이 있을 수 있고, 시험범위의 축소는 오히려 그 범위를 벗어난 세법 과목을 더 듣는 데 장애가 될 수 있는 점도 있을 수 있다.

---

43) 이창희, 『법인세와 회계-법인세법상 손익의 귀속시기』, 박영사, 2000에서는 손익의 귀속시기를 중심으로 기업회계와 세법의 문제를 다루었다. 이를 더욱 발전시켜 이창희, 『세법강의』(제6판), 박영사, 2007에서는 소득세·법인세의 연학과 소득개념의 형성사를 설명하면서 복식부기에 대한 기본적인 개념을 설명하고, 제6편 기업소득의 과세에서 기업회계와 세법을 연결 지어 설명하고 있다.

44) Ted J. Fiflis, *Accounting Issues* for Lawyers(4th ed.), West Publishing Co., 1991에서 법학을 전공한 사람에 맞게 회계학 가르칠 내용을 정리한 경우가 그 예이다.

45) 富岡幸雄, 『税務會計學講義』, 中央經濟社, 2003에서는 세무회계의 중심이 되는 영역으로 법인소득세무회계를 들면서 법인세 및 회계와 관련된 내용을 다루고 있다.

## 7. 세법학 교재의 개발

로스쿨 세법학 교육에 따라서는 기존교재를 부분적으로 사용할 수는 있겠으나, 로스쿨하에서의 세법학 교육의 방향과 세부적인 교과목이 정해지는 경우 이에 적합한 교재개발이 필요하다. 이러한 교재개발은 각 대학의 세법교수의 개인적인 작업의 형태로 이루어질 수도 있고, 학회 차원에서의 공동 작업에 의한 것도 생각해 볼 수 있다.

일본의 로스쿨용 세법교재는 우리나라 로스쿨용 세법교재를 개발하는 데 참고가될 것으로 보인다. 金子宏・増井良啓・佐藤英明・渋谷雅弘,『ケースブック租税法－弘文堂ケースブックシリーズ』, 弘文堂, 2007. 3.이나 佐藤英明・谷口勢津夫・渡辺徹也・岡村忠生・増井良啓,『租税法演習ノート－租税法を楽しむ21問』, 弘文堂, 2006. 9. 및 中村芳昭・三木義一 編,『演習ノート租税法』, 法学書院, 2007. 4.이 그 예이다.

## 8. 기 타

이러한 쟁점 이외에도 실제로 로스쿨에서 세법을 가르칠 때에는 고려해야 할 점이 많다. 세법뿐만 아니라 다른 법학분야도 마찬가지라 할 수 있다. 고려할 점에 대해서만 간단히 정리해 본다.[46)]

---

46) 국내의 다른 법학전문대학 또는 외국의 법과대학과의 교환프로그램 운영, 야간대학 및 여름학기의 운영, 복수전공학위의 개설, 기존 법과대학과의 관계, 공동수업 진행 등의 경우도 교과과정을 달리하는 데에 영향을 미칠 수 있다. 여기에 대해서는 이 글에서는 따로 다루지 아니한다. 인가기준안에 따라 위 사항을 채택하는 경우 인가 시 유리할 수도 불리할 수도 있을 것이다. 공동수업 진행의 경우를 제외한 쟁점에 대해서는 인가기준안이 나오기 전 해당 대학 차원에서 도입검토를 한 보고서로는, 홍복기(책임연구원), "법학전문대학원 설립에 관한 연구", 연세대학교 법학연구소, 2000. 4., pp.42~45이 있다. [http://law.yonsei.ac.kr/lawlab/public_html/910-13.htm에서 원문 확인 가능

먼저 학년별 교육에 대한 것이다. 세법과목이나 관련과목에 대해 3년의 과정 중에서 어느 때 어떤 과목을 가르치고, 어떤 과목은 선수과목으로 할지를 정해야 한다.

둘째, 필수과목 지정에 대한 것이다. 로스쿨 관련 법령에 학생정원이 150명 이하로 제한되어 있고 학생당 교수비율이 현재 통상의 법과대학의 경우보다 낮도록 되어 있는 상황하에서는 과목마다 수업을 듣는 학생들을 확보하기 위해 담당교과목마다 필수과목 지정을 받기 위한 의견대립이 있을 수 있다. 이러한 상황을 예상하여 인가기준안에 필수과목 총수를 제한하고 있다. 로스쿨 특성화를 세법 관련하여 준비하는 학교에서는 필수로 지정하여 해당 로스쿨을 나오는 학생의 경우 세법 일정과목을 듣게 할 수도 있을 것이다.[47]

셋째, 학점 단위수에 대한 것이다. 현재 로스쿨제도하에서는 종전 4년간의 학부에서 법학교육(교양 포함)과 2년간의 사법연수원의 교육을 3학년 동안 학생들이 소화해야 한다. 단순한 지식전달의 양으로 보았을 때는 현재 로스쿨제도가 예전의 법학교육 때보다 더 적을 수 있다. 로스쿨 교육이 지식전달이 아닌 법적으로 생각하는 기본을 갖추는 데 있고 교육방법의 획기적인 변화를 전제로 한다면 그 교육목표를 달성할 수도 있을 것이다. 그러나 그러한 교육방법의 변화가 쉽지는 않을 것이다. 해당 분야에 대해 보다 많은 것을 가르치기 위해서는 많은 시간을 확보할 필요가 있다. 보통 대학에서의 학점단위는 3시간 3학점이 기준이 되어 왔다. 학생들이 듣는 학점수는 제한되어 있고 과목 간 학생을 확보하기 위한 과목 간 경쟁은 치열해질 것이다. 학생들로 하여금 여러 과목을 듣게 한다는 점에서 3학점이 아닌 2학점이 통상적인 학점단위가 될 것으로 보인다. 이 경우 시간당 학점수를 부여하는 원칙이 깨지고 3시간 2학점이 될 수 있다. 인가기준안에 따르면 로스쿨 전임교원의

---

(2007. 10. 8. 방문)]

47) 다만, 로스쿨의 교육이 특정분야의 전문가를 양성하기보다는 특정분야의 전문가로 성장할 수 있도록 기본을 가르치는 것이라면, 특성화와 로스쿨 교육이념은 상충된다고 볼 수도 있다. 미국의 경우 특정분야의 전문가로의 성장은 로스쿨이 아닌 로펌에서 실무를 통해서 이루어진다고 볼 수 있다. 권기범·박영규·정병호·김대원·신창섭, "서울시립대학교 법학전문대학원 설치방안에 관한 연구", 서울시립대학교, 2005. 9., p.25 참조.

경우 한 학기 6학점을 넘게 강의를 하지 못하도록 되어 있으므로 2학점짜리 3개를 수업하게 된다. 이 경우 로스쿨 이전 한 학기 9학점(학교에 따라서는 6학점)을 담당하여 3개 과목을 하는 경우와 비교하여 과목수로는 큰 변화가 없다고 할 수 있다. 다만, 학부생 2과목, 대학원생 1과목 정도를 강의하던 로스쿨 이전의 때와 비교하면 로스쿨에서 강의에 대한 부담이 클 것으로 예상된다.

넷째, 세법 관련 법령의 범위에 대한 것이다. 법학에서 해석론의 대상으로 삼는 것은 주로 법률이다. 세법에서는 기술적이고 전문적인 내용을 담고 있어 시행령, 시행규칙에서 과세요건에 대한 내용을 담고 있는 경우가 많다. 해당 법률의 해석에 있어 법률, 시행령, 시행규칙이 주된 해석대상이 될 것이다. 그런데 실제 과세를 어떻게 하고 있느냐와 관련해서는 관련된 쟁점에 대한 예규를 알 필요가 있다. 많지 않은 시간에 해당 쟁점에 대한 세밀한 과세실무까지 교육하는 데에는 한계가 있다. 세무공무원을 대상으로 한 여러 교재의 경우 천페이지 내외인 경우가 많은데 대부분 관련예규를 자료로서 실어 놓기 때문이다. 해석의 다툼이 있는 경우 꼭 필요한 경우에 한해서 예규를 설명하는 것이 바람직하다.

다섯째, 해석기관에 대한 것이다. 법령의 최종적인 해석권한은 법원이 갖는다고 할 수 있다. 조세법의 경우 행정법원, 고등법원, 대법원 등 법원의 판결이 애매한 법령의 의미를 확실히 한다. 그런데 위법 또는 부당한 과세처분에 대해서 행정불복을 하는 경우 소송으로 가기 전 단계에서 분쟁이 끝날 수도 있다. 세법에 대한 다툼에 있어 대법원의 판결은 현행 세법이 아닌 몇 년 전의 구법령을 대상으로 하는 경우가 많다. 현행 세법에 대해 해석상 어떠한 다툼이 있을 수 있는지는 국세심판원의 심판결정, 국세청의 심사결정, 감사원의 심사결정, 지방세심의위원회의 심사결정 등에서 알 수 있는 경우가 많다. 비록 이들 기관에 최종적인 해석권한은 없지만 현행 세법을 이해하는 데 도움을 줄 수 있다. 특히 사례교육에 있어 소송 이외의 조세불복기관의 행정심판에서의 사례가 도움이 될 수 있다.

여섯째, 조세소송의 범위에 대한 것이다. 조세에 관한 법원단계에서의 분쟁은 행정소송에만 국한한 것은 아니다. 조세와 관련해서는 헌법재판소에서 세법의 위헌성을 다루기도 하고, 세법을 권한쟁의나 헌법소원의 대상으로 삼을 수도 있다. 또한 납세의무자와 과세관청의 사이에 부당이득반환과 같은 민사소송이 문제될 수도 있다. 과세문제가 형사사건과 관련을 갖기도 한다. 조세법이 다른 법학분야와 관련성을 갖는 경우에 그 다툼에 대한 것도 행정소송 이외의 소송의 문제가 될 수 있는 것이다.

일곱째, 외국세제 교육에 대한 것이다. 조세법뿐만 아니라 다른 법학분야에 있어서도 외국법 교육을 할 때 어느 나라의 법을 교육할 것인가, 해당 나라의 개괄적인 것을 하나로 묶어 가르칠 것인가 아니면 분야를 나누어 가르칠 것인가 등에 대해 논란이 되고 있다. 조세법의 경우 세제를 검토할 나라를 선정한다면 우리나라 세법이 일본세법의 영향을 많이 받았다는 점에서 일본은 포함시키고, 미국이 경제관련 법제를 현재 주도하고 있고 우리나라의 경우도 예외 없이 기업구조조정세제나 파트너십과세제도 등 미국 세제의 영향을 받고 있다는 점에서 미국도 포함시킬 수 있다. 종전 법학에서 독일의 경우를 중히 여겼으나, 현재 독일, 프랑스, 영국 등 주요 유럽의 나라가 경제 및 정치공동체가 되면서 EU세제를 별도로 가르칠 필요가 있다. 더 나아가 선진세제뿐만 아니라 우리나라가 투자를 많이 하고 있는 중국, 베트남, 러시아 등의 세제도 제도를 배운다는 측면보다는 해당 나라의 세제가 어떻게 되어 있는지를 안다는 점에서 가르칠 필요가 있다. 그런데 제한된 과목의 한계 때문에 관심이 있는 나라 모두의 세제를 가르칠 수는 없다. 외국법과목시간의 한 부분으로 해당국의 세제를 간단히 소개하는 방법도 가능하다. 미국, 일본, EU의 경우에는 미국세법, 일본세법, EU세법으로만 그치는 것이 아니라 좀 더 세부적인 세목에 대해 해당 국가의 소득세법, 법인세법[48] 등의 과목을 신설할 수도 있다. 三木義一・西山慶一・高正臣, 『日韓国際相続と税－理論・実務・Q&A』, 日本加除出版, 2005. 8.의 경우처럼 자기나라와 다른 나라의 세제를 비교하는 방법도 있을 수 있다.

여덟째, 실무교육에 대한 것이다. 세법의 경우는 법무법인 이외에 회계법인, 세무

---

[48] 박윤준, 『미국의 법인소득과세제도』, 한국세무사회부설 한국조세연구소, 1997, 한국세무사회, 『미국의 법인세제도』, 1984 등이 그 예이다.

법인 등과도 실무교육을 할 수 있다. 관련 정부기관으로서는 재정경제부 세제실, 행정자치부 지방재정세정본부, 국세청, 관세청, 국세심판원, 행정법원 등을 들 수 있다.

## VI. 결 어

지금까지 로스쿨하에서 세법에 대해 무엇을 가르쳐야 하고, 어떻게 가르쳐야 되는지에 대해 살펴보았다. 로스쿨 수료 이후의 학생들의 진로와 관련하여 사법시험 또는 변호사시험이 재학 중에 어떠한 부담이 될지에 따라 실제 의욕적인 강좌개설과는 달리 세법 관련과목을 실제로 듣는 학생이 많지 않을 수도 있다. 세법이 기본적으로 법학의 여러 분야도 알아야 되고 법학 이외의 회계학, 재정학 등도 알아야 한다는 부담이 강하게 작용하기 때문이다. 한편 조세와 관련하여 학부에서 회계학이나 재정학의 기본교육을 받은 학생의 경우나 로스쿨의 입학자원의 다양화로 인해 회계사, 세무사, 관세사 등의 자격증을 갖고 있는 학생의 경우는 보다 좋은 학점을 위해 또는 세법을 자신의 전문분야로 만들기 위해 일부러 세법 수업을 열성적으로 들을 가능성도 배제할 수는 없다.

이러한 로스쿨 세법 과목에 대한 수요를 예측하기 어려운 상황하에서 수강을 할 최소한의 학생을 확보하기 위해서는 사법시험 또는 변호사시험 제2차 시험에서도 조세법이 시험과목이 되도록 하고 시험과목 중에서도 고득점 할 수 있는 과목으로 만드는 방법이나 해당 학교에서 세법 과목을 전필로 만드는 방법을 생각해 볼 수 있다. 그러나 이러한 가장 쉬운 방법은 다른 전공교수들과의 충돌을 가져올 것이고 최근에 로스쿨 인가준비와 관련하여 대학교에서 이제야 세법 전임교수를 제대로 뽑는 현 상황에서는 세법교수가 이러한 방법을 활용하기는 어려워 보인다.

로스쿨이 학부에서 주로 법학 이외의 전문지식을 쌓은 학생들에게 3년간의 법학교육을 시켜 법학의 전문화를 꾀하는 것이라면 세법은 그러한 법학분야의 전문화에 부합한 과목이라 할 수 있다. 한편 현재 확정되지는 않았지만 인가기준에 특성화 과목에 30학점을 요구하면서 각 대학마다 자기 대학에 맞는 특성화를 찾기 위해 분주하다. 그런데 일본의 경우 제도 도입 초기에는 특성화에 대한 논의가 있었으나, 로스쿨 인가유지가 변호사시험의 합격률과 밀접한 관련을 갖게 되자 특성화에 대한 논의는 의미를 잃게 되었다.[49]

우리나라에서 로스쿨 특성화가 로스쿨 제도 도입단계에 맞는지 자체에 의문이 있기는 하지만, 세법학자로서는 이번 법학분야의 대격변에서 세법분야에 있어 보다 많은 전임교수가 확보되어 세법에 대한 보다 깊이 있는 연구가 진행되기를 바란다. 일본의 예를 볼 때 로스쿨 인가 전후에 로스쿨에서 교육을 담당하는 교수의 경우 행정부담, 강의부담으로 연구에 많은 시간을 투자하지 못할 것으로 예상되기는 하지만, 학교와 실무계의 인사교류가 이번 로스쿨로 활발해지면서 궁극적으로 보다 발전된 세법학이 정립되리라 생각한다.

---

49) 2007년 10월 5월 15시 30분~16시 30분, 일본 입명관대학 대학원 법학연구과 사무실에서 三木義一 교수와 인터뷰한 사항이다.

**박 훈**

서울시립대학교 교정에서

•약 력•

서울대 법대 졸업
서울대 대학원 석사/박사 졸업(조세법 및 상법 전공)
서울시립대 세무학과 학과장/세무대학원 교학과장
서울대, 서울지방변호사회 조세연수원 세법 강의
사법시험, 행정고시, 세무사시험, 관세사시험, 공인중개사 등 시험위원
LEET(법학적성시험) 시험위원
한국세법학회, 한국국제조세협회, 한국세무학회 이사
서울시립대학교 지방세연구소 연구부장
한국세무사회 부설 한국조세연구소 연구위원
재정경제부 세제발전심의위원회 위원
행정자치부 지방세지출예산제도 자문위원회 위원
동대문세무서 이의신청/과세전적부심사위원회 위원
현, 서울시립대 법학부 조교수


•주요논저•

「Transfer pricing and intangibles Korea」, Cahiers de Droit Fiscal International
  92a (International Fiscal Association, 2007. 6., 2인 공저)
「韓國の附加価値税課税・免税區分にともなう法的・實務的問題点」, 立命館法學
  第311号(立命館大學法學會, 2007. 6., 원저자)
「국세기본법 개편방안: 민사채권과의 조화를 중심으로」(한국조세연구원, 2006.
  12., 3인 공저)
「우리나라 법교육의 현황과 개선방안」, 법교육연구 1권 1호(한국법교육학회,
  2006. 6.)
『부동산투자회사제도의 법적 구조와 세제』(경인문화사, 2007)
『조세법』(지식공간, 2003, 2인 공저)
『상법』(웅지경영아카데미, 2006, 2인 공저)
『재산세법연구[1]』(서울시립대학교 출판부, 2007. 8., 편저자)
『금융법규』(서울특별시교육청, 2008. 2., 3인 공저)
외 다수

# 로스쿨 국세기본법

## − 심판례·판례 중심 강의안 −

| | |
|---|---|
| • 초판 인쇄 | 2008년 11월 17일 |
| • 초판 발행 | 2008년 11월 17일 |
| • 편    자 | 박훈 |
| • 펴 낸 이 | 채종준 |
| • 펴 낸 곳 | 한국학술정보㈜ |
| | 경기도 파주시 교하읍 문발리 513-5 |
| | 파주출판문화정보산업단지 |
| | 전화  031) 908-3181(대표)·팩스  031) 908-3189 |
| | 홈페이지  http://www.kstudy.com |
| | e-mail(출판사업부)  publish@kstudy.com |
| • 등    록 | 제일산-115호(2000. 6. 19) |
| • 가    격 | 30,000원 |

ISBN  978-89-534-5159-9 93360 (Paper Book)
       978-89-534-5186-5 98360 (e-Book)